長思短想

當短視與速成正在摧毀社會，
如何用長期思考
締造更好的未來？

THE GOOD ANCESTOR

How to Think Long Term in a Short-Term World

ROMAN KRZNARIC
羅曼・柯茲納里奇

孔令新——譯

目錄 CONTENTS

作者序

疫情肆虐後的世界，更迫切需要長期思維

本書英文版付印期間，全球新冠肺炎（COVID-19）疫情肆虐。這場疫情使得我們專注於當下的局勢，無論是家庭、社區、企業或政府，都採取行動對抗眼前的災難。在危機當前的關頭，大家專注當下當然無可厚非，但在這樣的時刻中，長期思維能提供什麼見解？

最顯而易見的就是，目前防疫成效最佳的國家，都是那些長期未雨綢繆，早就為疫情爆發做好準備的國家：台灣由於曾經歷二〇〇三年的嚴重急性呼吸道症候群（SARS）疫情，已經建置病毒檢測與追蹤機制；但另一方面，美國卻在二〇一八年解散國家安全會議（National Security Council, NSC）轄下的流行病委員會，造成防疫工作受阻。同時冠狀病毒帶來的重大衝擊，也凸顯未雨綢繆、防患未然的重要。我們必須思考未來可能發生的各種風險、進行規劃，

並分配預算，考量範圍不只是流行病，還有氣候危機和科技發展不受控制造成的風險。

現今人類對病毒採取的因應措施，顯然會在往後數十年留下長期的影響。為因應疫情，政府賦予自己緊急權力，如實施強化人民監控，但在疫情過後，許多政府可能不願放棄手中的權力，而這種專制餘孽將會阻礙民主制度探索新的可能。另一方面，疫情造成的破壞，或許讓我們有空間能重新思考政治、經濟與生活方式。如同第二次世界大戰促成福利國家與世界衛生組織（World Health Organization, WHO）等長期體制的誕生，冠狀病毒疫情或許也能促使世界各國採納長期思維，拋棄短視近利的思考，並建立韌性，以因應變化莫測的未來。

我們若能在本次危機當下做出明智且長期的決策，便有機會為後代做出值得緬懷的貢獻，而我們的後代值得擁有這些。

二〇二〇年三月於牛津

第一篇

爭取時間的拔河

第一章
被「當下」壟斷的社會

我們都繼承來自過去的禮物，祖先留下豐富的遺產：先人於一萬年前在美索不達米亞平原播下首顆種子，且清出空地，建造水路，建立我們今日居住的城市，還探索科學、爭取政治權利，並創作流傳至今的偉大藝術。我們鮮少思考祖先如何徹底改變自己的生活，多數先人的名字都被遺忘在歷史洪流中，但有少數得以流芳百世，其中一位就是醫學專家喬納斯·沙克（Jonas Salk）。

一九五五年，經過近十年辛苦實驗後，沙克及其團隊終於研製出人類史上首支有效又安全的小兒麻痺疫苗。這是非同小可的突破，當時全世界每年有超過五十萬人因為小兒麻痺而癱瘓或死亡。研製成功後，沙克被譽為奇蹟締造者，但他卻不在乎名氣與財富，不曾為疫苗申請專利。

沙克的願景是「為人類做出貢獻」，並為未來世代留下正面的遺產，而他的願景無疑實現了。

沙克晚年時喜歡用一個問題來表達自己的人生哲學：「我們是好祖先嗎[1]？」在他看來，我們繼承來自過去的豐富遺產，也應將這些遺產留給子孫。他認為，如果要做個好祖先，並對抗生態浩劫與核武戰爭等全球危機，就必須摒棄短視近利的觀點，採取長期思維，考量自己的行為在自身壽命外將會造成何種影響。我們不能再以秒、日、月當作思考長度，而是必須拉長時間，以十年、百年、千年當作思考長度，唯有如此，才算是尊重、尊敬未來的世代。

沙克問的問題，或許是他為人類做出的最偉大貢獻。以更積極的措辭來說，就是「我們要如何成為好祖先？」我認為這是今日最重要的課題，能為人類文明的演化提供希望。要回答這個問題是一大挑戰，它啟發我撰寫本書，但同時也讓我在寫作過程中苦苦掙扎。這個問題呼籲我們思考，未來世代將如何評價我們，而我們留給後代的遺產，究竟會造福他們或是成為禍害？聖經教導我們要做個好撒馬利亞人（Good Samaritan），然而在二十一世紀，光是做個好撒馬利亞人還不夠，我們必須做個好祖先。

未來已遭到殖民

要做個好祖先並非易事，能否達成這個目標，取決於這場全球規模的人類思維鬥爭，也就是短期思維與長期思維之間的鬥爭。

此時此刻，哪一方占優勢顯而易見：在這個時代，病態的短視當道。政治人物滿腦子想著下一場選戰、最新的民調、最近的推特（Twitter）貼文；企業則受季度財報奴役，不斷被要求想辦法提升股東價值；市場受毫秒必爭的演算法驅動，在一波又一波的投機泡沫中炒高，然後崩潰；各國在國際會議上爭吵不休，著眼於各自的短期利益，不顧地球正在燃燒，物種正在消逝。在即時享樂文化的薰陶下，人類食用過量速食，連珠炮般地傳送訊息，不斷按下「現在購買」按鍵。人類學家瑪莉．凱瑟琳．貝特森（Mary Catherine Bateson）曾寫道：「這個時代有個非常弔詭的現象：我們的壽命愈來愈長，但想得卻愈來愈短[2]。我們活在『現在』的暴政時代中。」

短期思維其實由來已久，歷史上充滿這類案例：十七世紀的日本摧毀原生林；二十世紀的華爾街投機失控，導致一九二九年股市崩潰。當然，短期思考不全然是壞事：小孩受傷了，父母可能會急忙送醫；國家發生地震或爆發疫情等危機，政府必須敏捷迅速地採取因應措施。然而，現在只要翻閱每日新聞，就會看見短期思維的負面影響[3]。政府寧可採取急就章的辦法，將更多罪犯丟進牢裡，也不願處理犯罪背後深層的社會及經濟因素；寧可繼續補貼煤礦產業，也不願推動再生能源轉型；寧可在股市崩潰後為破產的銀行紓困，也不願整頓金融體系；也沒有投資預防性醫療、處理孩童貧窮問題、建設公共住房，諸多案例族繁不及備載。

短期思維的危害，不僅限於公共政策領域，現在已讓人類處於危機爆發點。第一個原因是所謂的「生存風險」（Existential Risk）日益增加，通常是指新科技有低機率引發衝擊重大的事件，其中名列前茅的就是人工智慧系統帶來的威脅，如不受人類創造者控制的致命自主武器。此外，基因改造產生的流行病毒也是潛在威脅，或是流氓國家在地緣政治動盪的時代中引發核武戰爭。風險學家尼克·博斯特倫（Nick Bostrom）尤其擔心分子奈米科技的影響，擔憂恐怖分子可能會取得能自我複製的細菌尺寸奈米機器人，一不小心失控，就可能毒害大氣。面對這些威脅，許多生存風險專家認為，人類有高達六分之一的機率將在本世紀末前經歷重大滅絕[4]。

文明崩潰的風險也同樣嚴重。生態系是人類福祉和生命的泉源，但我們卻在不斷蹂躪生態系，恐將導致文明崩潰。我們不斷排放二氧化碳及汙染海洋，毀滅物種的速度已經達到「第六次生態大滅絕」的標準。在這樣的趨勢下，發生毀滅性衝擊的機率愈來愈高。在超緊密連結的世界裡，環境威脅的規模是全球性的，我們沒有其他星球可以避難。環境史學家賈德·戴蒙（Jared Diamond）曾說，綜觀人類歷史，這類生態浩劫就是文明崩潰的根本肇因，而導致生態浩劫的正是人類「勇敢的短期思維[5]」。已經有人警告過我們了。

這些挑戰迫使我們面對一個無法逃避的悖論：長期思維是當務之急，我們必須即刻採取行動。二〇一八年，大衛・艾登堡（David Attenborough）在聯合國氣候會議上對世界各國元首說：「我們現正面臨全球規模的人為災難，千百年來未有的威脅，就是氣候變遷。如果不採取行動，人類文明的崩潰與自然世界的滅絕很快就會到來。」身為自然歷史學家的他還表示：「現在發生的事及接下來數年發生的事，將會對往後數千載造成深遠影響[6]。」

這類言論應讓我們進入紅色警戒狀態，但卻經常無法清楚傳達，究竟是誰必須承受我們的短視近利，受影響的人遠遠不只是下一代或下兩代，而是出生於往後數世紀的數十億人類，數量遠遠超過今日的世界人口。

現在的我們，尤其是富裕國家的居民，必須接受這個令人不安的真相：我們已經殖民了未來，把未來當作遙遠的殖民根據地，認為上面沒有居民，可以任意傾倒生態惡化、科技風險及核廢料，並隨意搜刮掠奪。英國在十八世紀與十九世紀殖民澳洲時，便採取**無主地**（Terra Nullius）的法律主張，合理化征服作為，還把澳洲原住民當成不存在，或是對土地沒有任何所有權[7]。今日，我們社會採取的態度就是**無主地**的概念：未來被視為**無主時間**（Tempus Nullius），是無人占有也無人居住之地，猶如帝國的遙遠領地，可以隨意占據。正如澳洲原住民至今仍在對抗**無主地**造成的影響，未來世代也必須對抗**無主時間**的觀念。

悲慘的是，尚未出生的未來世代完全無法阻止我們洗劫他們的未來，他們無法像婦女參政運動人士一樣擋在國王的坐騎前，或是像民權運動人士般堵住阿拉巴馬的一座橋梁，也無法像聖雄甘地（Mahatma Gandhi）一樣發動食鹽進軍（Salt March），他們沒有政治權利，也沒有政治代表，無法影響選舉，也無法影響市場。未來世代是沉默的多數，但他們沒有權力，而且被我們忽視。

超越空泛概念的長期思維革命

這不是人類故事的終結，我們身處的時期可能成為歷史上的轉折點，各方力量匯聚成全球運動，讓我們擺脫現在式的癮頭，並建立長期思維的新時代。

提倡長期思維的人，包括都市設計師、氣候科學家、醫師及科技公司執行長，他們體認到狹隘的短視近利是今日諸多危機的根本肇因，導致生態系崩潰、自動化風險、大規模全球移民、貧富差距擴大，而最明顯的解方就是更多的長期思維。艾爾・高爾（Al Gore）曾說：「治理機構受到既得利益者慫恿，這些既得利益者只專注短期利益，忽略長期永續。」天文物理學家馬丁．芮斯（Martin Rees）擔心，我們「很少規劃，很少評估潛在威脅，很少衡量長期風險」，並建議我們應學習中國的長期施政規劃[8]。曾擔任臉書（Facebook）高層的查馬．帕里哈皮提亞（Chamath Palihapitiya）坦承：「我們創造一種靠著腦內多巴胺驅動的短期回饋循環，破壞了社會的運作。」英格蘭銀行（Bank of England）首席經濟學家曾公開批評，資本市場與企業行為「充滿短視近利[9]」。同時國際間也開始體認到，今日的道德思考與政策決策，必須考量未來人類的生活。過去二十五年來，聯合國（United Nations, UN）通過超過兩百五十份決議文，明白提到「未來世代」的福祉。教宗方濟各（Pope Francis）宣布：「跨世代團結絕非可有可無，而是公義的基本問題[10]。」

愈來愈多人體認到長期思維的重要，把它視為文明的首要任務，這是前所未見的現象。除了諸多良言勸告外，現在也出現許多實務計畫與倡議，將這些勸告化為現實。斯瓦爾巴全球種子庫（Svalbard Global Seed Vault）是一座位在北極遙遠境地的石造碉堡，任務是保存六千多個物種的一百萬顆種子至少一千年。此外，還有新的政治結構出現，如威爾斯設立未來世代權利委員（Future Generations Commissioner）一職、阿拉伯聯合大公國則設立內閣事務與未來部（Ministry of Cabinet Affairs and the Future）。青年社運興起，二〇〇七年，九歲的德國男孩費利克斯．芬克貝納（Felix Finkbeiner）創辦 Plant-for-the-Planet 組織，至今已在一百三十個國家種植上千萬棵樹木。藝文界也有人士響應，音樂家傑姆．費納（Jem Finer）的創作「Longplayer」於一九九九年十二月三十一日午夜在倫敦一座燈塔內啟奏，演奏將會持續千年不重複。

長期思維日益受到重視，卻遭遇一大問題，除了科學界、藝文界，或是若干有遠見的企業及政治運動人士外，長期思維仍是邊緣概念，無論是歐洲、北美或新興經濟體皆是如此，目前長期思維無法深入現代人的思考，現代人依然受限短期思維的桎梏。

此外，長期思維的概念其實還很空洞。我在無數對話中聽到，長期思維是解決地球危機的方法，卻無人能真正解釋其具體內容。在搜尋引擎上搜尋長期思維，可能會出現近百萬筆結果，但鮮少有人能解釋意義、原理及跨越的時間，或是要採取何種行動，才能轉化為常態。高爾等公眾人物可能會支持長期思維的美德，但長期思維仍然非常抽象無形，是沒有原則或計畫的萬靈丹。長期思維的內容空洞，可以說是一種概念緊急危機（Conceptual Emergency）[11]。

若想要為後世有所貢獻，首要任務就是填補這個空洞，本書提出六個有遠見又務實的方法，以培養長期思維。這六個方法結合在一起，便能成為重要的思維工具，對抗只專注當下的思維。

會以這六個方法為主軸，是因為深信思想是很重要的。我很認同赫伯特．喬治．威爾斯（H. G. Wells）的看法，他或許是最具影響力的未來思想家，威爾斯曾說：「人類歷史的本質就是思想史。」主流的思想文化形塑社會的走向，界定我們的思考範圍，決定什麼事情可能與否。的確，經濟結構、政治體制及科技也發揮重大影響，但是絕對不能低估思想的力量。有些思想的影響力非常深遠，如地球是宇宙的中心；人的主要動機是自利；人類和大自然是分開的；男人比女人優越；上帝、資本主義或共產主義才是救贖之路，這些可稱為世界觀、思想框架、典範或思維，它們決定文明的走向[12]。此時此刻，短期思維，也就是當下至上的思維，是一種主流思想，而且亟需抵制。

音樂家暨文化思想家布萊恩．伊諾（Brian Eno）早在一九七〇年代就體認到這個議題的重要性，提出「長遠當下」（Long Now）的概念。伊諾發現，許多人沉浸於「短期當下」的思維裡，而「當下」指的是數秒、數分鐘或數日。在這種高速、短視文化的影響下，人類不在乎未來世代的處境，他們面臨環境崩潰、武器擴散等各項威脅。伊諾寫道：「我們沒有將同理心延伸到遙遠的未來。」這種現象的解方，就是將「當下」的觀念延伸到過去與未來，涵蓋數百年，甚至是數千年的時期，如此一來，我們的道德眼界也會隨之延伸[13]。本書提出建立「長遠當下文明」的基礎，「長遠當下文明」能克服自身的殖民思維，不再以現代來奴役未來世代。

十多年來，我相關的同理心研究與著作側重於，如何在今日世界中，站在不同社會背景的人之角度，理解他們的感受和感知（學術上稱為「認知同理心」（Cognitive Empathy）或「觀點取替」(Perspective-taking)同理心」,但一直以來也在面對一個更大挑戰,就是我們要如何與未來世代建立親近又同理的連結?我們不可能和未來世代見面,也無法想像他們的生活;換言之,我們不只必須同理不同空間的人,更必須同理不同時間的人,本書目的在於探索如何才能做到這件事。撰寫本書的三年間,我體認到如果要將自身的道德眼界延伸至未來,需要的不只是同理心,還有跨世代正義,以及原住民對於星球治理觀點等其他相關概念,因此本書將帶領讀者橫跨各個學術領域,從道德哲學到人類學、從最新的神經科學研究到觀念藝術與政治學。雖然本書參考各種社會、經濟及文化觀點,但分析終究受限於自身的社會地位,因此書中提到的「我們」,是指西方工業化國家中,也就是所謂「全球北方」(Global North)內經濟穩定的居民。

爭取時間的拔河

二十世紀的民族解放運動是槍械的鬥爭;二十一世紀的世代間解放運動則是思想的鬥爭,是爭取時間的拔河(如下頁圖所示)。這場鬥爭的其中一方就是短期思維,企圖將我們推向文明崩潰的深淵,另一方則是六個培養長期思維的方法,將我們導向具有長遠視野,並為未來世代負責的文化。

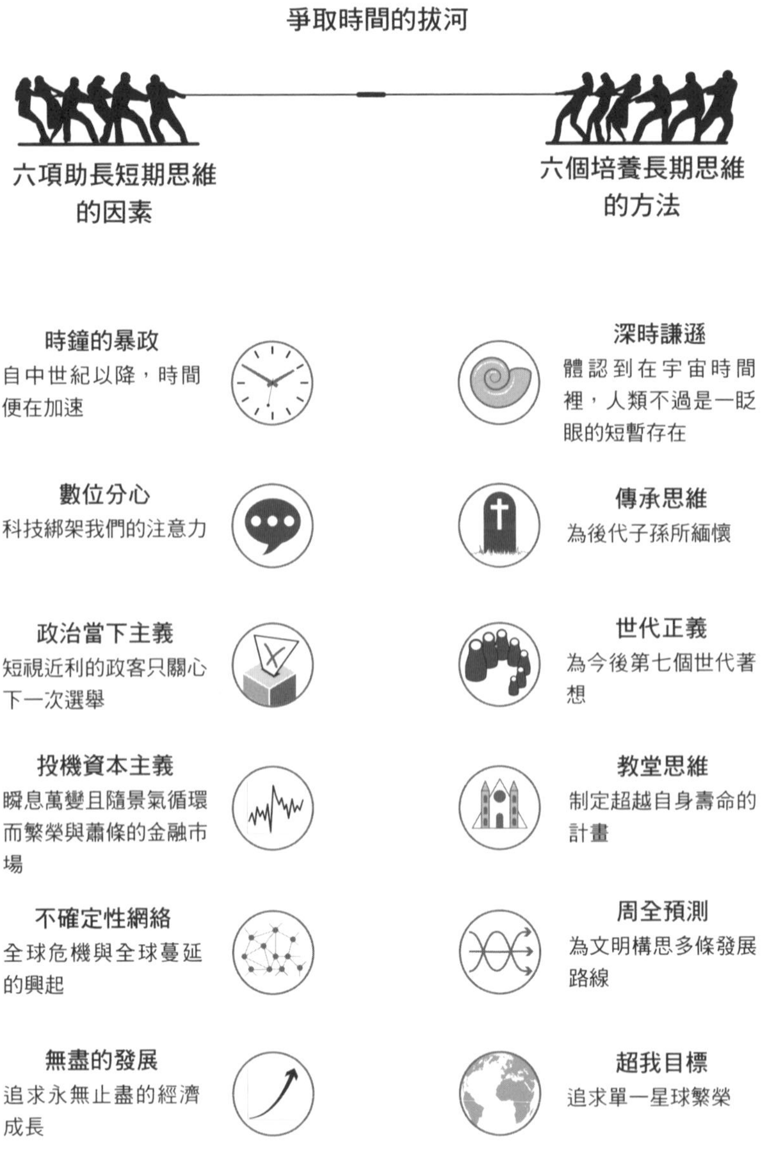
爭取時間的拔河
六項助長短期思維的因素
六個培養長期思維的方法
時鐘的暴政
自中世紀以降，時間便在加速
數位分心
科技綁架我們的注意力
政治當下主義
短視近利的政客只關心下一次選舉
投機資本主義
瞬息萬變且隨景氣循環而繁榮與蕭條的金融市場
不確定性網絡
全球危機與全球蔓延的興起
無盡的發展
追求永無止盡的經濟成長
深時謙遜
體認到在宇宙時間裡，人類不過是一眨眼的短暫存在
傳承思維
為後代子孫所緬懷
世代正義
為今後第七個世代著想
教堂思維
制定超越自身壽命的計畫
周全預測
為文明構思多條發展路線
超我目標
追求單一星球繁榮

圖：奈吉爾·霍廷（Nigel Hawtin）。

本書第二篇將詳細討論這六個培養長期思考的方法，這些方法是過程中所需的核心認知能力，是一套基本態度、思想及理想，可劃分為三大類：**想像**未來的基礎是具備「深時謙遜」（Deep-Time Humility），以及為人類訂定「超我目標」（Transcendent Goal）；**關懷**未來需要「傳承思維」（Legacy Mindset）與「世代正義」（Intergenerational Justice）；超越自身壽命**規劃**未來的能力，則來自「教堂思維」（Cathedral Thinking）與「周全預測」（Holistic Forecasting）。單憑任一方法都不足以掀起人類思維的長期革命，但如果整合在一起，並由足夠的人與組織貫徹，這六個方法便能發揮綜效，揭開長期思維的新時代。

本書也會不斷提及短期思維的助力，這些助力雖然影響力強大，但不一定會贏得這場拔河戰爭。和普遍認知恰恰相反，長期思維可能是人類被埋沒的偉大天賦。丹尼爾．康納曼（Daniel Kahneman）曾提出，人類可以快思，也可以慢想，但除此之外，可以短謀，也可以遠慮。以長時間進行思考與規劃的能力已根植於大腦，讓人類得以建立豐功偉業，包括倫敦為因應「一八五八年大惡臭」（The Great Stink of 1858）事件建設的下水道系統、法蘭克林．羅斯福（Franklin Roosevelt）總統推動新政（New Deal）時進行的公共投資，以及廢奴和女權人士為爭取權利所做的努力。本書將會談到，培養長期思維的六個方法之所以具有潛能與力量，是因為人類擁有一項祕密演化要素。

為了進入長期思維，我們進行想像的跳躍。這等跳躍要如何轉化為實際行動，改變歷史的輪廓？本書第三篇便探討這項議題，講述「時間反抗軍」的故事，這群先鋒努力對抗充斥在現代世界的短期思維，並將六個長期思考的方法付諸實行。時間反抗軍的成員，包含瑞典少女格蕾塔・童貝里（Greta Thunberg）領導的全球氣候罷課活動，以及英國的「反抗滅絕」（Extinction Rebellion）和美國的「孩子的信任基金會」（Our Children's Trust）等組織，也包含從西班牙到日本的再生經濟運動，還有公民大會推動人士。

反抗軍面對的敵人非常強大，有的企圖綁架長期思維以謀求自我利益，尤其是在金融部門：高盛（Goldman Sachs）前主管蓋斯・李維（Gus Levy）曾傲氣十足地說：「我們貪婪，但我們是長期貪婪，不是短期貪婪[14]。」此外，時間反抗軍也必須承認一項赤裸裸的現實，就是我們組織社會的若干基礎，如民族國家、代議民主、消費文化及資本主義本身，不再適合現在人類所處的時代，這些都是數世紀以前「全新世」（Holocene）的產物。全新世這段地質年代延續了一萬年，期間氣候穩定，人類文明興起。全新世期間，地球大致能吸收物質進步造成的生態衝擊、新科技帶來的代價與風險，以及人口成長產生的壓力。然而，全新世已經過去了，現在已進入「人類世」（Anthropocene）。在這段新地質年代裡，人類建立不穩定的地球系統，並受到生態崩潰的威脅[15]。

這就是放大版的QWERTY鍵盤問題，QWERTY鍵盤配置於一八六〇年代發明，設計理念其實是將常用字母分開排放，以免機械打字機會卡住。如同QWERTY鍵盤，今日的我們也受到過往的體制拖累，這些體制是為了因應昨日的挑戰設計的。我們必定會得出這個無可避免的結論：如果要打造適合本世代與未來世代的世界，就必須徹底重新思考、重新設計社會的核心層面，如經濟的運行、政治的運作及城市的樣貌，並以新價值和新目標為其基礎，鞏固人類的長期繁榮。我們能進行這些改革的時間極少。

在對抗短期思維的拔河中，是否有個理想的時間視野？本書將長期思維的最低門檻訂為一百年，也就是目前長壽人類的壽命，讓我們超越自我生命的界線，想像那些自己能影響卻無法參與的未來[16]。一百年遠遠超越許多企業最多五年或十年的展望，讓我們放眼更為長遠的時間視野，思考種植橡樹等行為的時間長度，畢竟橡樹苗唯有在我們死後許久才會茁壯成為大樹。我們也能向擁有長遠視野的人學習，許多原住民族在進行決策時，會將往後第七個世代納入考量，考量範圍橫跨近兩世紀。位於加州的長遠當下基金會（Long Now Foundation）更具野心，將時間視野訂為一萬年，理由是既然人類文明興起於一萬年前，也就是上一次冰河時期末期，因此在預想未來時也應該涵蓋同樣的時間長度[17]。我們必須大膽進行時間想像，思考「長期」時請深吸一口氣，至少以「一百年以上」來思考。

一個改變制度、經濟與文化的希望

我們是否真能推動這項徹底改變，讓長期思維不只成為個人決策的基礎，更成為公共制度、經濟體制及文化生活的基礎？文學評論家泰瑞．伊格頓（Terry Eagleton）對「樂觀」與「希望」之間的差異，有一套很有用的見解[18]，「樂觀」就是一種正向性格，永遠著眼生命的光明面，甚至無視眼前的證據，這種態度很容易讓人自鳴得意，無所作為；另一方面，「希望」則是更積極又激進的理想，在承認可能失敗的同時，盡可能地力挽狂瀾，著眼於成功的希望，深深投入締造我們重視的成果。

本書的重點不是「樂觀」，而是「希望」。人類可能一直無法醒悟，一直沉睡在短期思維之中，直到發生極端災變才猛然覺醒，但是如果走到這個地步，一切為時已晚，通往自我滅亡的道路已無望改變，人類將如同羅馬帝國與馬雅文明般迎接滅亡的命運。然而，文明崩潰絕對是可以避免的，尤其是如果我們發揮集體行動的力量，藉此推動徹底改革。綜觀歷史，任何事情在發生前都能避免。今日殖民主義和奴隸制度已經終結，想到這裡，我們應該感受到希望；本書提出的六個長期思考方法擁有推動轉型的力量，想到這點，我們應該感受到希望；時間反抗軍在爭取時間的拔河中努力對抗短期思維，想到這些，我們應該感受到希望。同時，我們也應該體悟到，如果在還有改變可能時放棄，未來世代絕對不會原諒我們，無論我們面對的情勢有多麼不利，都必須在夢中聽見他們的心聲，並在做決策時採納。

通往成為好祖先的道路就鋪在面前，是否要踏上這條路，取決於我們。

第二章
短期成癮與衝動特質如何主宰世界

請閉上眼睛，想像左右手各握著一個小物品，象徵我們在和時間多舛的關係中，每天遇到的兩難，左手握著柔軟的粉色棉花糖，右手握的則是閃亮的綠色橡實。

這兩個物品象徵人類思維的時間視野裡，兩股相互衝突的力量。我們的大腦天生就能進行短期思考與長期思考，而兩者不斷拔河，從個人到政治，從私人生活到公眾生活，緊張關係永遠存在。該揮霍金錢去海灘渡假，還是努力儲蓄為退休做準備？政治人物該推動適合接下來這一世紀的政策，或是著眼於下次選舉勝選？你喜歡在 Instagram 上分享自拍照來換取名氣，還是在土地裡埋下種子，造福後代？

每個人都擁有我所謂的「棉花糖腦」，專注於短期欲望與短期獎勵。然而，我們同時擁有「橡實腦」，使自己能放眼遙遠的未來，並為長期目標做努力。大腦中兩個時區的交互作用，是人之所以為人的重要條件。

橡實腦名副其實地出現於讓．紀沃諾（Jean Giono）的小說《種樹的男人》（*The Man Who Planted Trees*），講述有位牧羊人每天一邊牧羊，一邊在土裡種下橡實，數十年後，那片土地成為橡樹林，而我們覺得這個故事引人入勝。不過，雖然喜歡這個故事，也顯然具有長期思考的能力，但今日社會的主要論述強調的是我們與生俱來的短期思維。為撰寫本書而進行研究時，我和心理學家、經濟學家、未來學家及公務員訪談，並一再發現，許多人認為人類行事的主要動機就是即刻獎勵和即刻享受，因此不能冀望人類會採取行動，面對本世代的長期挑戰。納桑尼爾．瑞奇（Nathaniel Rich）曾撰文討論人類面對氣候危機的無所作為，就是採取這樣的觀點：「人類無論在全球組織、民主政治、產業及政黨內，或是身為個體，都無法犧牲當下的便利，好防止未來世代遭受懲罰[1]。」

我們必須挑戰這種先入為主的假設，並體悟大腦其實有能力進行長期思考，如此一來，才能開始建立克服短視近利的社會。本書探討的各種長期思考，如教堂思維、周全預測及超我目標，基礎就是人類內建的長遠思考與長期規劃能力。人類如果沒有這些能力，當初就不可能發明農業、在中世紀的歐洲建造大教堂、創辦公共醫療體系，也不可能探索太空，今日的我們比以往更需要長期思考的能力。

本章講述人類做出長期壯舉的能力，探討橡實腦的運作方式，以及兩百萬年來的演化歷程。但在此之前，必須先討論橡實腦的強大敵人，也就是棉花糖腦的運作原理。

「棉花糖腦」如何驅動人類行為

我坐在牛津的咖啡廳裡，和神經科學家摩頓·克林格爾巴赫（Morten Kringelbach）對談，他是專門研究愉悅與大腦的全球知名專家，我亟欲和他討論人類的長期思考能力。克林格爾巴赫點了巧克力布朗尼，還在甜點上桌後推到我的面前，但是我婉拒了，表示正在實施健康計畫。我看著布朗尼，布朗尼看著我，我和布朗尼不斷交換眼神。幾分鐘後，我實在受不了誘惑，吃了一口。

克林格爾巴赫告訴我，人類大腦中有個愉悅系統，驅使我們尋求短期的愉悅與獎勵，避免立即的疼痛。這類愉悅有許多對我們的生活有正向作用，像是皮膚晒到太陽時的溫暖感觸、與人擁抱時的舒適感，或是分享與交談時的快樂感。然而，愉悅系統有時會故障，並受到短暫欲望和衝動的主宰，很容易就會成癮：我們渴望喝下氣泡飲料，憑藉攝取糖類獲得興奮感，或是沉溺於電玩中無法自拔。克林格爾巴赫表示，必須小心這種「成癮的大腦」，因為它會驅使人類做出有害的短期行為（包括巧克力成癮）。這種短期的成癮與衝動特質，就是所謂的「棉花糖腦」，至於為何如此稱呼，接下來會解釋清楚。

一九五四年有項突破性研究揭露棉花糖腦的運作，研究人員在老鼠的下視丘植入電極，並連結到一個把手，老鼠只要按下把手，大腦就會接收到電流刺激。研究結果發現，老鼠會重複按下把手，頻率最高達每小時兩千次，還會為了按下把手而放棄進食、喝水及交配等正常行為。該研究及後續的複製研究顯示，大腦內有特定區塊和成癮欲望有關，而多巴胺是在這些區塊裡協助神經訊號的重要化學物質[2]。無論你喜歡與否，人類和老鼠擁有共同祖先（約八千萬年前），所以可想而知，後來的研究發現人類大腦也擁有類似區塊[3]。

演化生物學家提出，人類對於短暫愉悅、欲望及獎勵的執著，其實是在食物稀少或安全受威脅情況下發展出來的生存機制。早在巧克力布朗尼發明前，我們的大腦就發展出短期處理系統，指示在能吃時就盡量吃，遇到獵食者時就逃跑，這就是我們看到新出爐的蛋糕會情不自禁地彎腰聞一聞，或是看到羅威納犬跑向自己時拔腿逃跑的原因[4]。

因此在難以拒絕食物或藥物的誘惑時，其實是古老的成癮大腦在作祟。當我們不斷滑手機檢視新訊息時，就像那些老鼠一樣不斷按下把手，尋求多巴胺釋放帶來的即時快感，畢竟這類科技就是為此設計的；在派對上幾杯黃湯下肚後，就忍不住想要抽一口香菸，我們其實是在遵循古哺乳類祖先的深層呼喚，不錯的藉口吧？

其實現今消費文化的短期思維，無論是狂吃垃圾食物，或是在清倉大拍賣時瘋狂搶購，都能追溯到人類演化產物中的當下本能。神經科學家彼得．懷布羅（Peter Whybrow）曾說：「過度消費的習性其實遺傳自祖先，從前個體如果要生存，就必須激烈地爭取資源……人類古老的大腦自資源稀少，受習性驅使，並執著於短期生存演化而來，非常不適合當代物質文化的暴富環境[5]。」

人類甚至會為了滿足短暫的欲望而犧牲個人長期利益，抽菸就是很好的例子，高脂肪食物也是。我們明知高脂肪食物會導致心臟病，但還是會吃；我們可能會選擇揮霍儲蓄去加勒比海渡假，而不是把錢存起來以防萬一。在個人時間視野裡，未來的自己經常是第二考量，排在當下的即刻愉悅之後，我們通常偏好早點得到較小的獎勵，而非晚點得到較大的獎勵，這種現象稱為「雙曲折現[6]」（Hyperbolic Discounting）。

人類的短期衝動與追求即刻獎勵的欲望，最著名的案例就是棉花糖實驗。一九六〇年代，史丹佛大學（Stanford University）心理學家沃爾特．米歇爾（Walter Mischel）將一顆棉花糖放在一群四至六歲的孩童面前，告訴他們，如果能在獨處的情況下堅持十五分鐘不吃棉花糖，就可以獲得第二顆棉花糖做為獎勵。實驗結果顯示，高達三分之二的孩童無法抵擋吃下棉花糖的誘惑。許多人認為這場實驗證明，短期思考就是人類的天性。

然而，儘管棉花糖實驗聲名遠播，卻只能體現人性的一部分。首先，米歇爾的實驗中仍有三分之一的孩童成功抵擋誘惑。此外。後來的複製實驗顯示，延後享受的能力有很大一部分取決於背景，如果孩童不相信研究人員會回來，就有更高的機率會吃掉棉花糖，而且家裡較富裕的孩童較容易拒絕誘惑，缺乏信任與害怕匱乏都會迫使人們採取短期思維[7]。

更重要的是，克林格爾巴赫等神經科學家也承認，人類遠遠不只是按下把手的老鼠或搶糖果的孩童。除了古老的棉花糖腦外，人類的神經系統內還存在較近期才演化出來的部分，讓我們能進行長期思考與長期規劃，接下來要探索的就是「橡實腦」。

「橡實腦」如何促發超越當下的思考

大約一萬兩千年前的新石器時代早期，有一名祖先做了一件不同凡響的事，她選擇不吃掉種子，而是加以儲藏，等待下一季種植。這就是農業革命的開始，標誌人腦演化的轉捩點，象徵長期思維誕生。

人類擁有遠見，能為了種植作物而儲藏種子，更擁有克制力，能在漫長的冬季忍住挨餓數個月而不吃掉種子。這代表智人擁有一項了不起的前瞻能力，可以在思考時超越當下，放眼遙遠的未來，並以長遠的時間視野實施計畫與進行嘗試，這種大腦神經迴路值得用「橡實腦」這個特殊名稱來稱呼。每個人類都擁有橡實腦，但橡實腦的運作原理為何、起源為何，又有多大能耐？

橡實腦的運作是一塊新興研究領域——「前瞻心理學」（Prospective Psychology）的研究主題。前瞻心理學認為，人之所以為人，是由於我們能思考未來，也就是「前瞻」。心理學家馬汀·塞利格曼（Martin Seligman）曾把我們這個物種稱為**瞻人**（Homo prospectus），因為能「想像未來各類情景，並以此為行事依據[8]」。雖然西格蒙德·佛洛伊德（Sigmund Freud）鼓勵我們回顧過去，但大腦天生就喜歡預想未來，我們不斷想像各種可能，進行規劃，神遊於不久的將來及遙遠的未來。心理學家丹尼爾·吉伯特（Daniel Gilbert）曾說，我們就是「前瞻的猿人[9]」。

關於這方面的證據非常紮實，沒有其他動物能像人類一樣有意識地思考與規劃未來。松鼠的確會把堅果埋入土裡，提供冬季食用，但牠們會這麼做是受直覺驅使，而不是因為有意識地制定生存計畫，當白天日照時間變短，牠們就會直覺地把堅果埋入土裡。動物行為學研究顯示，老鼠等物種擁有不錯的記憶，但只能往後思考半小時至一小時。黑猩猩雖然會拔掉樹枝上的葉子，並把樹枝當作戳白蟻洞的工具，但是並無證據顯示牠們會準備十幾根同樣的工具儲存，提供下週使用[10]。

然而，這正好就是人類會做的行為，我們擁有**非凡的**規劃能力，規劃明年夏天的假期、設計必須到十年後才會變得美麗的花園、為兒女的大學學費儲蓄，甚至為自己的葬禮準備曲目，這就是橡實腦的運作結果。前瞻的能力讓人類得以生存並繁榮興盛，塞利格曼主張：「我們獨特的前瞻能力建立了文明，支撐著社會。前瞻的力量賦予我們智慧。無論有無意識，預想未來是人類巨型大腦的核心功能[11]。」

一切始於幼年時期，幼兒大約五歲時，就有能力想像未來、預測未來事件，並區分未來和現在及過去的不同，這就是為什麼我的雙胞胎小孩大約到了這個年紀時，便會在生日好幾個月前，列出想要生日禮物的小清單給我。到了青少年時期，他們將會發展出複雜的心理時間旅行能力，讓他們能進行預測，做出長期規劃，理解橫跨數世紀的歷史時間，並思考自己的死亡[12]。

我們每天有多常進行未來思考與規劃？遠遠高於傳統心理學的主流假設。有項研究以五百名芝加哥居民為樣本，透過一個手機應用程式，每日不定時詢問他們當下在想什麼。研究結果顯示，他們思考未來的時間占每天的一四％，而思考過去的時間只占每天的四％（其餘思考則是關於當下或不限特定時空）。花在思考未來的時間裡，約有四分之三是在進行規劃[13]，因此我們思考未來時間比思考過去的時間高出三至四倍，而且每七小時的思考裡，就有一小時是關於尚未發生的事。

這類神經處理大多由大腦的額葉負責。額葉位於頭部的前端，雙眼的上方。額葉受損的人通常看起來很正常，和一般人無異，能與人開心聊天氣、喝茶，並接受記憶測驗，卻可能完全無法制定計畫，無法說出下午預計要做什麼事，也無法解開需要前瞻思考的謎題。額葉（尤其是背外側前額葉皮質）是橡實腦的運作核心，像時光機一樣，讓我們能想像未來，思考數週後，甚至數十年後的情境，並制定長時間的複雜計畫與程序。

有趣的是，額葉是大腦中相對年輕的區塊，在過去兩百萬年間才演化出來。（最初的大腦在五億年前就出現了）。在此期間，人類顱骨的質量成長超過兩倍之多，從巧人一．二五磅的大腦演變成智人近三磅的大腦，但激增並不平均，大多增長發生在大腦的前端，因此人類最早期祖先低斜的額頭逐漸被外推，直到今日呈現近垂直的樣貌。前瞻規劃和所謂的「執行功能」（Executive Functions），如抽象推理與問題解決[14]，主要就是由大腦的額葉負責。

雖然人類演化出長遠思考的能力，但在進行這類前瞻思考時，想的大部分都是不久的將來。先前提到的芝加哥研究顯示，關於未來的思考中，約有八〇％是關於是當日及隔日，而只有一四％涵蓋超過一年，只有六％預想未來十年[15]。因此橡實腦雖然是神經功能的一部分，但顯然受到短期思維的棉花糖腦主宰，難以擺脫其影響。

這種現象牽連的意義深遠。前瞻心理學共同創始人吉伯特說，如果有外星人要滅絕人類物種，不會派遣小綠人到地球進行轟炸，因為這樣做會激發人類敏銳的防衛機制，而是會發明像是全球暖化這類事物，躲過人類大腦的雷達偵測，因為我們不善於對付長期威脅。我們看到棒球朝著頭部飛來時會快速閃避，但是對於數年或數十年後的威脅，處理能力就差上許多。但吉伯特表示，我們擁有長期思考的能力，本身就是「大腦最驚人的創新之一」；只是我們必須理解，這項能力還處於開發初期[16]。

如同所有哺乳類動物，人類非常善於應付當下的明白危險，但在過去數百萬年期間，我們學會一項新招數——雖然不到精通程度。我們的大腦和幾乎所有物種不同，能把未來當作當下處理，可以預想自己的退休生活，或預想不久後到牙醫診所看診的情境。今日的我們會為以後的退休生活儲蓄，會使用牙線清理牙縫，以免六個月後看牙醫才得知壞消息。但是人類現今還處於學習階段，長期思考是動物界新發展的能力，我們尚未得心應手[17]。

這當然不代表人類完全無法進行長期思考——缺乏長期思考能力是可怕的神經缺陷，讓人類無望因應未來的生態、社會與科技威脅，包括水資源爭奪，以及針對國防系統的網路攻擊。問題在於**我們尚未得心應手**。可想而知，有些人已經學到得心應手了，有原住民採用七世代決策思維、有工程師修築百年不垮的橋梁，還有宇宙學家探索深時的奧妙。然而，多數人就像老狗一樣苦苦學習新招數。

人類的橡實腦顯然具有龐大潛能，我們如果想要擁有長期思維，就必須發揮橡實腦的力量。體認自己擁有橡實腦是重要的第一步，但橡實腦的存在引發一個關鍵問題：橡實腦當初是如何演化出來的？

進入長期思維的認知跳躍

我們的祖先花費兩百萬年從事一項不可思議的壯舉：培養大腦，讓他們能脫離當下，暫住未來。演化心理學家與考古學家認為，長期思考和長期規劃的能力必定賦予人類演化上的優勢。能考量未來將要發生的事，預測未來會出現的變遷並制定計畫，是一種生存機制，彌補人類在力量、速度或敏捷上的不足[18]。這個重大的認知跳躍背後有四大因素使然：尋找路徑、「祖母效應」（Grandmother Effect）、社會合作、器具創新（如下頁圖所示），每項因素都代表人類演化這個慢速心理演劇裡的關鍵場景。

人類如何培養出長期思維的大腦？
橫跨兩百萬年的故事

尋找路徑

人類為了生存，必須規劃打獵與覓食路線，並發展出具有時間標記的「認知地圖」

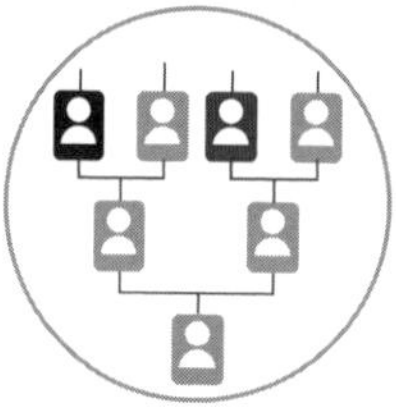

祖母效應

祖母負責照顧孩童，延長跨世代的時間視野

社會合作

人與人必須建立長期的連結，才能發展出互信、互惠、同理的合作關係

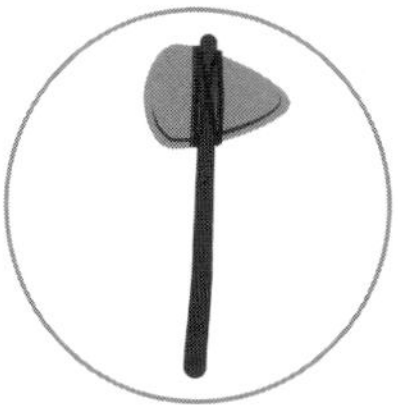

器具創新

石器科技的發展需要規劃複雜程序與辨認未來目標的能力

圖：霍廷。

十七世紀思想家布萊茲・巴斯卡（Blaise Pascal）曾說：「人的本性是行動，完全靜止乃是死亡。」這個觀察鞭辟入裡。遠古時期，我們的原始人類祖先遊蕩大地，覓食、打獵、找水、隨四季遷徙、適應新環境，經過數千年，他們培養出一項生存技能：「尋找路徑」，使用這項技能在實體空間中識別方向，辨認路徑。運用這項技能時，人類會在心裡建構「認知地圖」，協助記錄重要地標，並依循熟悉的路線安全返家。但繪製心理地圖不僅需要勘測**空間**，更需要勘測**時間**，獵人如果能在規劃路徑的同時，估算好旅行時間，便能節省珍貴的精力，甚至保住性命。生態學家湯瑪斯・普林森（Thomas Princen）解釋，人類就是如此培養規劃未來的能力：「想像那些地方，並想像到達那些地方所需的時間，這種認知能力具有空間特性（溪流位在森林的哪個方位？），也具有時間特性（如果去溪流又去森林，則需要多少日夜？）[19]」

過去一世紀，人類學家曾研究原住民尋找路徑的技能。馬紹爾群島的獨木舟航海員利用棍棒製成航海圖，標記出危險的礁石與複雜的潮汐運動。澳洲原住民的文化裡，有所謂的「歌之版圖」（Songlines）或「夢的途徑」（Dreaming Tracks），將一條橫跨大地之路線經過的地標串成一首歌[20]。身為這些傳統的繼承者，我們獲得制定計畫的認知能力，讓我們不只能計劃穿越地理空間的旅行，更能計劃穿越時間的旅行。

促進長期思考的第二項因素有時被稱為「祖母效應」，祖母效應源自人類物種一項獨特的生理特性：人類幼童的依賴期比其他物種長。多數哺乳類動物在出生後數小時就學會走路，一年後便能生育；但人類卻不一樣，出生後有數年的期間處於無助又脆弱的狀態，直到十幾歲後才能完全獨立，並擁有生育能力。父母養育幼童，等到幼童成年後，便能將基因傳承。然而，負責養育幼童的不只是父母，研究顯示，祖父母（尤其是外祖母的存在）能大幅降低嬰兒與孩童死亡率。鹿群中如果有後生育期的老年母鹿，幼鹿的生存機率便會提升，因為年長的鹿知道資源匱乏時該去哪裡尋找食物與水；同理，人類祖母能照護孩童，傳承知識，並提供各種寶貴的支援[21]。

其實人類社會之所以存在早已超過生育年齡的祖母，有可能是查爾斯・達爾文（Charles Darwin）天擇的結果：祖母的存在有利大家的生存。我們的祖先透過祖母效應，建立根深柢固的多世代親族，並培養出橫跨五個世代的時間視野，也就是以自身世代為基礎，向上延伸兩個世代，向下延伸兩個世代，同時培養出照顧和責任的倫理[22]。

祖母效應受到第三項因素的強化與擴展，也就是我們的社會合作本能。過去至少三個世紀以來，追溯至湯瑪士・霍布斯（Thomas Hobbes）與約翰・洛克（John Locke）等人的著作，主流看法都認為人類的本性就是自私自利，而且是個人至上的物種[23]。然而，這種觀念後來發生重大轉變，演化生物學家現已承認，人類是哺乳類動物中社會性最強的物種之一。這是科學史上其中一項最偉大的改觀，其實達爾文早就觀察到這點，並於一八七一年的著作《人類的由來》（*The Descent of Man*）中寫道：「道德標準的進步，必定賦予部落巨大的優勢。」達爾文認為，如果部落成員「隨時準備好互相幫助，並犧牲自我以換取公眾利益[24]」，該部落就會強盛；換言之，天擇不只影響個人，更影響群體：當食物匱乏、獵食者出沒時，合作才是生存的最佳方法，這就是人類演化出互助、同理、利他及互信等合作特質的原因。靈長類學家法蘭斯・德瓦爾（Frans de Waal）曾告訴我：「同理心和團結是我們與生俱來的能力[25]。」

但是這和長期思維有何關聯？社會合作需要預想未來的想像能力。互信、互惠的關係若要運作良好，前提是人必須知道今日如果幫助他人，未來有需要時，他人可能會回過頭幫助自己：時間寫入社會契約，成為互助結構的一部分。同理心也是如此，同理心的基礎也是預測他人需求、預測他人情感，以及預測他人目標的能力。如果身邊的朋友失業，我們可能會試著想像對方的心境，並盡力給予支持。在這樣做的同時，我們其實正在模擬各種可能情境，藉此預想未來。社交生活經常需要預想未來的能力，當我們產生罪惡感和羞恥心等社交情感時，就是在預測自己未來的感受；對他人做出承諾時，我們建立義務與責任的時間軸；猜測他人意圖時，我們辨識不同的未來情境。塞利格曼曾說：「如果我們無法可靠預期他人在各類情境中會做出什麼行為，要如何進行協調與合作？如果我們無法可靠預期自己在未來有能力做什麼或願意做什麼，又要如何進行協調與合作？[26]」結論很明顯：我們的社會本能和心理時間旅行的能力相輔相成。

最後一項因素大幅加速長期思維能力與長期規劃能力的演化，將我們的注意力從關係轉移到科技，就是人類無可匹敵的天賦——工具製作能力。

我承認以前去博物館看到石器展示櫃裡的粗製燧石，就會覺得很無聊，但在閱讀考古學家桑德·馮德流（Sander van der Leeuw）的研究後卻改觀了。馮德流是全球知名的石器時代工具科技權威，我讀了他的研究後，才體悟到石片器具其實是人類大腦認知演化的指標，是人類複雜多階段規劃能力成長的現有最佳證據。根據馮德流的研究，石器的演進在兩百萬年間經歷多個階段，最簡單的工具是天然的石尖與石鋒，但後來舊石器時代的祖先學會用石頭敲擊表面，藉此打剝部分石頭，製成鋒利邊緣，接著開始將兩個打剝表面連接成一條線，這是其他靈長類從未學會的技巧。約兩萬年前，他們已掌握立體工具與武器的製造技巧，在特定角度剝除多塊碎片，利用三個平面的交叉製造尖銳的矛頭。

這些科技進步如何讓我們更了解人類大腦？製造這些器具絕對不是漫無計畫地打剝石頭。製造愈複雜的器具，愈需要對成品有清楚的構思，並且需要逆向思考的能力，回推打製石器的各階段程序。例如，在勒瓦婁哇技法（Levallois Technique）中，剝離一塊石片的過程，也是在為剝離下一塊石片做準備，這需要逆向因果序列的觀念才能做到（「甲造成乙，因此如欲得乙，則必先得甲」）[27]，這種複雜計畫類似雕刻家鑿去多餘的石材，將石頭塑造成心中的模樣。

馮德流主張，石器打製技術的進步反映人類大腦的階段發展：

> 人類習得立體石器構思與製作能力的同時，也在發展其他概念工具，其中一個就是計畫並執行複雜程序的能力……因此人類跨越了一個門檻，此後對物質的掌控得以迅速發展[28]。

馮德流認為，如果人類的認知靈敏度沒有經歷這一次跳躍，農業社會就不可能在一萬年前興起。新石器時代的人類有能力制定具有多重程序之複雜計畫，也有能力針對未來目標制定策略，因此能夠從事需要長遠時間視野的活動，如實施輪作制度、馴化野生穀物、培育動物，乃至最終建立首批城市。花費數小時透過各項步驟製作石器、花費數個月規劃作物種植、花費數十年建造金字塔，這三種行為背後的基本觀念其實是一樣的。馮德流寫道：「文物製造也牽涉同樣的機制：時間序列延長，且『製造』程序中的各個步驟在時間上分離[29]。」因此博物館內塵封的石器展示品，其實訴說著人類最偉大的成就：文明的興起。

擴大時間視野的技能

棉花糖腦和橡實腦之間或許不斷發生拉扯，但兩者也賦予我們一項驚天動地的演化才能，就是靈敏的想像力，讓我們瞬間就能從以數秒為範圍的思考，切換到以數年為範圍的思考。我們的大腦每天都在多重時間視野之間跳躍，在不同觀點之間快速旋轉，如同芭蕾舞者進行趾尖軸轉一般，我們是時間軸轉的專家，但並不代表充分發揮這項才能。

下頁圖顯示橫跨時間的能力如何表現在個人生活與公共生活中。在個人生活裡，我們有時會以數分鐘或數秒為範圍進行思考、計畫及行動，如回應文字訊息；但是我們的大腦有能力瞬間切換到數小時的範圍（估算手機電池還能撐多久）、數日的範圍（期待每週的運動課程）、數個月的範圍（制定為期三個月的節食計畫）、數年的範圍（決定就讀大學），或偶爾甚至是數十年的範圍（申請房屋貸款）。然而，我們卻鮮少進行超越自身壽命的思考，死亡是我們想像的終極界線。調查資料顯示，無論文化和宗教背景，多數人對未來的能見度僅限十五年至二十年[30]，我們難以預想數十年後的情境，這就是為老年生活儲蓄會如此困難的原因。

公共生活		個人生活
建造教堂 七世代思維 種子銀行	數世紀	種植橡樹 時間膠囊 相信來世
太空計畫 能源轉型 中國政府計畫	數十年	房屋貸款 退休金儲蓄 立定遺囑
貿易協商 奧林匹克運動會 選舉期程	數年	大學教育 職涯規劃 養育兒女
企業季報 流行熱潮 軟體更新	數個月	學期 懷孕 節食計畫
日報 折扣促銷 音樂節	數日	郵務 每週購物 運動課程
營業時間 停車計費 公聽會	數小時	輪班 星期日午餐 手機電池
交通號誌 全天候新聞 緊急救助電話	數分鐘	電子郵件 洗澡 咖啡時間
問答比賽節目 股票市場 公開拍賣	數秒	傳簡訊 一鍵購買 呼吸循環

人類的時間視野

圖：霍廷。

同理，公共生活中也存在各種不同的時間視野，高頻股票交易以毫秒為單位、流行熱潮與企業季報以數個月為單位、選舉期程則以數年為單位。時間視野鮮少超過十年，但是的確有例外存在，如美國國家航空暨太空總署（ＮＡＳＡ）的三十年太空探索計畫、中國政府的三十五年國家計畫，以及長期的種子銀行。整體而言，公共未來的視野不超過三十年，在二〇二〇年，鮮少有政府、企業或國際組織充分制定超過二〇五〇年的計畫。

無論是公共生活或個人生活，我們的時間範圍相對狹窄，並未充分發揮橡實腦的想像力，以思考長遠的未來。數位科技等力量更是縮短我們的時間視野，讓愈來愈多活動集中在當下的附近範圍，未來的時間範圍正在迅速縮短。

然而，我們必須拉長時間視野，才有勝算克服生存風險與文明崩潰的挑戰，因為人類在接下來數十年、數百年，乃至數千年間，都必須面對這些挑戰，我們對未來的能見度必須遠遠超越二十或三十年。

現在已經明白，人類其實擁有前瞻遙遠未來的能力。過去的祖先尋找路徑、照顧孩童、合作互助、製造器具，讓我們對人性有新的見解，體認到自己並非棉花糖腦的囚徒，因為天生就擁有橡實腦。我們有能力進行本書後續章節提出的各種長期思考：大腦具備打造長期遺產的能力、以教堂思維進行策略規劃的能力、預測文明發展路徑的能力，以及辨認遙遠目標並努力實現的能力。

改變對人性的看法，能發揮極大作用。如果一直告訴自己，人類是短視近利、即刻享受至上的物種，就可能會讓這些特質變得更嚴重。我們將會設定期待，提供誘因，並設計出滿足棉花糖腦的世界。這種現象正在今日的世界發酵，社會充斥著即時消費文化的象徵，也就是「現在購買」按鍵。這項科技將我們的短期衝動利用得淋漓盡致，或許沒有任何其他科技能比擬。但是請想像一下，正當要按下購買鍵時，畫面上突然跳出一個方框，詢問你是否願意選擇替代方案，如「下週購買」、「下個月購買」、「明年購買」，或甚至是「向朋友借」。接著系統會等到指定的期程後發出提醒，詢問你是否真的想買這項物品。想像一下，我們的政治體制、經濟制度及學校課程也可以採用類似的長期設計，如果實現了，世界會變得很不一樣。

這就是我們必須打造的世界，現在面臨的課題就是要增強自己的橡實腦，釋放其沉睡的力量，如此一來，至少就能制衡古老的棉花糖腦，阻止棉花糖腦縮短我們的時間視野。我們必須啟動橡實腦，發揮其潛能，思考更長遠的當下，現在正是時候。

第二篇

培養長期思考的六個方法

第三章

深時謙遜

——用「深度時間」取代「線性時間」

人類物種此時此刻正面臨嚴重的觀點危機，如果要生存就必須拉長時間視野，但是現在我們的時間視野正在迅速縮短到秒、時、日等狹窄的窗口。正當我們繁忙地檢閱手機，生化恐怖主義和無人機戰爭等生存威脅早已悄然而至，同時海平面也在悄悄上升，威脅著沿岸城市。要如何延伸自己的思考，刻骨銘心地感知到更長遠的當下，藉此改變文明走向，阻止文明繼續走在短期思維的危險道路上？

重要的第一步就是培養深時謙遜，了解在宇宙悠久歷史中，人類不過是轉瞬間的渺小存在，如此一來，便能解放自己的思維，進行超越自身壽命的思考，回顧遙遠的過去，放眼遙遠的未來。我們必須接受現實，體悟從出生到死亡之間的所有個人故事，以及人類文明的所有成就和悲劇，在宇宙的編年史裡只占據微不足道的分量。

如果要脫離對當下的執著，並培養深度時間（Deep Time）的觀念，就必須進行巨大的想像跳躍。本章探討的就是過去兩世紀以來，人類面對這項挑戰時採用的各種不同方法，但是首先必須處理一項過去一千五百多年來不斷助長短期思維文化的重大障礙：源於中世紀的時鐘暴政。

時鐘的暴政

自古以來，人類都是以週期循環的時間觀念為作息基礎，配合睡眠規律和日月星辰公轉等生命中天然的週期節律過生活。一九三〇年代，奧格拉拉蘇族（Oglala Sioux）領袖黑麋鹿（Hehaka Sapa）曾解釋自己的週期時間觀與宇宙觀：

> 印第安人所做的任何事情皆具有圓圈循環的特性，這是因為世界的力量總是呈現圓圈循環……最強大的風就是旋風。鳥巢是圓形的，因為牠們和我們有著同樣的信仰。太陽和月亮繞著圓圈升起又落下，而且兩者本身都是圓形，就連季節的變化也呈現周而復始的圓圈。人的生命也是從童年到童年的圓圈，所以任何有力量流動的事物中皆有圓圈循環的存在[1]。

這就是人類文明的一大悲劇：多數社會，尤其是西方社會，都脫離了循環時間觀，以及循環時間觀本質上的長期觀點，不再相信永恆的週期循環與時間永遠周而復始。古代視時間為循環的觀念已經沒落，取而代之的是線性時間觀，將時間視為不斷向前挺進的箭頭，依循直線自過去飛來，穿越當下，進入未來。人類採行循環時間觀或線性時間觀，會產生什麼差別？差別在於，圓圈不可以縮短，但直線卻可以。

循環時間觀的瓦解，始於十四世紀歐洲發明機械時鐘。機械時鐘不只是衡量時間的準確性高於日晷或水鐘等古老工具，更成為控管時間、加速時間，並將時間商品化的強大儀器。於是，人類歷史出現一個新問題：「誰控制時間？」

時鐘的暴政源自基督教時間觀，以及歷史學家賈克．勒果夫（Jacques Le Goff）所謂「商人時間」（Merchant Time）之間的衝突。基督教官方教義認為，時間是「上帝的禮物，故不得販賣」，因此教會反對放貸收取利息的行為，因為收取利息就是利用時間賺取利潤。這對商人而言是壞消息，因為他們經營生意必須仰賴信貸。以更宏觀的角度而言，商人經商成功的基礎就是善用時間：知道何時買低賣高、掌握長途貨運何時抵達、預測貨幣波動的時機和下一季收穫時商品的價格，以及了解如何提升旗下員工的效率，讓他們在最短時間內完成最多的工作。中古歐洲興起的商人階級中，主流觀念認為「時間就是金錢」，而非上帝的禮物。

在時鐘的幫助下，商人時間逐漸擊敗教會時間。一三五五年，法國小鎮利斯河畔艾爾（Aire-sur-la-Lys）啟用新的時鐘，以鐘聲界定開放交易的時間和紡織工人的工作時間，以便商人經營事業，畢竟當時的公社主要是由商人主導。一三七四年，德國城市科隆設置公用時鐘四年後，首則規範工人午餐時間的法律出現了，也預示接下來的發展。勒果夫寫道：「公共時鐘是主宰經濟、社會及政治的工具」，促成商業資本主義的興起[2]。

這些早期的時鐘只能以小時或刻鐘為單位計算時間，但到了一七〇〇年，多數時鐘已有時針，到了一八〇〇年，秒針更是成為標準[3]。人類首次獲得精準衡量時間的能力，而這種能力最專制的表現形式正是工廠時鐘，也就是工業革命的主要武器。科技史學家路易斯．芒福德（Lewis Mumford）曾主張：「現代工業時代的關鍵機器不是蒸汽機，而是時鐘[4]。」不久後，工廠開始實施打卡上工制，將工人到班時間記錄在出勤卡上，遲到者必須接受懲處。隨著時間被切割得愈來愈細，企業主便能以秒為單位衡量工人的速度，加快生產線步調。膽敢拒絕這種管控並「悠哉工作」的工人就會馬上遭到解僱。時鐘的暴政助長功利型效率文化的興起，查爾斯．狄更斯（Charles Dickens）在一八五四年出版的小說《艱難時世》（*Hard Times*）便微妙地描述時鐘的暴政。故事中，葛萊恩先生（Mr. Gradgrind）的辦公室裡擺放著「一個致命的統計時鐘，以敲打棺材板般的跳動衡量每一秒鐘」。

▲時間成為金錢：一九三三年位於約克郡（Yorkshire）的 Rowntree 巧克力工廠工人在打卡鐘前排隊。（Alamy / © University of York/Heritage Images）

工廠時鐘象徵著貪圖速度的心態，而這種心態標誌著線性時間觀的勝利。從此以後，人為的分秒概念成為主流，而月亮或季節的自然循環則不再受到重視。長遠的未來開始退去，而當下則愈變愈大。

十九世紀發生運輸和通訊革命後，未來更是愈退愈遠。一八三〇年代發明的蒸氣火車加快生活步調，使人類脫離不疾不徐的馬車年代。電報與電話則消滅了空間和時間（無須苦等數週或數個月才能收到信件）。今日，網路與即時訊息加速資訊的全球流通，把現在式變得全球化，但同時也導致新的短期思維工具出現，恐怕將讓我們永遠困於當下之中，我指的就是數位分心。

數位科技綁架人類立即注意力的能力簡

直無可匹敵，導航系統如果一直報錯方向，我們絕對無法容忍，但協助我們航行資訊空間的科技，卻不斷在這麼做[5]。我們可能會上網做一些有用的事，如預約醫師看診，卻不知怎麼地被吸引到 YouTube 觀看惡搞影片、購買新的瑜珈墊，或是（重複）檢查電子郵件。社群媒體應用程式與社群媒體網站的設計就是要達成「互動目標」：鼓勵我們不斷點擊、滾動、往下滑，同時盡可能投放廣告或顯示網頁。科技公司讓我們沉浸在數位當下之中，干擾我們追求自己選擇的目標。在如此情況下，長期思維簡直毫無勝算。臉書首任總裁西恩・帕克（Sean Parker）曾經坦承，綁架人們的注意力是該公司的蓄意目標。他說：「我們的思路是這樣的：要如何盡可能地消耗你的時間和清醒注意力[6]？」

口袋裡的手機已成為新的工廠時鐘，捕捉著原本屬於我們的時間，換取不間斷的電子當下，並塞滿資訊娛樂、廣告及假新聞。分心產業高明地利用我們古老的哺乳類大腦：每當聽到訊息通知聲，我們的耳朵就會豎起；突然在螢幕邊緣看到影片閃爍，我們的注意力就會被吸引，這些刺激會產生預期感，並啟動多巴胺系統。臉書就是巴夫洛夫（Pavlov），而我們就是實驗中的那隻狗。

橫跨五百年的故事揭露一項事實：時間已成為力量的來源。無論是十九世紀的工業家，還是今日想捕捉並販賣我們注意力的社群網路公司，許多強大的力量企圖將時間納入掌控之下，它們引發社會理論家傑瑞米．瑞夫金（Jeremy Rifkin）所謂的「時間戰爭」，企圖主宰時間、加快時間及縮短時間，以鞏固自己的優勢[7]。

時間戰爭也斬斷我們和地球生態韻律之間的連結，地球的生態韻律是由永遠周而復始的自然循環組成，但是我們已打破循環，並以直線取代：不斷向前挺進的時間箭頭。由於某些人為循環的刺激，箭頭的飛行速度愈來愈快，現在大家重視的不是太陽年而是會計年度，不是四季而是季度財報，不是碳循環而是選舉循環。我們引發的全球暖化已改變自然界的循環，影響季節變化。我們的行為導致生物多樣性降低，對生態系統造成嚴重傷害。

是否有辦法擺脫這項歷史的遺產，摒棄短視近利的當下至上思維？答案在於現代科學時期影響人類大腦最深的發現：深度時間。

維多利亞時期的英格蘭發現深度時間

十八世紀是革命的年代，不過除了法國和美國的政治動盪外，當時更發生另一場沒有那麼血腥暴力，但意義可能更重大的革命。這場革命源於一七八五年三月七日，當天詹姆斯．赫登（James Hutton）醫師在愛丁堡皇家學會（Royal Society of Edinburgh）講授枯燥的課程，主題是陸地和岩層的形成。這場演講埋藏著驚天動地的地質學理論，推翻基督教傳統認為神在六千年前花費六日創造天地萬物的觀念〔某位知名劍橋大學（University of Cambridge）教授根據聖經的記載推算，一切從西元前四〇〇四年十月二十六日上午九點開始〕。赫登主張，高山山頂上出現古代蚌類化石，岩層以極度不同的角度並列，這些詭異現象必定源自長時間的沉積作用與抬升作用，形成期間可能長達數百萬年之久，甚至更長[8]。赫登後來帶著友人約翰・普萊費爾（John Playfair）參觀能證明自己理論的暴露岩層，普萊費爾因而感嘆道：「看著時間的深淵，我似乎感到頭暈目眩[9]。」

赫登不是第一位質疑地球年齡的人，但他的研究比多數人具有影響力，標誌西方世界觀演變史裡的一項重大轉變（其實許多非西方文化的世界觀遠比西方文化更符合地球的真實年齡[10]）。於是，〈創世紀〉（Genesis）遭到推翻（看似如此），取而代之的是一項獨特的觀點：地球非常古老，年齡難以計算，人類不過是地球歷史中的一瞬。然而，革命從開始到成功，通常比我們預期得還久，直到半世紀後，赫登的理論才成為主流。十九世紀的先驅科學家宣揚他的想法，以鉗形陣列慢慢圍攻維多利亞時期的觀念，其中一側是由查爾斯・萊爾（Charles Lyell）等地質學家證實並延伸赫登的理論；另一側則是以達爾文為首的演化思想家主張，爬蟲類動物演化出翅膀和羽毛，或猿類演化成人類等現象，不可能如《聖經》（*Bible*）記載在這麼短時間內發生。

今日的我們將此發現稱為「深度時間」，深度時間的發現刺激了維多利亞時期地質學與考古學蓬勃發展，也啟發當時的偉大思想家，其中一位就是作家威爾斯。威爾斯曾說：「我們獲得以前從未發現的新世界歷史。」他認為，如果我們現在可以回顧遙遠的過去，是否也該放眼遙遠的未來？對威爾斯而言，地質時間的觀點呼籲我們「發現未來」，這就需要發展新的科學做為地質學的時間鏡像，「將推論的探照燈投向未來而非過去」，並「找尋形成原因，而非化石」，藉此預測未來[11]。

這類觀點讓威爾斯被譽為「未來學」（Futurology，今日稱為「Future Studies」）之父，但他發揮的最大影響力或許是啟發人類的想像力。威爾斯曾於一八九五年撰寫的小說《時間機器》（*The Time Machine*）中，講述一名維多利亞時期的紳士科學家將自己傳送到八〇二七〇一年的故事。透過這類小說，威爾斯將長期思維導入西方文化之中，並稱為「不斷延伸的當下[12]」。在他之前，鮮少有作家曾想過將故事背景設定在遙遠的未來，多數的烏托邦小說都將故事背景設定在遙遠的空間，經常是神祕的未知小島，而非遙遠的時間。威爾斯為改變此現象所做的努力，幾乎沒有其他作家比得上，他的努力促成科幻小說誕生。不久後，許多作家便開始利用科幻小說來探索長遠的未來[13]，其中最早期且最著名的人就是哲學家奧拉夫・史塔普雷頓（Olaf

Stapledon），他在一九三〇年出版的小說《末人和初民》（*Last and First Men: A Story of the Near and Far Future*），對亞瑟・查理斯・克拉克（Arthur C. Clarke）等有遠見的作家產生深遠影響。該篇小說講述人類在未來二十億年間的演化史，涵蓋十八場重大的生物革命與文化革命。由於涵蓋時間非常龐大，直到作者所在時期的人類歷史也只占小說的前兩頁。

深度時間的挑戰在於這個抽象概念難以轉化成實體概念，並進入且改變人類思維。普萊費爾於一七八八年在蘇格蘭東岸觀賞岩層時，便感到頭暈目眩，但我認為會因為看到沉積岩層而有類似感觸的人其實並不多，至少我就不會，無論怎麼鑽研課本上列出寒武紀、泥盆紀、白堊紀等地質年代的表格，我就是無法將思考投射至數百萬年前的過去（或未來），並進入思考深度時間產生的出神狀態。地質學家或許可以，因為他們很了解也很熱愛這個領域，能將其轉化為生動的想像。小孩如果是恐龍迷或許也可以，但我看到這些技術性資訊時卻心如止水。

好消息是一個多世紀以來，想像力充沛的科學家、作家及創意思想家一直在盡力體現深度時間的奇妙與宏偉，對抗工業文明裡滴答作響的時鐘，他們的努力分為三大領域：藝術、譬喻和體驗，今日他們的成就比任何時刻都來得重要。

深時藝術與萬年鐘

過去數十年間出現許多深時藝術計畫，使用豐富的創意拉長我們的時間想像。一九七七年，兩張能保存十億年的黃金唱片，乘著兩艘航海家（Voyager）太空探測船進入太空，每張唱片都錄製「地球的聲音」，向找到唱片的外星人傳達和平訊息。唱片現在已經脫離我們所在的太陽系，上面收錄從沃爾夫岡．莫札特（Wolfgang Mozart）到查克．貝里（Chuck Berry）等音樂家的作品、鳥叫聲與人類笑聲（有批評者認為，唱片也應收錄戰爭、暴力、飢餓及憂鬱等聲音，以反映現實）。在地球上，瑞秋．薩斯曼（Rachel Sussman）執行「世界最古老的活物」（The Oldest Living Things in World）計畫，在格陵蘭拍攝名為「地衣」的生物，年齡高達兩千歲，每百年只成長一公分。二〇一五年，喬納森．奇茲（Jonathan Keats）在亞利桑那州坦佩（Tempe）裝設一台深時攝影機，拍攝城市的天際線，預設曝光時間長達一千年，成品將於三〇一五年展出。藝術家馬丁．孔茲（Martin Kunze）的「人類記憶」（Memory of Mankind）計畫旨在保存「瀕危的記憶」，將人類最重要的一千本書以陶瓷微縮膠片記錄，儲藏在奧地利一處鹽礦裡，預計可保存一百萬年。

其中最發人深省的深時藝術，是「長遠當下之鐘」（The Clock of the Long Now），又稱「萬年鐘」（10,000 Year Clock），這座鐘是長遠當下基金會的計畫，目的是創造新的時間神話，挑戰現代世界裡短得可憐的注意廣度。共同發明人史都華．布蘭德（Stewart Brand）表示：「我們要如何自動化、普及長期思維，讓它不再困難、不再稀少？又要如何把長期思維變成不可逃避的責任？這個裝置是一座極大也極慢的鐘[14]。」這座鐘現正處於建設階段，坐落於德州沙漠中一座石灰岩山，落成後高達兩百英尺，可維持精準達一萬年之久。由於工程高度複雜，十幾年後才會完工。訪客必須爬一整天的山才能抵達其內部構造，抵達後會聽到十座鐘依序敲響。這十座鐘將在萬年鐘的一萬年壽命期間，也就是三百六十五萬兩千五百個日子裡，每日以獨特的順序敲響[15]。

但是這項計畫也引發批評，有人質疑，這座機械裝置酷似工業革命中加速時間的工廠時鐘，不適合用來重新建立人類和自然世界循環性生理節律之間的連結；還有人指出，萬年鐘的主要贊助者是亞馬遜（Amazon）創辦人傑夫．貝佐斯（Jeff Bezos），他留給人類最大的影響，或許就是推出「現在購買」按鍵。貝佐斯提倡長期思考的美德，並以此聞名，曾說：「每家企業都須具備長期觀點。」但他創辦的企業卻得利於消費者追求即時享受的短期思維[16]。儘管引發些許爭議，然而萬年鐘的文化目標和時間目標非常遠大，或許有機會成為後世瞻仰好祖先的聖地，成為人類長期思維的強大象徵。

在宇宙時間中，智人不過是眨眼般的存在

深度時間是世界各地創世故事的核心概念。澳洲原住民文化裡的「夢創時代」（Dreamtime）可以回溯到時間的起源，也就是祖靈創造土地與人類的時期。印度教宇宙觀裡的**劫**（Kalpa），又稱「梵天的一天」，是一段長達四十三億兩千萬年的循環，從宇宙的創始橫跨至宇宙的重新創始。然而，這些故事的重點不只是對世界觀與人類地位觀的論述，更是故事使用的語言形式。人類如果要表達深度時間的故事，最重要的工具就是譬喻，譬喻讓我們理解巨大數字，使我們面對巨大數字時不至於感到痲木，其中我讀過最深刻的，莫過於作家約翰・麥菲（John McPhee）簡單又優雅的譬喻。麥菲於一九八〇年首創「深度時間」一詞：

> 若將地球的歷史比為古英格蘭的一碼，也就是國王把手伸直後，鼻尖至指尖的長度，只要用指甲銼刀在國王的中指尖磨一回，便可抹去人類歷史[17]。

每次讀到這段話，我都會有深刻的感受。但是與國王的手臂長度相比，有些人更喜歡用日曆裡的一年，來表達人類在宇宙裡的渺小。有個常見的譬喻是這樣的：從元旦到萬聖節屬於前

寒武紀，十二月中至節禮日*則是恐龍時代，上次冰河時期的結束於十二月三十一日子夜前一分鐘，而羅馬帝國僅存在五秒。

多數對深度時間的描述將重點放在歷史，始於從遙遠的過去，直到現代與智人時代。這種敘述恐怕會讓大家以為人類就是演化進程的巔峰，無助於培養人類的謙遜，因此不只需要回顧過去的深時觀念，更需要放眼未來的深時觀念，讓我們著眼於未來的紀元。宇宙學界很流行這種概念，如英國天文物理學家芮斯曾說：

> 我想要擴展眾人的意識，使眾人知道今後的未來存在巨量時間，無論是地球的未來還是生命的未來皆然。多數受過教育的人都知道，我們是近四十億年達爾文式天擇的結果，但許多人似乎認為人類就是巔峰。然而，太陽的壽命目前過不到一半，還有六十億年的壽命，屆時面對太陽死亡的不會是人類。如同人類和細菌或阿米巴原蟲差異甚大，六十億年後存在的生命將與人類大不相同。對於地球的未來，我們多半著眼於今後一百年，也就是孩子和孫子的壽命期間。這當然無可厚非，不過如果能意識到更長遠的時間視野，體悟到人類在本世紀行動的巨大潛能，便能為盡責守護這顆星

*譯注：Boxing Day，十二月二十六日，乃大英國協地區慶祝的節日。

球提供額外動機[18]。

這段話觸及深度時間觀的核心。一方面，芮斯將我們的想像從短暫當下延長到長遠當下，使我們體悟到在宇宙時間中，智人不過是眨眼般的存在。在宇宙的亙古之劇裡，我們不過就是跑龍套的，在舞台上只出場一瞬間。另一方面，這段話也警告我們，人類的破壞力強大：今日的世界花費數十億年才演化而來，但在超乎想像的短暫時間裡，我們已使這個世界處於險境。在巨大的生物鏈中，我們不過是渺小的一環，憑什麼不顧生態，用致命的科技危害生物鏈？難道我們對地球的未來、以後的人類世代及其他物種沒有責任與義務嗎？

體驗旅程與樹木時間的智慧

如果要體會深度時間的奧祕，最理想的方法可能不是透過譬喻或藝術品，而是透過蝕刻在大腦裡的真實體驗。

其中一個實際體驗的方法，就是下載名為Deep Time Walk的應用程式，循著自己規劃的路線散步四．六公里，象徵性地走過四十六億年的地球歷史。途中，旁白會分階段描述地球與各類生命的誕生，最後二十公分則是人類存在的期間。位於紐約市的美國自然歷史博物館（American Museum of Natural History）有條宇宙步道（Cosmic Pathway），訪客繞著上升的螺旋步道，走過三百六十英尺的宇宙歷史，在終點會看見一根拉直的人類毛髮，其寬度代表三萬年，也就是從歐洲目前已知最早的岩洞壁畫到這條步道的興建。

不需要飛到北美也能體驗這種感覺，周遭到處都有讓人體會深度時間的事物。我還記得以前用天文望遠鏡觀看星星，首次體悟到望遠鏡其實是時光機，讓自己能看見遙遠的過去，因為眼睛現在看到的光，已旅行數年或甚至數百年才抵達地球，我看到的恆星可能現在已經不存在了，看到的光也可能比人類還古老。

去年夏天，我和孩子在海邊城鎮萊姆里傑斯（Lyme Regis）的沙灘上尋找化石。兩百年前，著名的十九世紀化石獵人瑪麗・安寧（Mary Anning）曾在此發現魚龍（Ichthyosaur）骨骼，但我並未找到，卻找到一塊形狀完美的箭石。箭石是一種外貌似烏賊的古代生物，這塊化石是被海浪從崖面上拍打下來的，我把數公分長的化石小心翼翼地握在手裡。我是第一個觸碰這塊有著一億九千五百萬年歷史化石的人類，心中充滿驚奇感，看著時間的深淵感到頭暈目眩。

古樹是另一種深刻體會深度時間的方法。一個世紀以來，美國自然歷史博物館的巨杉橫切面讓訪客驚嘆不已，這棵巨杉在一八九一年被砍下，倒下前高達三百三十一英尺，底部達九十

▲美國自然歷史博物館的巨杉。（Alamy / Library Book Collection）

英尺，切面有一千三百四十二圈年輪，代表這棵樹的歷史可追溯至六世紀中期。半徑上的標籤標記出歷史上的重大事件，從八〇〇年查理曼（Charlemagne）加冕、一一〇〇年前後第一次十字軍東征攻克耶路撒冷、一八〇〇年拿破崙・波拿巴（Napoléon Bonaparte）崛起，直到被砍下的那年，亞瑟・柯南・道爾（Arthur Conan Doyle）出版《福爾摩斯冒險史》（*The Adventures of Sherlock Holmes*）。《紐約時報》（*New York Times*）於一九〇八年寫道：「見證這些歷史性的反差，我們始能想像這棵強悍的林中瑪土撒拉（Methuselah）*有多麼長壽。」

但是標籤無法訴說故事的全貌，無法告訴我們，誰站在巨杉的樹枝做為庇護、誰躲在巨杉的樹幹後瑟瑟發抖，也無法告訴我們，王河伐木公司（Kings River Lumber Company）在一八八八年取得三萬英畝的巨杉森林，並於一九〇五年前砍下超過八千棵稀有樹木，其中包含美國自然歷史博物館裡的那棵巨杉，而多數被砍伐的樹木年齡都超過兩千歲。保育人士約翰・繆爾（John Muir）曾說：「我從未看過『大樹』自然死亡。」雖然發生過這些悲劇，我在倫敦的國家自然歷史博物館（Natural History Museum）看見同棵巨杉的另一塊切面時，依然感到敬畏與尊敬，而且當下感覺更加長遠。

---

*譯注：根據《希伯來聖經》的記載，為人類始祖亞當的第七代子孫，是世界上最長壽的人，活了九百六十九年。

與古樹相遇的經驗，能讓我們體會深度時間的奧妙，雖然沒有任何樹木能體現數十億年的宇宙歷史（這麼長的時間實在難以想像），但這些樹木的壽命遠遠長於人類，使得人類能稍微領會如此長遠的時間，幫助我們掙脫以數十年為長度的思考模式，改採以數百年甚至數千年的思考。加州白山山脈裡，有許多樹齡近五千年的刺果松[19]；克里特島上，有棵樹齡可能達三千年的橄欖樹至今仍在結果。古樹也出現在小說裡，如約翰·羅納德·魯埃爾·托爾金（J.R.R. Tolkien）的小說《魔戒》（*The Lord of the Rings*）中，「樹鬍」就是一種會說話的巨型樹人，也是中土世界裡最古老的生物。任何人只要走過古老的樹林，就會感覺時間慢下來且在拉長，並在盤錯的樹根及陰濕的空氣中感到更為長遠的當下。

多年前我在牛津大學（University of Oxford）擔任園丁時，發現樹木可以帶領我們體會深度時間。我和同事種植數百棵橡樹、椴樹及紅櫸樹，心知肚明在有生之年不可能看見這些樹木成熟，直到二十二世紀後，許多樹木依然會持續提供庇蔭。體悟到這些樹木的壽命隨便就比我悠長，讓我感到謙遜並尊敬自然世界，了解到與大自然相比，自己不過是閃爍般的渺小存在。

樹木體現我們和自然世界之間的共生關係，是我們的外在肺部：一棵大樹能提供四個人類每日所需的氧氣，而全球三兆一千億棵樹吸收人類每年二氧化碳排放的三分之一[20]。但除了能賦予生命外，樹木也是緩慢時鐘，不只以慢慢擴大的年輪標記年份，更會隨著四季枯榮，標記出大自然的循環韻律。小說家理查．鮑爾斯（Richard Powers）曾說，樹木讓我們認識「木頭速度的生命」[21]。長期思維的關鍵技藝可能就是以「樹木時間」思考的能力，樹木時間跨越數百年、數千年，讓我們見識時間竟是如此深邃。

當然，體驗深度時間沒有一個簡單的公式、沒有成品可以購買，也沒有庫存可以下單，但我們可以盡力而為，以簡單的行動來體驗深度時間，像是固定每個月探訪一棵古樹做為朝聖之旅（希望是活樹，而不是死樹），建議不要帶手機，這樣坐在枝葉下享受靜謐的同時，才不會忍不住自拍。一行禪師曾絕妙地說：「別光做點事，在那裡坐著吧[22]！」在寧靜與陶醉中，就可能感覺到時間的深邃。

想像數萬年以後的未來

歷史對深度時間非常無情，人類發現深度時間時，短期思維正好隨著工業革命主宰世界，接著深度時間便面臨數位文化加速的殘酷競爭。過去兩世紀以來，工廠時鐘與 iPhone 擊敗地質學家的榔頭和觀星者的天文望遠鏡。科學家和藝術家提倡以數百萬年的宇宙時間進行思考，但股票市場卻不在乎，而且多數政治人物認為提早三、四十年做規劃是不切實際的事。

過去數世紀以來，我們道德想像不斷擴張，從原本只關心家人和部落的思維，發展到普世人權與動物權的概念；同理，我們的時間想像也有潛力延伸至遙遠的未來，不再只關心當下時刻，在藝術、譬喻及體驗的幫助下，可以開始理解深度時間。

有些人可能會質疑這種做法的價值，並主張體會深度時間反而可能導致人類變得冷漠無情，因為既然人類在宇宙漫長的歷史裡不過是轉瞬間的存在，最終都會化為宇宙中的星塵，為何還要擔憂天下之事？

其實，體驗深度時間將帶領我們走向不同的方向，讓我們感受到使命，而非感嘆一切毫無意義。深度時間使我們看清現代社會短視成性的思維，讓心思脫離上一次推特貼文、下一個截止期限，看見更廣闊的情勢。深度時間促使我們省思自身行為將如何影響遙遠的未來，例如思考人工智慧科技或合成生物學最終將把人類帶向何方？也讓我們重新接觸循環時間，理解大自然的現象，例如碳循環是以數千年在運作，並掌握地球生命的命運。深度時間讓我們認清自己不過是地球上生命盛會中的一個小環節，因此無權殘害孕育所有生命的生態系統，破壞巨大的生命鏈。

我們可以採用長遠當下基金會啟發的一項做法，展開邁向深度時間的旅程，這項做法很簡單，所以很強大：每次寫日期時，請在年份前加上一個零。本章寫於〇二〇一九年，加上一個位數，類似黑檕鹿漩渦般的圓圈，便能開始想像數萬年以後的未來。

第四章

傳承思維

——做出能流傳後世的成就

「未來世代是否會像我們一樣，喜歡談論祖先的智慧？如果我們要成為好祖先，就必須向未來世代展現我們如何因應充滿巨變和危機的時代。」

——沙克[1]

未來的人將會如何評價我們？這個問題切中人性的核心，激發我們挑戰自身壽命期限，傳承某些東西給後世。過去五十多年來的心理學研究發現，這種幾近普世的渴望，通常源於人生中年[2]，人難免一死，大多數人都希望自己的所為和影響能觸及後世，確保生命的火炬能在死後繼續延燒，很少有人真切希望自己被永久遺忘。

但是每個人想傳承的東西卻各有不同，有些人的傳承很自我中心，希望自己的個人成就能為後世銘記與傳頌，亞歷山大大帝（Alexander the Great）正是如此，他在帝國各處樹立自己的雕像，包括希臘的信仰聖地奧林匹亞，希望英勇事蹟與輝煌武功能流芳萬世，並被當作神一樣崇拜——他宣稱自己是宙斯（Zeus）的嫡傳後裔，所以會有這樣的野心不足為奇。今日的企業老闆透過慈善捐款，讓建築物、足球場及博物館展廳以自己的名字命名，也是在追求類似的野心。

更常見的則是家族傳承，通常是透過遺囑，將金錢、房地產或傳家寶等資產留給子女、孫子女或親戚。遺產傳承極受貴族重視，因為貴族想將地產保留在家族血脈的掌握之中，但同時也很受移民重視，移民辛勤工作，就是希望能為子女存夠錢，賦予子女更多的機會。我的父親是二戰後從波蘭逃到澳洲的難民，他就非常重視這類傳承。對許多人而言，傳承物質財產反倒不是那麼重要，重要的是透過宗教信仰、母語或家族傳統，將價值觀與文化傳承給下一代。

但我們如果要對後世有所貢獻，就必須擴大「傳承」的概念，傳承不只是獲得個人榮耀或留下遺產給子女，而是透過日常行為惠及全體未來人類。我們可以把這當成超越自我的「傳承思維」，目標是為未來世代緬懷。我們永遠不會認識這些未來世代，他們是未來的普世陌生人。我們可以透過三種方法來培養這種形式的長期思維：死亡之推、跨代贈禮及找尋「**華卡帕帕**」。

死亡之推

人類有多渴望、多願意留下超越自我傳承給素未謀面的陌生人？從「遺產贈予」便可略知一二。遺產贈予是指人在遺囑裡將財產贈送給慈善機構。從表面上看來，統計數據非常可觀：二〇一八年美國的慈善遺產金額贈予超過四百億美元，而英國每年的遺產贈予也高達三十二億美元，英國癌症研究基金會（Cancer Research UK）與英國心臟基金會（British Heart Foundation）有超過三分之一的收入都來自這類遺贈。但是如果仔細分析，這些數據就不像表面上看來如此光鮮亮麗，儘管有三五％的英國人表示希望在遺囑裡立下遺贈，但實際做到的人只有六．三％[3]，大家依然把遺產視為家族事務，而非支持理念，惠及外人的機會。

然而，行為心理學界有項非常有趣的研究顯示，要激發大家把更多所有給予未來世代，是非常簡單的一件事，只需要「死亡之推」即可。「死亡之推」就是適切地提醒大家：人終有一死。

世界頂尖的世代間決策學者金柏莉．韋德—班佐尼（Kimberly Wade-Benzoni）曾主導一項實驗，將受試者分成兩組：第一組受試者閱讀一篇關於某人在空難中喪生的文章；第二組受試者則閱讀一篇關於某位俄羅斯數學奇才的文章。接著，受試者參與一項有一千美元獎金的樂透抽獎，而且可依個人意願將部分獎金贈予一家慈善機構。共有兩家慈善機構可以選擇，一家機構專門幫助今日有需要的人，另一家則專門幫助未來世代。實驗結果為何？先前讀到俄羅斯數學奇才的受試者，贈予專注今日機構的總金額是專注未來機構的二．五倍；相反地，經過空難文章「死亡之推」的受試者，贈予專注未來機構的總金額超過專注今日機構的五倍之多[4]。

另外一項開創性研究是請部分受試者寫一篇短文，講述自己希望死後如何被未來世代記住，藉此思考自己能為世界留下什麼影響。研究結果顯示，寫過短文的受試者願意捐贈環保機構的金額比沒寫過短文的受試者多四五％[5]。

第三項意義重大的研究，目的是探討如何鼓勵英國人在遺囑中捐贈更多財產給慈善機構。在沒有律師詢問是否願意捐贈財產給慈善機構的情況下，有六％的人會自願捐贈，但如果律師主動詢問：「您是否願意在遺囑中捐贈慈善機構？」願意這麼做的人便提高到一二％。如果律師更進一步說明：「我們有許多客戶喜歡在遺囑中捐贈慈善機構，請問您是否支持某些慈善理念？」就會有一七％的人決定捐贈[6]。由此可見，稍微變換措辭便能大幅影響遺產贈予。

這些研究結果意義重大，經濟學家通常假設人類嚴重「輕視未來」，不重視未來世代的利益，但是研究發現，只要有適當的鼓勵即可改變一切，我們的大腦中似乎有著「傳承開關」，需要有人開啟，只要鼓勵大家思考遺產贈予，就有許多人會捐獻。

此外，上述研究顯示，思考死亡與思考希望自己死後如何被記住，就能為社會帶來重大益處，因為這類思考能培養世代間關懷和世代間責任，這種思維挑戰西方社會中否定死亡的文化。今日的我們費盡所能地遠離死亡，但中世紀的人卻不一樣，他們會在教堂牆壁畫上跳舞的骷顱頭，還會佩戴骷顱頭胸針〔稱為「勿忘你終有一死」（Memento Mori）〕，提醒自己隨時都可能會被死亡帶走[7]。今日，我們不和子女談論死亡，把老人關在關懷之家，眼不見為淨，心不思為安，廣告業不斷宣傳我們可以永保青春，或許我們該開始多討論死亡。

我們也應注意上述研究並未顯示的層面，研究結果並不是在說必須多想像自己的老年，也不是說想像自己的老年能促使大家關懷未來世代。最近有許多研究用電腦生成受試者的老年模樣，並向受試者展示，讓他們看看自己白髮蒼蒼、皺紋滿面的老態。研究結果顯示，受試者看見自己的老態後，普遍會延遲今日消費，並為退休做儲蓄[8]，但是這些研究無法證明這種想像活動能影響遺產贈予。我們必須鼓勵大家思考死亡，而非退休。

現在我們知道必須善用死亡之推的力量，但行為心理學的實驗室研究似乎和現實有所脫節，這些研究所謂的「傳承」，通常是臨終前捐贈財產，但「傳承」其實也可能是種下一棵樹、改吃素食，或參與保護醫療照護體系的示威遊行。

如果要思考這些可能，可以給自己一個死亡之推，詢問自己一個一針見血的問題，藉此思索要傳承什麼東西給未來世代。最初提出這個問題的是長期思維家布蘭德：後代會希望我們當初哪裡可以做得更好[9]？

請絞盡腦汁思索，激烈辯證，感受來自未來的銳利眼光，無論答案為何，這個問題的目的在於呼籲大家採取行動。

跨代贈禮

給予人們死亡之推或許能立即產生行為上的改變，但可能遠遠無法產生深度的心理變革，將長期思維的價值觀深植社會。因此要如何才能建立深度連結，使我們關懷尚未出世的人類，以及他們將會居住的星球？可以在「送禮」這種古老的習俗中找尋答案。

多數傳統社會裡，送禮原是一種儀式，目的在於強化社群聯繫，維繫部落之間的善意關係。送禮的基礎有時是直接互惠原則：你送他一支煙斗，他送你一張動物皮做為回禮。居住在新幾內亞附近特羅布里恩群島（Trobriand Islands）上的馬西姆人（Massim peoples），在他們的文化中，禮物並非往來回贈，而是會在諸島之間循環。一百年前，人類學家布朗尼斯勞·馬凌諾斯基（Bronisław Malinowski）最先研究這種稱為**庫拉環**（Kula）的儀式性交換。在庫拉環中，紅貝殼項鍊（女性佩戴）以順時針方向，貝殼腕環（男性佩戴）則以逆時針方向，從一座島贈送至另一座島，從一個社群贈送至另一個社群[10]。

為未來世代留下超越自我的傳承，也是非互惠性的贈禮，但禮物是穿越時間，而不是在空間中循環。日常生活裡即可看到這類贈禮，如父母將孩子穿過的衣服送給其他家庭，我的孩子經常穿著鄰居孩子穿不下的外套和鞋子，不久後也會將這些衣物送給下一批孩童。廣泛而言，我們接收來自上一個世代的禮物：

我們每天使用的道路和下水道，是過去的工人建造的；今日不受天花及狂犬病的殘害，是過去醫療研究人員努力的成果；今日沒有奴隸制，是過去廢奴運動人士的功勞；今日視為理所當然的投票權，是過去維權鬥士爭取的結果；今日聽了感動落淚的音樂，是過去作曲家的作品。十九世紀無政府主義地理學家彼得．克魯泡特金（Peter Kropotkin）曾寫道：

> 過去數千年來，上百萬先民努力清除森林，抽乾沼澤，開闢陸路與水路……偉大的城市興起於道路的交界處，城市內累積工業、科學及藝術的寶藏。多少世代生於苦難，死於苦難，受盡壓迫，受盡欺凌，辛勞苦幹，將這巨大的遺產傳承至本世紀[11]。

雖然經常忽略這項遺產，但我們的生活就是構築在共同祖先的贈禮上。超越自我的傳承是我們的應盡責任，但與其「回贈」，應該「轉贈」，也就是準備禮物獻給未來世代。

「傳承」的英文是 legacy，贈禮的概念很符合 legacy 在中世紀歐洲的原意。legate 是指教宗派遣到遠方傳達重要訊息的使節，字源為拉丁文的 legatus，意即大使或使節。因此，留下 legacy 可說是成為跨時空的大使，將禮物獻給遙遠的未來。

將禮物獻給明日的普世陌生人，或許是最崇高的使命，這項贈禮將使我們屹立於偉大的生命之列，這可以追溯至地球上第一個細胞生物，也能延伸到數千年後演化成的生物。我們已繼承來自過去生命的非凡禮物，其中最偉大的禮物就是一顆宜居的星球，讓我們能呼吸並成長茁壯。至少得留給後人一顆健康的星球，以免後人評價時，把我們視為摧毀生態或造成大規模滅絕的凶手，難道這就是我們想要的歷史定位嗎？地球系統科學家約翰·洛克斯特倫（Johan Rockström）曾發出警告：我們是第一個知道自己面臨前所未有之全球環境風險的世代，也是最後一個有機會能對此做出改變的世代[12]。我們必須將自己能引以為傲的東西傳給下一代，但所剩時間已經不多了。

對許多人而言，為子孫留下跨世代禮物是非常強大的動機，無論禮物是一顆繁榮的星球、一段承平的時期，或以其他形式呈現。然而，我們永遠不可能認識或見到尚未出世的地球居民，所以很難與他們建立強大的個人連結，他們的生活距離我們非常遙遠又抽象，而且我們完全無從得知，因此幾乎無法站在他們的角度著想，並關心他們的前景，同理未來世代或許是最艱鉅的挑戰之一。

是否有辦法跨越這道鴻溝？答案是肯定的，關鍵在於祖先崇拜的古老傳統。

找尋「華卡帕帕」

每個人類文化都有尊敬祖宗的傳統。基督教的《舊約》（Old Testament）、印度教的《摩訶婆羅多》（Mahabharata）史詩，以及北歐的《埃達》（Edda）皆記載長篇家譜，追溯源遠流長的血脈。冰島語中，edda 的意思是「祖母」：數世代以來，祖母將這些故事口述給家人，其中有個關於瓦爾哈拉（Valhalla）的傳說，瓦爾哈拉是一座以盾牌為穹頂的英靈殿，據說在戰場上英勇犧牲的戰士可以進入殿中，加入祖先的行列。維京人認為，祖先會審判他們是否具有英勇事蹟，也希望自己能為後代緬懷。考古學家發現，中國在四千多年前就出現祖先崇拜的跡象，包括使用船舶將戰俘的肉身獻祭給亡靈[13]。現代中國人獻祭祖先的方法沒有那麼殘忍，每年中元節會為已故的家人留下空位，並準備豐盛大餐來滿足祖先永存的胃口。這種儀式加深儒家的孝道思想，孝道就是尊敬長輩，是中華文化根深柢固的傳統。

祖先崇拜是站在當下凝視過去的行為，從表面上看來和「傳承」大相逕庭，畢竟「傳承」注重的是子孫未來會如何看待我們，但透過尊敬祖先，我們能建立強大的跨代連結，在連結過去的同時也延伸到未來。毛利人（Māori）有句諺語恰恰體現這樣的連結：Kia whakatōmuri te haere whakamua，意思是「我著眼於自己的過去，並倒退進入未來」。毛利人的世界觀把時間當作流動的概念，融合昨日、今日和明日，在尊重先人傳統與信仰的同時，也把未來世代放在心裡。已故的先人、在世的活人、未出世的後人，大家都在同一個房間。毛利律師暨兒童權利運動人士朱莉亞·華伊波提（Julia Whaipooti）表示：「我們都是後代、都是先人，我個人受到 mokopuna（『未來世代』）的激勵，想讓世界變得比我們到來之前更好[14]。」

這種思維最廣為人知的體現，就是毛利人的**華卡帕帕**（Whakapapa，意即「家譜」）概念。華卡帕帕是一條連續的生命線，將個人與過去、現在及未來聯繫在一起[15]。傳統毛利文化中，一個人的**華卡帕帕**或族譜可以化為 ta moko，也就是臉部或身體刺青。內娜·馬俞塔（Nanaia Mahuta）是紐西蘭國會裡首位有臉部**刺青**的女性政治人物，她曾說這標記著「我的身分、我的家鄉，以及我想持續做出的貢獻[16]」。

領導學專家暨作家詹姆士·克爾（James Kerr）曾說，紐西蘭橄欖球隊以**華卡帕帕**哲學為精神指導，要求隊員代表隊上的前人，也傳承給未來將加入隊伍的後人：

毛利人有種精神概念叫做「華卡帕帕」，是一條由人類臂挽著臂所組成的長長鏈條，從時間的起始延伸到永恆的結束。太陽只照亮這短暫一刻，也就是我們的世代。我們有義務與責任為傳承做出貢獻，首要責任就是成為好祖先[17]。

華卡帕帕屬於毛利文化，並與其他毛利文化觀相輔相成，如whānau（意即「家族」）和whenua（意即「土地」或「胎盤」）。若想完全理解華卡帕帕的意涵，就必須將這個概念放入毛利文化的脈絡中來看，儘管如此，華卡帕帕的概念仍能跨越文化疆界，啟發世人看得更廣，並把自己視為由已故之人、活人及未出世之人組成長鏈中的一環。不過，要將這個概念吸收到生活中可能很困難，因為西方文化善於斬斷世代之間的深度連結。如同菲力普．普曼（Philip Pullman）的小說《黑暗元素三部曲》（*His Dark Materials*）中，孩童和自己的「靈獸」（Dæmons）之間的連結被斬斷一般，我們與先人及後人之間的連結也遭到斬斷，我們忙於活在今日，身陷由工作截止日期與即時訊息主宰的短暫當下之中，實在難以領會自己不過是宇宙時間裡人類鏈裡的一環。講求自立和「照顧自己利益」的個人主義文化，使得做到這件事變得更困難，因此世代之間的連結遭到斬斷，而我們的時間視野則愈縮愈小，以至於只看得見現在式，想到的傳承通常只涵蓋下一個或下兩個世代，而且僅限於家人。

然而，我們可以透過想像力找到方法和**華卡帕帕**建立連結。我見過最有效的方法是，參加關於傳承思維的沉浸式工作坊，這種工作坊屬於長時計畫（Long Time Project）舉辦的週末活動，名為人類層次（Human Layers），創辦人是文化社運人士艾拉・沙特瑪希（Ella Saltmarshe）與漢娜・史密斯（Hannah Smith），靈感來源則是深層生態學家喬安娜・馬西（Joanna Macy）。雖然和別人一起體驗的效果最好，但獨自一人也可以進行。

首先，你會站在一個開放空間。第一個指示會請你閉上眼睛，後退一步，並在心裡想一位自己認識且關心的長輩，如父母或祖父母。接著再退一步，想像這位長輩的青年時期，想像他們的生活、想法及感受、希望與奮鬥。一分鐘後，再退一步，想像這位長輩的五歲生日，包括在場所有人臉上的表情及周圍的氣氛。我想到第二次世界大戰爆發的前一年，五歲的父親在波蘭的小村莊慶生，慶生會上有笑聲、祖母的溫暖擁抱，也有從森林裡摘下的草莓。第二次世界大戰將於一年後爆發，徹底改變他的人生。

下一階段，回到起始點，並想像一位自己認識且關心的青年，如你的外甥、教子或子女。接著閉上眼睛，前進一步，並想像他們的臉龐、聲音及愛好。然後再上前一步，想像三十年後的情境，包括他們的人生、歡樂、憂愁與所處的世界。最後向前一步，想像他們的九十歲生日，環繞在側的有他們的子女、孫子女、好友、鄰居及同事。他們略微蹣跚地起身，手拿酒杯，準備發表壽星致詞，但是突然看到壁爐上有一張你的照片，並決定向大家介紹你傳承給他們的事物，就是他們從你身上學到的人生道理和啟發。

此刻，最終指示會請你坐下，並撰寫他們會發表什麼致詞，會如何紀念你這位已故的先人。

這項活動可能會讓人產生衝擊，尤其是對地球未來抱持黯淡想法的人，有些人會落淚，但這項活動協助我們把未來視覺化與個人化，讓未來不再是遙遠的抽象概念。

我參加這個工作坊時，心中想的是十歲的女兒變成九十歲的老人。這一刻極具啟發，讓我感覺到**華卡帕帕**的力量，或許這是我頭一次真正感受到人類鏈的連結，不只想到我想為女兒留下什麼世界，更想到要為所有未來世代留下什麼世界。女兒在九十歲大壽慶生會上的所有來賓，象徵著所有的未來世代，我體會到她不是孤立的個人，而是屬於一整個互相連結的生命網和關係網，未來就是由這些網絡組成，包括在場的所有人、他們呼吸的空氣，以及屋外的世界。關心她的生命就等同於關心**所有的**生命。我發現，透過這種沉浸式活動思考家族傳承，就能產生超越自我的傳承感，讓思考超越血脈傳承。

除了子女外，人生中的任何關係都有能力產生這種超越自我的聯繫，使我們連結到未來。我們只要像紐西蘭橄欖球員一樣心繫某個社群，就能培養對未來成員的關懷心與同理心。我們想像他們；我們幾乎認識他們，無論是體育社群、信仰社群、文化社群、地理社群或政治社群，我們基於共同歷史和共同論述，同心協力維護共同的命運。同理心可以跨越時間，協助我們逃離自我中心及短視近利的束縛。

傳承，就是替未出世的人種下橡實

本書介紹的六個長期思維方法中，傳承思維最符合沙克當年提出「做個好祖先」的原意。傳承思維讓我們和未來世代建立連結，讓我們感受到他們的凝視。我們應當慶幸人類擁有為後代留下傳承的深層心理欲望，並且明白要如何激發：透過**華卡帕帕**的智慧、跨代贈禮的力量、死亡之推，來啟動我們的橡實腦。

我們面臨存在式的抉擇，希望未來世代如何記住我們？我們的傳承對象是誰？光是靠追求自我中心的功蹟、傳頌個人成就還不夠。雖然家族傳承非常誘人，但也不能只顧著家族傳承。育有兩子的我理解大家想留東西給家人的渴望，尤其是留下遺產，讓家人能在變化莫測的世界裡至少有份表面上的安全保障，但是如果希望包括自己後代在內的全人類，能活過二十一世紀並享有繁榮昌盛的生活，就必須擴大視野，思考超越自我的傳承。

▲綠帶運動創辦人馬塔伊。（Getty Images / William Campbell）

阿帕契族（Apache）有句諺語說：「我們的土地不是繼承於祖先，而是借用自子孫[18]。」畢竟在未來會評價我們的，不只是自己的子孫，而是全體後人。

我們不是要**留下**傳承，而是要用盡一生**培養**傳承。傳承不只是寫入遺囑的遺產，更是每日的作為，為人父母、為人朋友、身為員工、身為公民、身為社群的一員、參與創作、參與社會運動，都是培養傳承的過程。傳承的意義是思考自身行為，無論是購買的商品或投下的選票，會如何影響遙遠的未來。傳承的意義是替未出世的人在土地裡種下橡實。

選擇這條道路的人，讓我們深受啟發。肯亞醫學教授旺加里．馬塔伊（Wangari Maathai）是首位獲得諾貝爾和平獎的非洲女性，她於一九七七年在肯亞創辦綠帶運動（Green Belt Movement），提倡女性賦權與修復肯亞的自然資源。馬塔伊在二〇一一年逝世前，綠帶運動培養兩萬五千名女性學習林業技能，並種植超過四千萬棵樹木，她的貢獻至今仍影響世界。今日，綠帶運動和肯亞四千多個社群中的女性合作，致力在非洲推廣永續生活，就是很明顯的典範。

第五章

世代正義

——不是殖民未來，而是投資未來

「為什麼要關心未來世代？他們曾為我做過什麼？」普遍認為這段俏皮話出自美國知名喜劇演員格魯喬・馬克斯（Groucho Marx），但其實這句話已經流傳兩百多年了[1]。然而，在這個氣候變遷加速、物種大量滅絕、人工智慧及奈米科技風險交加的年代，這個笑話聽起來愈來愈沒誠意，當今燃眉之急的問題是，我們正對**未來世代**造成什麼傷害？過去從來沒有一個時代像現在這樣，當今世代的行為竟能對後代產生如此重大的影響。我們面臨二十一世紀最迫切的社會課題，對未來世代有何義務與責任？

對童貝里而言，答案顯而易見，這位瑞典青少女氣候活動家啟發全球學生罷課運動，要求富裕國家遵守二〇一五年的《巴黎氣候協定》（*Paris Climate Agreement*），採取行動降低國內碳排放。

二〇一八年十二月，童貝里前往波蘭卡托維茲（Katowice）參加聯合國氣候變遷會議，在世界各國元首面前，痛批他們不正視全球生態問題：

> 二〇七八年，我七十五歲。生日當天，如果我有小孩的話，他們可能會陪伴我度過。他們可能會問起關於你們的事，可能會問為什麼你們在還有時間採取行動時卻無所作為。你們說最珍愛的是自己的孩子，但是卻在孩子眼前偷走他們的未來[2]。

童貝里看不慣這種明目張膽的跨代偷竊，她與眾多領袖領導的時間反抗運動聲勢日益壯大，而且有潛力改變現代民主的面貌。這波運動主張世代正義與公義，也就是在本世代及未來世代的需求之間取得公平的平衡，並呼籲全世界，在找到今日政治體制中維護明日公民被代表權的方法。

我們可以把這些世代當作「未來持有人」（futureholders），這個稱呼源自再生能源公司Good Energy創辦人茱麗葉・達文波特（Juliet Davenport）。如同公司有股份持有人，社會也有未來持有人：我們做的決策如果會影響他們，就必須考量到他們的利益與福祉。有些未來持有人是你已經見過的，包括你的子女和認識的年輕人，但絕大多數的未來持有人尚未出世。如果要保障他們的福祉，就必須建立以世代正義為基礎的社會。

世代正義屬於本書所提的六個長期思維方法之一。世代正義提供道德指引，讓我們的倫理想像擴展到更遠的未來，協助落實其他形式的長期思維，如教堂思維與周全預測。世代正義和傳承思維有所不同，傳承思維目的在於培養和未來持有人之間的個人連結，而世代正義則是要培養集體責任感。

本章探討今日時間反抗軍主張世代正義的四大理由，以及他們如何受到原住民文化的「七世代原則」啟發。首先，要討論時間反抗軍遇到的一大障礙：有個影響力極為深遠的經濟學概念，名稱聽起來並沒有什麼邪惡之處，就是「折現」（Discounting）。

長期效益的折現率

折現是偽裝成理性經濟概念的跨代壓迫武器，如同人站得愈遠，看起來就會愈小，未來的人類距離今日愈遙遠，他們的利益折現後的分量就愈輕。決策者利用折現權衡長期投資決策的成本效益，若要了解一個政府究竟有多在乎未來公民，不用聽那些部長發表口若懸河的演說，只要看看他們的折現率就好，結果會讓你震驚。

折現的理由看似合理，對人類而言，今日就能獲得的獎勵價值高於未來才能獲得的獎勵，所以與十年後獲得五千美元相比，我們更喜歡在今日就獲得兩千美元。折現的做法將這個時間偏好轉換成原則，根據該原則，未來利益的價值低於今日的利益。例如，投資醫療是在未來能拯救人命的政府政策，如果將折現率設為二%，今日一條人命是五十年後的二．七倍（以複利計算：$1 \times 1.02^{50} = 2.7$）。一百年後，今日的一條人命是未來的七．二倍。未來人命的相對價值隨著折現率提高而急遽貶值：如果將折現率設在一〇%，今日一條人命的價值是五十年後的一百一十七倍，是一百年後的一萬三千七百八十一倍（$1 \times 1.1^{100} = 13{,}781$）。因此，政府如果將折現率設為一〇%，就可能會選擇拯救今日的數條人命，而非投資同樣金額，拯救一世紀後的近一萬四千條人命。

這和世代正義有什麼關聯？從公共衛生到氣候變遷，在過去一百年來，折現的概念已從金融界與會計界滲透到政府的政策制定過程。政府決定是否投資醫院、交通建設或新的防洪系統時，會用折現率計算並比較這些計畫未來產生的利益和今日必須付出的成本。政府採用的折現率多落在二%至四%之間，這個比率聽起來不高，卻足以說服政府放棄投資計畫，即便能在未來產生巨大利益，政府也可能決定不投資，因為遙遠的效益（如五十年）經折現後就變得微不足道[3]。

如果要了解折現產生的實質問題，可參考英國的史旺西海灣（Swansea Bay）潮間潟湖發電案，這是該國首座潮間潟湖發電計畫。英國擁有全歐洲約五〇%的潮汐和海浪發電能量，有潛力滿足全國二〇%的能源需求，因此本案備受期待。然而，英國政府卻在二〇一八年否決開發案，理由是潮汐發電的成本效益不如核能發電等替代方案。有人立即批評英國政府採用的成本效益分析和折現原則，並未將核電廠除役及核廢料處理的長期成本納入考量。此外，這項潮汐計畫為期一百二十年，但英國政府卻沒有計算後六十年的完整效益，如果將上述長期成本和效益納入考量，這項開發案應該會傾向通過[4]。Good Energy 執行長達文波特曾向我解釋，這類大型再生能源計畫難以獲得政府支持，因為開動成本較高，而長期效益則被折現殆盡。因此，後代必須承受數據漠視的最終代價[5]。

折現已成為政府的標準作業，但我們是否應以折現主導決策？二〇〇六年，經濟學家尼古拉斯．史特恩（Nicolas Stern）為英國政府撰寫《氣候變遷的經濟學》（*The Economics of Climate Change*）報告，指出全球暖化的未來成本極高，因此我們每年應花費全球國內生產毛額（Gross Domestic Product, GDP）的一%來減緩全球暖化。史特恩因為重視未來世代的利益而廣受讚譽，他使用的折現率為一．四%，比一般來得低，低於威廉．諾德豪斯（William Nordhaus）等經濟學家常用的三%，以及英國政府慣用的三．五%[6]。然而，這是否真是世代正義的一大勝利？

其實一．四%的折現率累計起來，根本就是把未來世代當作奴隸。何以見得？一七八七年的美國憲法有項條文規定，計算南方諸州在國會裡的代表數量時，一名黑奴的價值為自由白人的五分之三，所以根據折現率原則，未來世代多快會變成和奴隸同等地位？換言之，多少年後的未來人類，其價值是今日人類的五分之三？如果以史特恩的一．四％折現率計算，三十六．五年後的未來人類就會和奴隸同等地位：他們的利益只值今日世代利益的六〇％。如果以諾德豪斯的三％折現率，也就是許多政府採用的標準折現率計算，結果更為嚴重：未來世代在短短十七年後就遭到「奴役」。相較今日的一百人，十七年後的一百人只值六十人（五分之三），一世紀後只值五人，一百五十年後只值一人（詳見下頁圖）。我們怎能如此冷酷地漠視未來世代？折現就是殖民未來的典型表現，把未來視為空無一人的境地。

我們是否該揚棄折現的概念，公平看待所有人的利益，無論他們生於何時？一貫的回答為：折現不過就是反映我們喜歡今日的派對勝過明日的退休金。然而，個人對當下的偏好，不足以合理化我們集體漠視未來世代的行為，我們有什麼資格貶低他們的性命及福祉的價值？

第二種回應通常可見於經濟學教科書，認為折現是合理的，因為經濟成長與科技發展，會提供未來世代效果更好且成本更低廉的方法來處理氣候變遷等問題，所以我們不應投入過度資源協助他們。然而，認為未來經濟會每年不斷成長是不切實際的想法，當生態崩潰開始產生衝擊後，這種想法更是脫離現實。同理，我們也不能一廂情願地認為子孫一旦擁有足夠的財富和科

奴役未來世代

如果以三%折現率計算，一百名人類在往後一百五十年內的價值變化。

今日：一百人

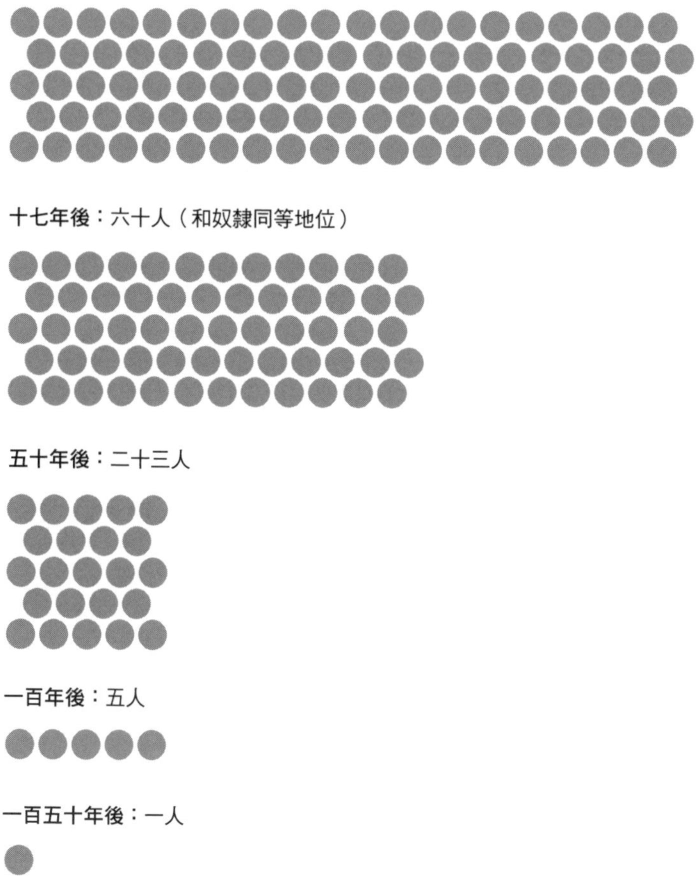

圖：霍廷。

技，就能輕易反轉物種滅絕、南北極冰層融化，或基因改造病毒爆發等災難。

折現雖然看來像是公正中立的技術概念，但阿馬蒂亞．森（Amartya Sen）卻指出，折現隱含的價值判斷必須「經過大眾審議[7]」。折現原則的發明人法蘭克．拉姆西（Frank Ramsey）於一九二八年宣告，將未來世代的福祉打折計算是「倫理上站不住腳的行為，是想像力低落的產物[8]」。這不代表折現完全不能用來評估計畫，而是可能不適合用來評估潮汐發電工程等具有長期影響的環境計畫，或是會產生經濟成長無法彌補之不可逆災難風險的計畫。但是如果要合理化廢除折現的主張，就必須說服大家重視世代公平。我們到底為什麼要如此關心未來的人類？

箭矢、天秤、眼罩及接力棒

如果有人拿出一億美元，請你用來促進人類福祉，你會怎麼使用？你將遇到的難題，不只是資金要如何在各個國家或社會團體之間分配，好減輕今日世界的苦難，更是要如何讓資金配置**跨越時間**；換言之，是否必須把部分資金用於促進未來世代的利益？如果是的話，又要分配多少？要涵蓋未來多少世代？這個問題是世代正義與公平的核心議題，當然沒有簡單的答案。哲學家已經苦思這個問題長達五十多年，但現在愈來愈多人認為，我們的道德考量與政治決策應顧及未來人類的生活，包括數十年後，甚至數世紀後的人們，不應再用馬克斯的笑話或經濟學家的折現率漠視他們的生活。

現在有大量的國際協定提及未來世代，可見這個新共識愈來愈受到認同。如果回到法國在一七八九年提出的《人權和公民權宣言》（Déclaration des Droits de l'Homme et du Citoyen），或是一九四八年的《世界人權宣言》（Universal Declaration of Human Rights），就會發現內容沒有任何一處提及未來世代[9]，但是到了一九八七年，一切開始有所改變，聯合國世界環境與發展委員會（World Commission on Environment and Development）公布《我們的共同未來》（Our Common Future）報告〔慣稱《布倫特蘭報告》（Brundtland Report）〕，將「永續發展」定義為「既能滿足當代的需要，又不損及後代滿足其需要的發展模式[10]」。自一九九三年以來，聯合國已通過兩百多份提及「未來世代」福祉的決議文，從阿根廷到愛沙尼亞等國，有四十多個國家在憲法中提到後代的福祉[11]。

可想而知，這些官方呼籲目前尚未轉化為有意義的政治做法，但這些呼籲無疑宣示世代正義的議題終於受到重視。現在有非常多的組織替未來世代發聲，包括綠色和平（Greenpeace）等國際倡議團體，以及「未來世代權利基金會」（Foundation for the Rights of Future Generations）等智庫，綠色和平的宗旨就是「為未來世代打造和平且永續的世界」。義大利也出現呼籲建立世代正義法庭的青年團體，孩子的信任基金會正在努力打官司，以維護美國未來世代居住在健康星球的權利[12]。美國的日出運動（Sunrise Movement）和英國的反抗滅絕（Extinction Rebellion）等直接參與抗爭運動，還有擔憂嬰兒未來命運的助產士都紛紛站出來聲援[13]。有生存風險專家開始遊說政府，請政府控制新科技在下個世紀可能會對人類造成的風險[14]。教宗方濟各也加入行列，呼籲大家正視「世代之間的正義[15]」。未來持有人的平權運動正快速崛起，成為當今最蓬勃發展的社會運動之一。

十八世紀的廢奴運動人士利用強大論點來支持自己的理念，讓自己的理念擁有堅強的道德及知識依據，而今日許多爭取未來世代權益的人士也是如此，他們明白不能光是空提主張，說未來世代的需求和今日世代同等重要，好像這樣的主張是無可辯駁的事實，畢竟今日的人類也面臨兒童貧窮與內戰等諸多迫切的問題。我們必須坦承本世代的議題有道德上的迫切性，好比現在有一億五千萬名兒童面臨營養不良相關的死亡風險[16]，但也必須同等看待未來的人類，不能忽略他們的利益。倡議人士明白必須提出具有說服力的論點，才能說服我們關心未來世代，並為他們採取行動[17]。所以我們為何要關心他們？甚至為何要為他們做出犧牲？最常見的論點可分成四大類，每一類都代表不同的世代正義道德動機，我分別稱為箭矢（The Arrow）、天秤（The Scales）、眼罩（The Blindfold）及接力棒（The Baton）（詳見下頁圖）。

世代正義的四大道德動機

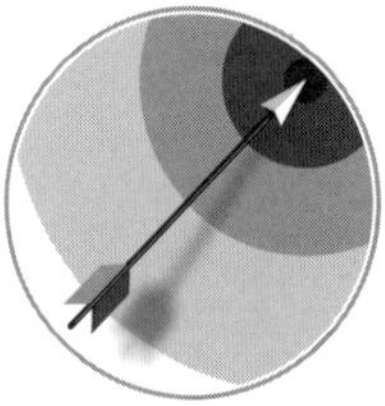

箭矢

同等對待所有人類，無論他們生於何時

天秤

權衡當今世代的福祉和未來所有世代的福祉，並兩相比較

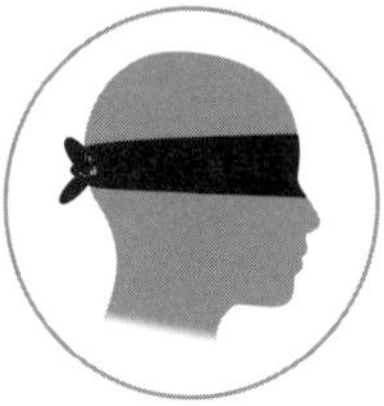

眼罩

想像自己如果不知道會生在哪個世代，會希望身處什麼樣的世界

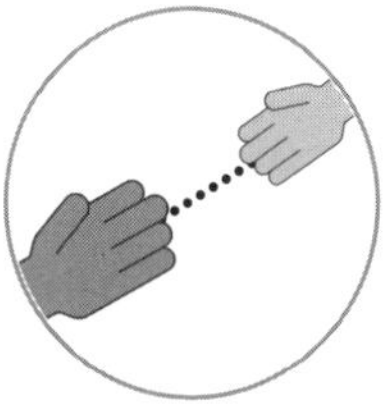

接力棒

希望過去世代如何對待你，就如此對待未來世代

圖：霍廷。

「箭矢」探討的是，我們究竟要對自身行為的未來影響負多大程度的責任？哲學家德里克．帕菲特（Derek Parfit）曾對此問題提出極為著名的令式：

> 時間距離本身不比空間距離重要。假如我把箭矢射入林中，擊傷某人，如果我知道林中可能有人，這就是我的重大疏忽。由於受害者距離遙遠，我無法辨認其身分。但這不是藉口，受害者的距離也不是藉口，此主張應同樣適用於時間距離遙遠的人[18]。

換言之，如果我們有義務不在火車上放置當場會傷害孩童的炸彈，也有同樣的義務不放置十分鐘、十日或十年後會引爆的炸彈[19]。這種論點經常用於核廢料的議題，我們知道「高」放射性核廢料可能會對數百年或甚至數千年後的人類造成傷害，這些人在時間上距離我們遙遠，卻不代表我們可以任意將風險傾倒在他們身上，無論他們生於何時，都應尊重他們的福祉，這種觀點完全違反折現的概念。核廢料猶如一支穿梭林間的箭矢，飛行時間長達數世紀乃至數千年，對人類產生持續性威脅，這支箭矢有一定機率會射中東西，造成嚴重後果；同理，燃燒化石燃料或毒害海洋也會產生同樣的風險。我們有責任在今日採取行動，減輕我們射出的箭矢對未來產生的衝擊，射出的箭矢也要愈少愈好[20]。

「天秤」則是世代正義的第二項理論基礎，請想像天秤的一端擺放著今日所有的人類，另一端則擺放著所有尚未出生的人類。若純以數量而論，當今世代的數量絕對遠低於所有未來世代。根據一項計算，過去五萬年來，地球總共曾存在約一千億個人類。如果人類於維持二十一世紀的出生率，今後五萬年間則約有六兆七千五百億個人類出生，是今日全球七十七億人口的八百七十七倍，遠高於曾經生活在地球上的人口總數（詳見下頁圖）[21]。我們怎能忽視他們的福祉，還認為自己的福祉遠比他們的福祉重要呢？

有些人反駁，數千年後站在天秤另一端的物種可能不是人類。智人物種可能會演變成生化人，擁有人工增強的智慧與人造器官，使個體壽命從數十年延長至數世紀。他們可能會擁有截然不同的價值觀和幸福觀，我們怎麼知道他們重視什麼？我們怎麼知道是否要賦予他們和自己同等的道德地位？但假設未來還會存在智人，或是存在與我們在重要層面上相似又符合我們認知的物種，和我們一樣感知疼痛、害怕死亡、墜入愛河、渴望家庭、找尋意義，忽視他們的福祉就是巨大的道德失敗，就是在明目張膽地殖民未來，把未來當作無人居住的境地，任意搜刮掠奪而不受懲罰。

「眼罩」是指政治哲學家約翰．羅爾斯（John Rawls）於一九七一年的著作《正義論》（*A Theory of Justice*）中提出的思想實驗，請想像自己站在一面「無知之幕」（veil of ignorance）後，

未來世代的規模

回顧過去五萬年，展望未來五萬年，假如人類維持二十一世紀的出生率，
未來誕生的人類總數將會遠遠超越曾經活在地球上的人類總數

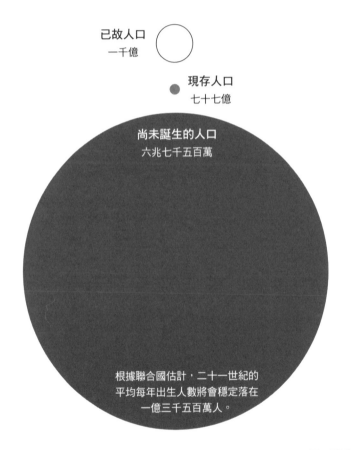

圖：霍廷。

不知道自己會生在社會裡的哪個階層，不知道自己的財富、性別、族裔、家世、智商或價值觀。羅爾斯問道：在這種「原始狀態」（Original Position）下，你會如何分配社會資源？你是否會讓少數人極度富有，同時讓絕大多數人活在貧窮之中？羅爾斯主張，我們不會這樣做，因為這會讓我們陷入貧窮的風險；相反地，我們會採取平等與重分配的基本原則[22]。但是現在要擴大這項實驗，請想像自己不僅不知道會生在哪個社會階層，更不知道會生在哪個世代，或許你會生在今後十年，過著和今日些許不同的生活；或許你會生在今後兩百年，面臨嚴重的全球食物與水資源危機，而富裕階層多數居住在地球之外。你會如何分配資源？又會把多少資源分配或投資於未來世代，以免自己剛好生在其中？

羅爾斯及諸多其他思想家曾試著回答這個難題，有人認為我們只應挪出維持「公義制度」所需的最低經費，讓所有的未來社會都能保有基本權利即可[23]；有人則認為我們應保障後代有能力滿足基本需求，或有能力做出邁向美滿人生的抉擇，而這可能就需要一定程度的教育或醫療；也有人認為資源分配不是重點，重點是整體的環境議題，每個世代都應留下能維持健康生態的星球，而且品質至少要和當初承接時一樣好，這樣的概念稱為「再生正義」（Regenerative Justice），與盡責守護（Stewardship）的概念相互呼應[24]。有人可能會說，大家的回應如此迥異，代表羅爾斯的思想實驗其實沒什麼意義，但無論答案為何，這個實驗的關鍵在於，若身處「無知之幕」後，我們就會開始思考未來世代的福祉，把未來世代的福祉視為對今日世代有著重要意義的議題。眼罩的力量在於能擴展想像，啟發我們擴大關懷圈，不只觸及在空間上遙遠的人類，更觸及在時間上遙遠的人類。

我把最後一項常見的論點稱為「接力棒」，基礎是所謂的「黃金律令」（Golden Rule）：「你們要別人怎樣對待你們，你們也要怎樣對待他們。」幾乎全世界所有宗教都有這個推己及人的律令，我們教育兒童時，也把這個律令當作孩童人生中的首條道德訓誡。黃金律令的限制就在於，我們推己及人的範圍通常僅限於自身所處的時代，希望世人如何對待我們，我們就怎樣對待世人，但我們可以輕易將此概念擴及未來世代，讓人有責任避免對未來世代施加己所不欲的傷害或風險；換言之，「你們要過去世代怎樣對待自己，你們也要怎樣對待未來世代[25]。」請把這段話當作可以代代相傳的「跨代黃金律令」，也就是一根「黃金接力棒」。

請想想我們的祖先，他們傳承許多我們不想要的東西，殖民時代的種族歧視與父權社會的觀念至今仍影響許多國家，仰賴化石燃料的工業體系對環境造成重大衝擊。如果希望自己的「壞祖先」當初沒有留下這些東西，我們又有什麼理由把生態毀壞、新科技威脅，或不計後果地傾倒核廢料等同樣的負面遺產傳承給未來呢？畢竟我們都不想接收這些遺產。接力棒的概念可以提醒我們注意自身行為造成的後果，這個概念也適用於正向行為，啟發我們將公共醫療制度和文學及藝術巨作等來自過去世代的遺產傳承給未來世代。猶太經典《塔木德》（Talmud）中，有個種植角豆樹的人被問到為何要種植這種在自己有生之年都不會看見結果的樹木，他回答：「如同我的祖先為我種植這些樹木，我也要為子孫種植[26]。」

這四項論點是建立長遠當下文明的基礎價值觀，雖然我們難以預想明日的世界會是什麼樣貌，以及未來的人類具體會面臨何種挑戰，但這四項論點的作用在於將未來世代的沉默多數請入決策室內，參與我們的個人決策與社會決策。這些論點打開我們的眼界，啟發我們尊重未來所有人的利益，並為他們爭取平等待遇，讓他們不再被今日的政治體制忽略。這些論點本身無法明確告訴我們，要如何在本世代和未來世代之間分配資源，卻能督促我們在面對今日的不公不義及苦難的同時，也應將未來人類的需求納入考量，未來世代的心聲值得我們傾聽。

這些哲學論點要如何轉化為實際行動？或許最強大又最有效的方法是採取一項來自原住民文化的思維，這項思維將他們的意圖統整為單一願景，就是七世代決策。

七世代決策思維，與深度盡責守護的價值

如果請任何一位政治人物展望未來兩百年，並以此為基礎做出重大的政策決策，他們可能會

笑著把你趕出辦公室，但對許多原住民來說，這是深受敬重的文化傳統，美洲原住民易洛魁聯盟（Iroquois Confederacy）奧農達加族（Onondaga Nation）烏龜部落（Turtle Clan）酋長歐仁．里昂斯（Oren Lyons）曾說：

> 身為酋長的首要使命之一就是展望未來，確保我們所有的決策都顧及未來第七世代的福祉與幸福，這就是我們議會的決策基礎，我們思考：這項決定能否惠及今後第七個世代[27]？

加拿大法學教授暨安大略省拿瓦旭的齊佩瓦人第一民族社（Chippewas of Nawash First Nation band）成員約翰．伯魯斯（John Borrows）認為，這種第七世代思維「是原住民法的重要原則」，透過限制自然資源的濫用，為子孫留下健康的環境：「在自己的限度內生活，就是展現對子孫的關懷，也展現我們對地球的尊重與熱愛[28]。」

這種觀念不只在美洲原住民可見，世界各地有許多原住民都秉持類似觀念，但是不一定以特定的世代數量表達。我和坦尚尼亞的馬賽人（Maasai）領袖薩姆威．南吉利亞（Samwel Nangiria）會面時，他告知馬賽人在保存傳統生活方式的奮鬥中，採用的是為今後一世紀做規劃的思維。這種思維和有些想幫助他們的非政府組織不同，因為這些非政府組織的計畫期程可能只有兩至三年。他說：「我們必須思考當今，思考過去，並思考未來世代的生活。要考量的不只是土地，而是全部的生命。我們的『生命計畫』必須展望未來一百年。我們為族民、野生動植物及下一代奮鬥[29]。」

這種原住民世界觀的背後，是深度盡責守護的哲學。在這種觀念裡，地球並不是為當今世代「擁有」，且能隨意處置的東西，地球是一個生命實體，是所謂的「地球母親」，我們必須為下一代乃至於全體生命守護地球的健康與繁榮。許多宗教的教義也都有類似觀念，像是基督教把地球視為上帝「出借」給各世代的禮物[30]，但原住民的觀念更深層，不把人類視為肩負守護「造物」特殊責任的優越物種，而是把人類視為地球整體生命中不可或缺的一部分。履行守護今後第七世代的責任，是生物圈意識的深刻展現。

生態學家暨遺傳學家大衛・鈴木（David Suzuki）是第七世代思維的重要推手，他認為政治人物應當思考：「聽著，如果我們通過這項法案，會對未來七個世代造成什麼影響[31]？」鈴木明白，把人類視為和大自然相互依存，是第七世代思維的核心概念。他說：「環境不是『遠在外面』的東西，我們**就是**環境。」如同我們和未來世代相連，與大自然也是相連的，包括呼吸的空氣、飲用的水，以及種植農作物的土壤。

例如，我們吸入的氧氣在血液裡循環，其中有一半留在肺部，所以很難清楚區分空氣與人體的界線；吐出的空氣混入大氣，並由其他人類、鳥類、哺乳類及爬蟲類動物吸入。鈴木寫道：「如果你我都是空氣，那麼我就是你。」空氣裡的原子亙古久存。根據一項研究計算，呼吸一口氣中含有3×10^{19}（三後面接十九個零）個氬原子。這些為數上百京的原子在地球大氣內循環，所以無論身處何處，你吸入的空氣中都含有約十五個去年曾吸入的氬原子。我們每吸一口氣，都可能吸入埃及豔后（Cleopatra）或釋迦摩尼曾吸入的氬原子，這些氬原子也會被今後七世代的子孫吸入。鈴木曾說：「空氣將所有生命串連成單一矩陣，將過去、現在、未來結合成單一流動實體[32]。」

第七世代思維具有強大的說服力，但是也有迷思，易洛魁人的《和平大法》（Great Law of Peace）是六支易洛魁族的「憲法」，具有五百年歷史，經常被引為第七世代原則的濫觴，但其實《和平大法》並未明確提出要考量第七世代[33]。儘管如此，該原則無疑健存於今日的原住民決策過程，如南達科他州的拉科塔族（Lakota）的奧格拉拉（Oglala）部落[34]。其次，該原則顯示原住民向來與大自然和諧共存，並關心未來世代的福祉，但眾所周知，有些原住民並未負起守護生態的責任，而是選擇將伐木權與採礦權賣給出價最高的廠商。當然，就連原住民也會受到短期思維誘惑，不過這些都是少數特例。

將第七世代思維帶出原住民文化脈絡，在高速運轉、消費至上的現代世界裡推廣，是否切合現實？上海的購物人群、杜拜的石油公司高層、邁阿密的政治人物真的會重視第七世代思維嗎？

答案是肯定的，而且肯定的程度超乎大家的想像。過去二十年，「第七世代思維」已成為永續和世代正義之長期策略的熱門簡稱，影響力遠遠超越傳統的原住民族群。全球青年組織地球守護者（Earth Guardians）致力「為今後的七個世代守護我們的星球及星球上的人類[35]」。受到易洛魁人的第七世代原則啟發，日本出現「未來設計」（Future Design）政治運動，宗旨是將未來世代的利益納入政治決策[36]。深層生態學家馬西創辦「第七世代」（Seventh Generation）工作坊，請參與者進行雙人對話，一方扮演當今世代的人，另一方則扮演未來第七世代的人[37]。里昂斯酋長於二〇〇八年參與創辦瑞典農業公司 Plantagon，這家公司發行獨一無二的「七世代股份」，規定必須傳家七代後，或是經七人各持有三十三年後才能兌現[38]。甚至還有一家名為代代淨（Seventh Generation）的永續清潔產品公司，將第七世代原則印在佛蒙特總部的主會議室窗戶上。

目前沒有任何政府將第七世代原則訂為公共政策的基礎，但採行第七世代原則遲早會變成必要之務而非選擇。二〇〇八年諾貝爾經濟學獎得主伊莉諾．歐斯壯（Elinor Ostrom）在演講中提出一個問題，探討個人與我們的社會要如何永續管理繼承而來的自然資源，好將這些自然資源傳承給下一代：

我由衷感謝美國原住民，他們將七個世代訂為展望未來的恰當跨越時間。我認為大家都應該將七世代法則重新放入心中，進行重大策決策時，不應只問這項決策能對今日的我產生什麼影響，而是要問這項決策在未來會對我的子女、子女的子女、子女的子女的子女產生什麼影響[39]。

賦權給沉默的多數

無論尊重未來世代利益的論點多有說服力，總是會有強大的力量排隊等著拒絕給予他們公平待遇，並無視他們的需要，包括亟欲提升下次民調支持度的政治人物，或是想賺快錢的化石燃料及生技公司。但最大的挑戰卻是隱形的：數十億未來公民無法在今日為自己發聲、無法用鐵鍊把自己鎖在企業總部大樓前、無法在鬧市的橋上靜坐抗議、無法控告政府、無法撰寫新聞專欄為自己說話或拒絕被經濟學家折現，他們命中注定是沉默受苦的多數。

全球世代正義運動的興起為他們帶來希望，世代正義運動以箭矢、天秤、眼罩及接力棒為道德支援，以第七世代原則為啟發，包含我兒子在內的數十萬名學生加入童貝里的行列，串連多國學生進行罷課抗議；直接行動抗議人士呼籲世界各地的國家與城市宣布進入氣候緊急狀態；推動市民議會的人士致力為未來世代利益發聲。這些人士發起的運動，可能成為本世代最強大的進步社會運動之一。

直到今日，代議民主制度系統性忽略未來世代的權利，讓未來世代淪成無權無力又遭到漠視的沉默多數。打破這種時間歧視，將會是民主史自二十世紀初賦予女性投票權以來的最大變革，為了達成這個遠大的目標，我和妻子現在都將選票交給十一歲的雙胞胎兒子決定，我們會共同檢視政黨政見、觀看政治辯論、討論政治議題，然後聽從兒子的建議投票。

世代正義運動能否成功？本書第三篇會談到世代正義運動的策略和努力，並從中看見希望。人類歷史裡也有提供希望的證據，二十世紀中葉前，歐洲人鮮少關心開發中國家人民的苦難，幫助開發中國家人民的組織少之又少，既得不到新聞媒體的版面，也無法獲得政治人物的重視，但是後來一切都改變了。因此時至二十一世紀中葉，我們對未來持有人的態度可能會經歷類似轉變，未來持有人將被納入我們的道德與思維空間。

第六章

教堂思維

——設計一個五百年的企劃案

「建築的時候，請銘記我們的作品將會亙古永存。建築不應只為現在的喜悅、只為現在的用途，我們的建築應使未來子孫感謝我們。」

——約翰・羅斯金（John Ruskin）[1]

討論長期思維時，經常會有人提及牛津大學新學院（New College）的故事，據稱一八六〇年代有人發現古老食堂內支撐屋頂的橡木長梁已經腐爛到需要更換的程度，卻沒有人知道要到哪裡尋找如此大量的木材，結果在學院森林通的提醒下，發現學院創辦人威克姆的威廉（William

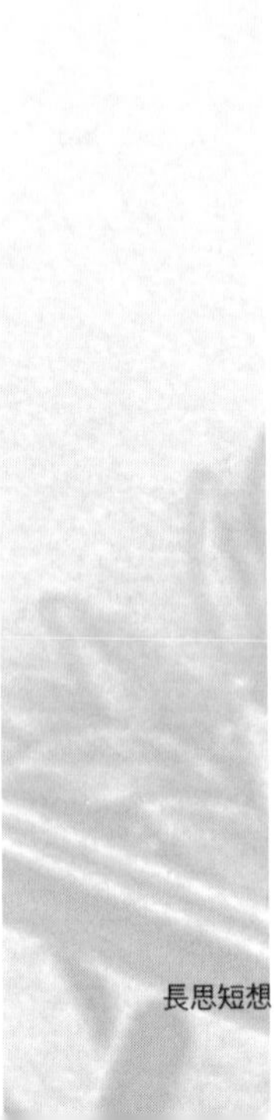

of Wykeham）當初早就種植一片橡樹林，並表明是為了更換長梁所植。由於威克姆的威廉不可思議之遠見，學院在五百年後能有橡木更換長梁，讓教師和學生能在新梁之下開心用餐。

這是一個精彩的故事，但可惜是杜撰的。我向新學院檔案管理員珍妮弗．梭普（Jennifer Thorp）詢問這個故事是否為真[2]，她告訴我：「有些傳聞似乎歷久彌新。」真相是用來更換梁柱的橡樹林，是學院建成數十年後才購入的，也沒有人明確指定這片樹林的用途是要修復屋頂，威克姆的威廉並沒有如此遠見。

我的重點不是探討假新聞，想表達的是這個故事會如此受歡迎，體現的是我們很想相信人類擁有長期規劃的能力，為五百年後的人種植樹木的故事，感覺很適合對抗今日病態式的短期思維。如果政治人物能擺脫對最新民調的執著，並學習威克姆的威廉之典範，我們可能會大舉投資公共醫療，減緩全球暖化，或是為生化戰爭的威脅做好準備，甚至可能停止將核廢料往未來世代傾倒的行為。無論如何，這就是希望。

本章重點是凸顯歷史紀錄站在希望的這一方，我們無須杜撰長期規劃的故事，因為人類過去五千年來已充分展現這方面的長才，這或許是人類物種最厲害的技能之一，能清楚體現橡實腦的運作。戴蒙曾說，擁有「成功長期規劃」的社會才能存活、興旺、免於崩潰[3]，因此培養長期思維文化的六項必要策略，包含規劃遙遠未來的本領，這有時稱為「教堂思維」。什麼才是成功的長期規劃？綜觀歷史，成功的長期規劃需要何種條件？可以從三個意想不到的領域獲得見解：神聖建築、日本月景，以及一次重大的下水道危機。

長期規劃的五千年歷史

簡單而言，規劃就是勾勒出行動的實際方向，以達成特定目標。我的重點不是短期規劃，不是預想晚餐要吃什麼，甚至也不是計劃五年後要住在哪裡，而是人類以數十年以上的時間為考量，甚至超越自身壽命的規劃能力。

如果你心存懷疑，覺得人類沒有這種長期規劃的能力，請造訪德國西南部的烏爾姆大教堂（Ulm Minster）。在這間路德會教堂裡，你會找到一塊刻著一三七七年的奠基石。那年，市民決定以個人捐獻形式籌資，在建築師長者海因里希．帕爾勒（Heinrich Parler the Elder）監督下建造新教堂，但沒有一位市民活著看見教堂興建完成，因為它花費五百多年，最終才在一八九〇年落成。

烏爾姆大教堂是史上最偉大的群眾募資計畫之一，也是長期規劃的典範。這項計畫的奠基者明白自己不可能活著看見計畫完成，卻仍受宗教信念與強大的決心驅使，著手興建教堂。最

▲一九〇五年的聖家堂。高第從一八八三年起開始著手建設，直到一九二六年逝世，期間經常睡在建地內的地下室。某天他走在路上要去做每日告解時，遭電車撞擊身亡，享年七十三歲，死時教堂才完成四分之一。（Alamy / Archivah）

能和烏爾姆大教堂相提並論的現代範例，非安東尼．高第（Antoni Gaudí）在巴塞隆納修築的聖家堂（Sagrada Familia）莫屬，這座於一八八二年動工的奇幻風格大教堂，可能是今日全世界持續最久的建案，預計於二〇二六年竣工。高第花費四十三年光陰在現場工作，興建時向來不疾不徐，如果覺得牆壁蓋得不好看，願意拆除重做。「我的客戶不趕時間。」高第口中的客戶就是上帝[4]。然而，宗教建築之所以會成為長期規劃的典範，其實不是因為客戶是上帝，而是因為宗教組織的壽命長久，多數天主教徒認為已有兩千年歷史的天主教會未來仍將延續數世紀，所以為未來教徒建設教堂是理所當然的事。

教堂思維代表的長期遠見常見於神聖建築，但幾乎不見於政治或商業。童貝里曾說：「我們需要『教堂思維』才能解決氣候危機[5]。」另一位推動教堂思維的是天文物理學家芮斯，他表示，十一世紀伊利大教堂（Ely Cathedral）興建者擁有的遠見，和今日短視近利的文化截然不同，「在今日失控的世界裡，我們不能企望建設延續千年的建築，但如果我們堅持採行剝奪未來世代合理遺產的政策就太可恥了[6]。」

然而，我們唯有從大教堂中才能獲得啟發嗎？下頁表格列出人類社會過去五千年來曾執行的各類長期計畫，有些計畫的時間視野為數十年，有些則是數世紀。

從表格中讓我們一窺人類長期規劃的能力與實踐方式，最容易看出的就是智人善於長期規劃。雖然短期大腦可能會驅使我們拿取眼前的棉花糖，但長期橡實腦卻能驅使我們規劃並執行壯觀又偉大的計畫，如羅馬輸水道、奧斯曼的巴黎公共工程計畫、巴拿馬運河（Panama Canal）及英法海底隧道（Channel Tunnel）。河狸或許擅長修築水壩，但是沒有任何動物比得上人類身深懷遠見的建築和工程能力。

人類史上的長期規劃

宗教建築	
薩卡拉階梯金字塔（Saqqara Step Pyramid） 地點：埃及	全世界最古老的金字塔，約西元前二六〇〇年建成，歷時十八年。在金字塔內，左塞爾（Djoser）法老得以於冥界永恆重生。建築工程師印何闐（Imhotep）被供奉為神明。
烏爾姆大教堂 地點：德國	路德會教堂，於一三七七年動工，一八九〇年落成，經費由當地居民出錢贊助，是群眾募資計畫之母，歷時五百多年。
聖家堂 地點：西班牙	高第在巴塞隆納建造的大教堂，於一八八二年動工，預計於二〇二六年竣工，目前是全世界持續最久的建案，高第為此投入四十三年的光陰。
伊勢神宮 地點：日本	神社，自西元六九〇年起，每二十年拆除並依原型重建一次，是永遠新穎、永遠古老的建築。
基礎設施	
戈納巴德的坎兒井（Qanat of Gonabad） 地點：伊朗	西元前七〇〇年至五〇〇年間建成的水渠系統，長達三十三公里，至今仍在使用，為乾燥地區約四萬居民提供水資源。
塞哥維亞輸水道（Segovia aqueduct） 地點：西班牙	保存極佳的羅馬土木工程範例，於西元一世紀建成，採用原料是花崗岩，不使用砂漿，使用到十九世紀。
萬里長城 地點：中國	最早可追溯到西元前三世紀，自十四世紀起，明朝為了抵禦蒙古人，花費兩百年修築長達八千八百五十公里、設有兩萬五千座碉堡的城牆。

圩田水利管理系統（Polder） 地點：荷蘭	受海堤保護免於洪水的土地，占荷蘭國土面積四分之一，由民選的水利委員會管理。現存最古老的圩田建於一五三三年。
米迪運河（Canal du Midi） 地點：法國	歐洲最早的運河，長達兩百四十公里，為比斯開灣（Bay of Biscay）與地中海之間的航道。設計師皮埃爾－保羅·德里凱（Pierre-Paul Riquet）被譽為國家英雄。
巴拿馬運河	最初由法國於一八八一年至一八九四年間開鑿，但後來放棄，工程期間造成兩萬兩千名工人死亡。後來由美國接手，一九〇四年再度開鑿，一九一四年竣工。美國控制運河區域直到一九七九年為止。
西伯利亞鐵路 （Trans-Siberian Railway） 地點：俄羅斯	建於一八九一年至一九一六年，為全球最長的鐵路，從莫斯科一路延伸到位於日本海的海參威，總長九千兩百八十九公里，共有六萬兩千名工人參與建設。
英法海底隧道 地點：英國－法國	全長五十公里的隧道，最早於一八〇二年提出，一九二〇年代受到溫斯頓·邱吉爾（Winston Churchill）的支持，最終於一九八八年至一九九四年間開鑿。隧道襯砌的設計能撐一百二十年。
南水北調工程 地點：中國	最初由毛澤東於一九五二年提出，二〇〇二年動工，預計於二〇五〇年竣工，共有三條長達一千五百五十三英里的運河，輸水量達尼羅河年水量的一半。

都市設計	
米利都（Miletus） 地點：希臘	西元前四七九年，正規都市計畫之父米利都的希波達莫斯（Hippodamus of Miletus）為擁有一萬名居民的家鄉城市，規劃史上第一個網格狀都市計畫。米利都後來成為羅馬城市的規劃典範。
奧斯曼（Haussmann）的巴黎改造工程 地點：法國	一八五三年至一八七〇年間的大型公共工程計畫，包括街道、下水道、輸水道及公園。奧斯曼的工程計畫持續施工到一九二七年。
倫敦下水道 地點：英國	倫敦經歷一八五八年「大惡臭」與致命的霍亂疫情後建造。在首席工程師約瑟夫．巴澤爾傑特（Joseph Bazalgette）的領導下，這項工程歷時十八年，共投入兩萬兩千名工人及三億一千八百萬塊磚頭。竣工後使用至今。
巴西利亞 地點：巴西	巴西首都，由盧西奧．科斯塔（Lúcio Costa）、奧斯卡．尼邁耶（Oscar Niemeyer）及羅伯托．布勒．馬克思（Roberto Burle Marx）於一九五六年至一九六〇年間規劃與建設，是現代主義都市規劃的究極表現。
弗萊堡生態城市 （Freiburg Eco City） 地點：德國	自一九七〇年代起就以永續都市發展聞名。弗班（Vauben）社區內，汽車必須停在市郊的車庫裡。城市有三分之一的路程皆以自行車進行。
大英圖書館 （British Library） 地點：英國	建於一九八二年至一九九九年，根據設計可屹立兩百五十年之久，是二十世紀英國最大的公共建築工程。

北溫哥華百年永續願景（North Vancouver 100-Year Sustainability Vision） 地點：加拿大	始於二〇〇七年，將城市規劃從三十年延長為一百年，目標是在二〇五〇年前減少八〇%溫室氣體排放，並於二一〇七年實現碳中和。
公共政策	
江戶幕府森林復育 地點：日本	世界第一個長期造林計畫，始於一七六〇年代，終於一八六七年，使日本免於環境與經濟浩劫。
美國憲法（US Constitution）	於一七八七年立法，共經歷二十七次修憲，為全世界現行最古老的系統化成文憲法。
黃石國家公園（Yellowstone National Park） 地點：美國	成立於一八七二年，為世界首座國家公園，是美國環境保育史上的重大發展，以一九九〇年代的狼群復育計畫聞名。
蘇聯五年計畫	一九二八年至一九九一年間的五年發展計畫，屬於長達數十年的經濟策略，後由中國、印尼、印度等國採用。
新政 實施國：美國	羅斯福總統於一九三三年至一九三九年實施的公共工程計畫，目的是將美國帶離經濟大蕭條（Great Depression）。
國民醫療服務 實施國：英國	創辦於一九四八年，屬於二戰後福利國家政策的一環，宗旨是提供全民免自付的醫療服務，共有約一百五十萬名員工。
歐盟	政治與經濟聯盟，共有二十七個會員國，涵蓋近五億公民，成立宗旨是避免二戰的民族主義衝突重演，前身是成立於一九五二年的歐洲煤鋼共同體。

全球消滅天花	由世界衛生組織於一九五八年啟動的計畫，當時每年約有兩百萬人死於天花，計畫於一九八〇年宣告成功。
一胎化政策 實施國：中國	一九七九年至二〇一五年間實施的人口控制計畫，由於女嬰經常遭墮胎而受批評。
主權財富基金 實施國：挪威	成立於一九九〇年，負責管理石油與天然氣產業的剩餘收入，多數分配給未來世代，估值達一兆美元（平均每位公民二十萬美元）。
女川核電廠 地點：日本	建於一九八〇年代初，由於位在高地且防洪設計嚴密，安然挺過二〇一一年的海嘯襲擊（有別於福島核電廠）。
昂卡洛核廢料儲存庫 地點：芬蘭	地下核廢料儲存設施，於二〇〇四年動工，預計在二〇二三年完工，可儲藏一百年份的核廢料，並封存十萬年。
社會運動	
英國婦女參政運動	始於一八六七年的社會運動，目的是爭取英國女性的投票權，一九一八年爭取到三十歲以上婦女的投票權，一九二八年爭取將婦女投票年齡降至二十一歲。
馬克思革命組織	以一八四八年《共產主義宣言》（*The Communist Manifesto*）為宗旨的運動，在全世界發起數十年的階級鬥爭革命，一九八九年後失去動力。
新自由主義（Neoliberalism）	源於一九四〇年代朝聖山學社（Mont Pelerin Society），成員包括佛烈德利赫．海耶克（Friedrich Hayek）及米爾頓．傅利曼（Milton Friedman），一九八〇年代由柴契爾夫人與雷根總統推動。

綠帶運動 地點：肯亞	一九七七年由諾貝爾獎得主馬塔伊創辦的組織，宗旨是提倡女性賦權與保育，至今已種植五千一百萬棵樹木。
科學計畫	
瓦維洛夫種子收藏（Vavilov Seed Collection） 地點：俄羅斯	創辦於一九二一年，第二次世界大戰期間，十多名植物學家於祕密地窖中餓死，保護三十七萬顆種子不被德軍奪走，至死也沒有吃掉一顆種子。
國際熱核融合實驗反應爐 地點：法國	三十五國參與的核融合發電計畫，始於一九八八年，預計於二〇三五年全面運轉（前提是技術可行）。
斯瓦爾巴全球種子庫 地點：挪威	二〇〇八年開辦的種子銀行，位於遙遠的北極圈，以堅不可摧的岩石碉堡儲藏六千個物種，超過一百萬顆種子，可保存至少一千年。
文化計畫	
摩門教傳教士	自一八三〇年來，已有超過一百萬名摩門教徒擔任傳教士，今日每年有七萬名傳教士在一百五十個國家傳播福音。
萬年鐘	可運轉一萬年的鐘，建造工程於德州沙漠中進行，是長遠當下基金會的計畫，首款原型建於一九九九年。
未來圖書館（Future Library） 地點：挪威	自二〇一四年起，一百年間，每年都會邀請一位知名作家存放一本著作。所有著作將在二一一四年使用一千棵專種的樹木印刷出版。

仔細瀏覽表格，便會發現計畫可分為兩種：第一種是建築教堂或開鑿運河系統等施工期間很長的計畫，因此需要長達數年的高複雜度多階段規劃，規劃者通常希望計畫愈快完成愈好，但可能受限於財務或其他因素，烏爾姆市民必定希望教堂能在五十年內建好，而不是五百年；第二種則是圖書館或種子庫等完工後能長時間屹立的計畫[7]。這兩種類別有可能重疊，如中國的萬里長城就是明代一項施工期間長久的壯舉，竣工後也能世代屹立。有些計畫則是起初並沒有持久的規劃，卻仍因為各世代精心維護而延續數世紀，伊朗的坎兒井即屬此例。

第三項重點是，長期規劃不只存在於教堂或大型工程計畫，舉凡公共政策、科學及文化領域都能看見長期規劃的蹤跡。政策領域的範例，包括英國的國民醫療服務（National Health Service）制度，這套制度創立於一九四八年，宗旨是為各個世代提供免費醫療服務，七十多年後的今天仍在運作，僱用超過一百五十萬名員工（但是由於平均壽命增長等因素，面臨愈來愈多限制）。此外，還有歐盟（European Union, EU）等政治組織。歐盟的前身是成立於一九五二年的歐洲煤鋼共同體（European Coal and Steel Community），後來逐漸演變成各種長期治理組織，挺過週期性經濟與政治危機。挪威於一九九〇年成立主權財富基金（Sovereign Wealth Fund），將石油與天然氣收入分配給未來世代，目前規模已達一兆美元。諷刺的是，未來世代將會需要這些資金減緩化石燃料對環境造成的衝擊（基金自二〇一九年起開始，多角化投資海外化石燃料探勘公司，但這是出於財務考量而非環境考量）。其他案例還包括法國的國際熱核融合實驗反應爐（International Thermonuclear Experimental Reactor, ITER）及萬年鐘等藝術計畫。或許沒有任何計畫比得上芬蘭的昂卡洛核廢料儲存庫（Onkalo nuclear waste repository），其目標是將放射性核廢料封存十萬年之久，但屆時是否還存在人類能前往檢查[8]？

第四項重點是，長期規劃並非只是自上而下的實施，由建築師、工程師及其他規劃師落實願景藍圖，也體現於草根性的社會與政治運動。例如，女性參政權運動的領導者於一八六七年在曼徹斯特首次成立正式組織，為長期抗爭做準備，他們知道自己的抗爭並非短短數月或甚至數年就能開花結果，最後花費超過半世紀才成功爭取到投票權[9]。這份表格還能列入更多政治抗爭，包括十八世紀源於歐洲的廢奴運動、美國的民權運動，以及今日的原住民權益運動。

最後一項重點就是，教堂思維有時存在害處，可能導致徹底的規劃災難，或是促成懷有極度邪惡意圖的計畫。我指的不只是阿道夫．希特勒（Adolf Hitler）征服歐洲並建立千年帝國的狂妄計畫，或是蘇聯五年計畫的低效率和管理不當，造成巨量資源浪費，使得商店貨架上欠缺基本民生食品，卻擺滿滑雪板與削鉛筆機[10]。過去一世紀，全球大量修築水壩、開鑿運河及鋪設道路，以「發展」和「進步」為名，對生態造成巨大傷害。人類已使用的水泥量，足以形成兩公釐厚的球狀水泥棺材包覆整個地球，將陸地和海洋全部覆蓋（此外，水泥業占全球二氧化碳排放五%）[11]。巴西利亞等新市鎮也屬於負面案例，尼邁耶的現代主義建築可能備受讚譽，但現在普遍認為巴西利亞是二十世紀最了無生氣、功能敗壞的都市計畫之一。勒．柯比意（Le Courbusier）必須為此負責，因為巴西利亞的規劃深受他的專制願景啟發，以單一、理性、自上而下的藍圖做為設計依據。柯比意的格言說明一切：「計畫：獨裁者[12]。」

長期規劃有其危險，尤其是自上而下、線性、獨裁、不顧人類及脆弱生態系需求的規劃。然而，如果要解決生態、科技與社會危機，就不能毫無規劃，只採用臨時的權宜之計。因此我們要如何學習明智的規劃，以因應未來的挑戰？可以從古代的日本開始尋找答案，日本人曾運用規劃的力量避免文明崩潰，是人類史上最了不起的規劃典範。

我們是否需要仁慈的獨裁者？——古代日本的啟示

「今日的日本本來應是貧窮、貧民窟充斥、仰賴如月球般荒原維生的農業社會，而非富裕、充滿活力、建設在綠蔭蔥籠群島上的高度工業化社會[13]。」環境史學家康拉德．托曼（Conrad Totman）描繪的殘破荒原似乎令人難以置信，但是日本曾有數世紀的時間走在自我毀滅的道路上，今日的日本國土有八〇%是山地森林，但在一五五〇年代至一七五〇年代間，森林卻遭到嚴重破壞，邁向生態與社會崩潰邊緣。工業化前的日本屬於木造建築文明，仰賴木材的程度不亞於今日世界對石油的依賴，日本的統治菁英夷平整片森林，修築上千座木造城堡、宮殿及神社。江戶（今日的東京）等城市的成長，帶動建築木材需求竄升，從而導致極度短缺，同時農民又為了取得木柴而砍伐森林。由於農業的擴張，大片歷史悠久的老生林遭到砍伐，造成脆弱的低地飽受侵蝕和洪患，導致日本自一六〇〇年代起經歷數次嚴重饑荒[14]。

樹木的自然成長速度不可能跟得上這場不間斷的生態戰爭，當時統治日本的江戶幕府是世襲的軍事獨裁政權，底下有兩百五十個大名協助統治。江戶幕府發現不得不採取行動，起初決定立法禁止砍伐稀少樹種，禁止新建築使用珍貴木材，藉此限制森林資源消耗，但是這些法規執行不力，遠遠不足以緩解危機。因此在一七六〇年代至一八六〇年代末間，江戶幕府採取新措施：全世界第一個系統化的造林計畫。官員付錢請村民種植樹木，每年最多能種植十萬棵樹苗，同時制定新法鼓勵商業造林，使得樹木成為生長緩慢（種植後通常至少需要五十年生長才能砍伐），卻有利可圖的作物。育林技術的進步，提升樹苗存活率，並大幅提高木材產量。這是一項長達數十年的長期計畫，統治者必須放眼未來至少五十年到一百年，因為林地復育的成效需要這麼長的時間才能彰顯[15]。

計畫執行緩慢，卻成效斐然。過去數世紀以來，日本陷入典型的「進步陷阱」，不斷破壞社會所需的生態資源，使文明邁向衰退。但林地復育計畫讓日本於十九世紀末恢復為綠蔭蔥蘢的群島，避免崩潰的命運。

從其中一個層面來說，這個故事為今日的世界帶來希望，告訴我們如何運用長期規劃的力量解決今日的生態危機；從另一個層面而言，也引發一個政治難題：專制政權是否較容易實施有效的長期規劃？

日本的林地復育計畫之所以成功，一大因素是江戶幕府採行封建獨裁統治，可以實施新法而不受太多反對，能徵召農民從事種樹的勞累工作。我們也不該一廂情願地認為，計畫成功是因為日本人熱愛大自然，或因為佛教尊重眾生，因為倘若真是如此，為何日本人當初會濫伐森林？幕府實施這項長期計畫，可能是因為想讓自己的後代擁有可以統治的繁榮社會。日本會出現長期規劃，是因為實施專制統治的家族想為後代保有權力[16]。

今日很少有人想活在這樣的獨裁統治之下，更不可能希望有持刀的武士階級執法，但近年來卻聽見愈來愈多人認為，我們需要某種「仁慈的獨裁」才能解決今日的危機，因為民主政治就是無可救藥的短視近利。例如，科學家詹姆士．洛夫洛克（James Lovelock）主張：「我們可能必須暫時擱置民主」，以因應緊急的全球生態危機；天文物理學家芮斯曾撰文探討氣候變遷及生化武器的嚴重威脅，主張「唯有開明專制才能實施安然度過二十一世紀所需的措施[17]」。這種主張出人意料，畢竟芮斯是國會「跨黨派子孫後代小組」（All-Party Parliamentary Group on Future Generations）創辦人（以英國上議院議員的身分），顯然對民主程序懷抱信心。我在一場公共論壇上詢問芮斯，是否認真主張我們應透過獨裁統治剷除短期思維，並暗指他的文章可能只是開玩笑，芮斯回答：「其實我是半認真的[18]。」接著他表示中國就是非常善於長期規劃的專制政權，現正大量投資太陽能科技等政策，而我看到現場有許多人點頭表示贊同。

我並不苟同，歷史上幾乎沒有任何獨裁者能長期保有仁慈和開明，看中國的人權紀錄就知道了。此外，本書第九章討論的跨代團結指數（Intergenerational Solidarity Index, ISI）顯示，幾乎沒有證據能證明獨裁政權的長期思維與長期規劃能力高於民主政權。例如，瑞典不靠獨裁統治，就能將再生能源發電占比例提升到六〇%，而中國卻只有二六%[19]。

綜觀歷史，有許多案例顯示民主政權也能在施政時優先著重長期規劃，但必須有何種條件，這樣的行動才會出現？我們必須深入維多利亞時期的倫敦下水道尋找答案。

倫敦「大惡臭」危機促成的百年規劃能力

想像一八五〇年代的倫敦，無須在腦海中勾勒出視覺畫面，只須利用嗅覺聞一聞。自中世紀以降，倫敦的人類排泄物都堆積在汙水坑，或直接沖入泰晤士河，汙水坑多位於住家地下室，內部堆滿惡臭的腐爛汙泥。雖然一八三〇年代已清除數千座汙水坑，但泰晤士河本身就是巨大的汙水坑，也是倫敦的主要飲水來源。倫敦人飲用的就是自己排放的汙水，因而爆發大規模霍亂。一八四八年的霍亂疫情造成一萬四千多人死亡，一八五四年的霍亂疫情則導致一萬人死亡[20]。對於再三來襲的公衛災難，市府官員卻幾乎沒有採行任何防疫措施，因為資金窘迫，且當時普遍認為霍亂是透過空氣而非水源傳播。此外，還面臨私部門水公司的壓力，水公司堅持自家從泰晤士河抽取的水是純淨的。

危機在一八五八年炎熱夏季達到極限，那一年已經歷三次霍亂疫情，而夏季降雨缺乏，使得泰晤士河水位下降，暴露出河岸斜坡上六英尺深的汙泥沉積物，導致腐臭瀰漫全城。受害的不只是貧窮的勞工階級，惡臭直接從河流飄進近期才剛重建完成的國會大廈，侵入為了排臭而新設置的通風系統。其味臭不可聞，上下議院被迫終止議事，議員用布摀著臉逃離委員會議事廳。

這場「大惡臭」終於促使政府採取行動，英國首相班傑明．迪斯雷利（Benjamin Disraeli）以前所未有的速度，在十六天內通過法案，提供大都會工務委員會（Metropolitan Board of Works）長期經費，並充分賦予新的權力，為倫敦建置現代下水道系統。拜這場連國會議員都深受其害的危機所賜，英國啟動十九世紀最徹底的公衛改革之一。《泰晤士報》（*The Times*）報導：

PUNCH, OR THE LONDON CHARIVARI.—July 3, 1858.
Diphtheria.
Scrofula.
Cholera.
FATHER THAMES INTRODUCING HIS OFFSPRING TO THE FAIR CITY OF LONDON.
(A Design for a Fresco in the New Houses of Parliament.)

▲ *Punch* 雜誌於一八五八年七月大惡臭最慘烈時刊登這則漫畫，說是「為新國會大廈設計濕壁畫」。圖中泰晤士河的擬人化身「泰晤士河父親」（Father Thames），正向「美好的倫敦市」介紹自己的孩子（白喉、瘰癧、霍亂）。（Alamy / World History Archive）

「那炎熱的兩週對於首都衛生管理的貢獻，猶如孟加拉人叛變對於印度管理的貢獻[21]。」

法案通過後，下水道工程便開始進行。一位維多利亞時期的英雄登場：倫敦大都會工務委員會首席工程師巴澤爾傑特。他花費十八年主導建設總長達八十二英里的下水道網絡，共使用八十八萬立方碼的水泥與三億一千八百萬塊磚頭，將汙水輸送到河流下游的泵浦站，然後順著海水退潮，安全流入海中。不可思議的是，幾乎整套系統至今仍在運作，今日的觀光客如果走在寬闊的維多利亞堤岸和亞伯特堤岸上，腳下踏的就是巴澤爾傑特率領的兩萬兩千名工人，為覆蓋數公尺下的下水道所建的步道。

下水道為何能保存這麼久的時間？答案在於首席工程師的長期規劃能力。巴澤爾傑特預料到倫敦的人口將會成長，於是把下水道的汙水處理量擴增至當時需求的兩倍之多，他堅持使用的波特蘭水泥（Portland cement）比一般水泥貴上五〇%，但耐久度遠高於一般水泥，且接觸水分反而會變得更堅固，並堅持使用昂貴但耐久的斯塔福郡藍磚（Staffordshire Blue bricks），而非脆弱的工廠製配管。可惜巴澤爾傑特並未留下日記，所以無從證實，但他似乎想打造一套能保存至少一百年的下水道系統，無疑是英國維多利亞時期最偉大的時間反抗軍成員之一。

巴澤爾傑特留下非常深遠的影響，史學家約翰．多沙特（John Doxat）曾說：「巴澤爾傑特可能不如同時期的伊桑巴德．金德姆．布魯內爾（Isambard Kingdom Brunel）知名，卻是傑出又有遠見的工程師，拯救的人命比任何一位維多利亞時期的官員都來得多[22]。」這兩位人物的長遠之見都值得尊重，他們在工人辛苦地幫助下建造建築、修築橋梁、挖鑿下水道、鋪設鐵路，今日有數百萬人天天使用他們興建的基礎設施。他們為後人規劃的動機為何？或許是一種「帝國心理」、一種文化自信，堅信維多利亞時期會延續到遙遠的未來，成為繁榮興盛的永恆文明，但也有可能是因為土木工程師普遍具有長期思維。

與維多利亞時期相比，今日的工程師少有出名的機會。例如，有多少人知道英法海底隧道的首席工程師？又多少人知道研發太陽能發電的工程師？工程師絕對不是清白的職業，他們設計核子彈頭、石油管線，以及較無害的設施，如下水道系統，但是我們必須欣賞工程師的長期思維能力，他們想做能長久屹立的建設。英國土木工程師學會（Institution of Civil Engineers）的行為準則表明：「所有會員必須充分尊重公共利益，尤其是和衛生及安全相關的公共利益，以及和未來世代有關的公共利益[23]。」如果我們的政治人物與企業領導能立下如此誓言，並承擔破壞誓言的責任，該有多好？

巴澤爾傑特的下水道告訴我們一項重要原則：長期規劃的基礎是使原本的設計具有適應力、彈性及韌性。布蘭德在著作《建築是如何學習的》（*How Buildings Learn*）中指出，最耐久的建築都是那些可以透過適應新時代脈絡來「學習」的建築，這些建築可以接納不同的使用者，或是加蓋容易。布蘭德將建築比為生物：「生物愈適應現況，就愈難適應未知的未來情況[24]。」這就是倫敦下水道的傑出之處。巴澤爾傑特以當時需求的兩倍來設計下水道的寬度，讓系統具有長期適應力，他選用品質最佳的建材，使下水道具有韌性，能挺過一世紀的不斷磨損。當然，韌性不只存在於維多利亞時期的下水道，更存在於自然界，如脆弱的蜘蛛網竟然能撐過暴風雨，以及人類可透過流汗或顫抖來調節體溫[25]。但這些案例引發一個問題：我們要如何在政治、經濟、社會體制中，建構具有演變力的學習能力，讓體制在面對情境變遷或外在衝擊時，不至於因為僵固而崩潰？本書第三篇將會探討現實世界的範例，包括能因地制宜的去中心化政治體制，以及「都會在地生產」這種靈活的經濟設計。

倫敦下水道系統告訴我們的另一個重點，就是人類通常要經歷重大危機才會觸發長期規劃。如果國會議員沒有直接聞到大惡臭，倫敦很可能在數十年後才會正視這個問題，期間可能已造成數十萬人喪生。綜觀歷史，長期計畫經常出現於危機發生之後，尤其是波及主政者或主導經濟者的危機。可想而知，卡爾・馬克思（Karl Marx）及傅利曼等諸多思想家提出，徹底的體制變遷通常是危機導致的，因為危機能重塑遊戲規則，挑戰既有正統，開創新契機。經濟大蕭條促使美國實施「新政」；德國侵略的威脅，促使英國政府於二戰期間實施食物與燃油配給制[26]；二戰後，世界建立許多前所未有的長期組織和制度，如歐盟、聯合國、馬歇爾計畫（Marhsall Plan）、布列敦森林體系（Bretton Woods）、英國的福利國家制度、大規模公共住宅計畫及產業國有化。

我們之所以遲遲無法採取充分行動解決氣候變遷等問題，如大量長期投資再生能源，實施懲罰性碳稅，是因為多數人（尤其是西方人）並沒有像大惡臭，或第二次世界大戰時期的人一樣親身經歷這些危機。這些危機帶來衝擊非常緩慢，猶如溫水煮青蛙，而我們這些青蛙不知道要跳出鍋子。雖然現在氣候相關的災難愈來愈多，但是就連肯亞乾旱與澳洲森林大火等災難都無法造成足夠的傷害，讓我們採取因應行動，是否必須發生一連串波及握有政經權力者的超級重大災難，人類才會醒悟？或許是紐約和上海在一年內遭受多次颶風侵襲，造成數萬人喪生？或許是歐洲發生大規模作物歉收，使各國首都爆發食物暴動？或許是泰晤士河潰堤，大水淹沒倫敦，英國國會議員必須乘坐救生艇逃離國會大廈？

有些生態倡議人士聽了可能會覺得沮喪，因為他們相信比起危言聳聽的末世威脅，正向、樂觀、邁向美好未來的倡議更能激發人類採取行動。正向倡議或許可以啟發大眾採取行動，但對握有權力的在上位者卻沒有什麼效果，這些人必須受到危機或甚至是恐懼的驅使，可能必須親身經歷損失，才會全面採取行動。

這或許是大惡臭的最後一個歷史教訓：危機可以出發觸發全面的長期規劃。這不是教堂思維的本質，而是我所謂「下水道思維」的本質，童貝里等倡議人士非常明白這個教訓。二〇一九年，童貝里在瑞士達沃斯（Davos）舉辦的世界經濟論壇（World Economic Forum, WEF）上說道：「我們的家著火了，我不需要你們的希望，而是要讓你們感到慌張……並採取行動[27]。」或許必須產生真實的危機感和迫切感，才能讓我們覺醒，使我們不會在致命的夢遊中邁向文明崩潰。

然而，體認到危機的重要作用並不代表我們要坐等災難發生，我們必須做好周全準備，為體制規劃長期變遷的藍圖，以因應未來的生態危機等各類災難。傅利曼曾說，雖然危機帶來轉變的契機，但「危機爆發時，大家採取的行動取決於手邊已有的想法[28]」。二〇〇八年金融危機的悲慘之處，在於我們沒有任何可用來替代的經濟願景，這場經濟危機本來該是重整全球金融體系的大好機會，政府最後卻選擇為銀行紓困，持續支撐當初導致危機的老舊經濟結構。我們不可以重蹈覆轍，必須準備好替代模式，因此必須在今日散播長期思維的觀念與實務。

用長期規劃克服生態與科技挑戰

如果沒有計畫，人類就不會有未來。我們急需長期規劃以因應本世代的生態和科技挑戰，還有心理健康醫療投資不足等社會政策問題。一方面，我們可能對人類擁有這樣的能力充滿信心，因為自古埃及以來，人類就一直以數十年乃至數世紀的未來時間視野進行規劃並執行計畫；另一方面，我們見識到規劃其實是條多頭蛇：規劃可能出於惡意，可能走錯方向，可能導致巨大的環境傷害，可能在獨裁統治之下興盛，而且如果沒有重大危機觸發，也可能完全不會發生。

至今多數人類規劃背後的動機，都是為了推動經濟成長，這是屬於全新世的動機。我們生產的水泥、塑膠和毒素，用以鋪設道路、修築房屋、建設現代文明的耐久基礎設施，但這些建材同時也在扼殺地球，這種規劃無法幫助我們克服人類世的考驗。現在的我們可能在遵循羅斯金的信條，修建亙古永存的建築物，但我們的建築還不能讓「未來子孫感謝我們」。

這個社會必須共同進行長期規劃。荷蘭人在低窪處圍海造田並修築堤防保護，稱為「圩田」，過去八百年來，這些圩田是由公民集體管理，荷蘭有超過四分之一的國土屬於這種低於海平面的脆弱土地，需要不斷排水和抽水（這就是風車的原始功能），避免洪患。許多老一輩的人還記得一九五三年的洪水造成兩千多人喪生；學生在課堂上學到一二八七年的聖露西亞洪水（St. Lucia's Flood）奪走至少五萬條人命。這些事件深植於荷蘭人的歷史想像，使洪患風險成為親身經歷的現實，危機四伏，隨時可能爆發。為了防堵這種常年的威脅，荷蘭人發展出一套複雜的水利委員會制度。**水利委員會**（waterschappen）是歷史悠久的地方民選機構，首創於數世紀前，專門負責管理並維護圩田的防洪設施。如果堤防潰堤，大家都會遭殃，因此荷蘭人有句格言：「必須學會和仇敵相處，因為你的仇敵可能就是你家圩田旁的水泵操作員[29]。」

在某種意義上，我們都是對方的水泵操作員，我們活在相互依存的世界裡，自己的行為不只會影響鄰居或遙遠的居民，更會影響未來世代。就像荷蘭人一樣，我們必須學習如何共同管理地球，才能讓地球千秋萬世保持繁榮興盛，避免遭受洪患之苦，如此一來，才足以讓後代感謝。

第七章

周全預測

——用「情境規劃」思考未來路徑

史上第一批專業預測師，可能是三千年前位於尼羅河上游的古埃及祭司，每年春季，祭司會集結在尼羅河三條支流交會之處，預測該年度的氾濫規模。尼羅河的氾濫為數千英里外的下游農民提供耕種所需的水源，如果河水清澈，就代表主要來自發源於維多利亞湖的白尼羅河，該年度的氾濫規模將會縮小，導致作物產量減少；如果河水呈現暗色，代表主要來自藍尼羅河，該年度的氾濫規模將會恰到好處，讓作物豐收；如果河水呈現綠棕色，就代表主要來自發源於衣索比亞高地的阿特巴拉河，該年度的氾濫將會提早，且規模將擴大成災，摧毀作物。尼羅河谷下游農業中心地帶的官員會根據祭司的預測進行規劃，依照對未來的預測儲藏穀物、制定稅率或調整開銷[1]。

這些祭司的氾濫預測準確度究竟如何，不得而知，但我們知道所有人類社會都設有負責預測未來的神職人員，包括占卜師、祭司、占星師、巫師和先知，他們觀察日月星辰、拋擲骨頭、解析夢境或歷史事件的規律，以找尋未來的祕密。今日，這些祭司的職稱較具有科學和理性主義的氣息，稱為預測專家、未來學家、趨勢大師或遠見專家[2]。這些人通常會聲明自己無法像諾斯特拉達瑪斯（Nostradamus）或德爾菲祭司（Oracle of Delphi）一樣預測特定事件，並偏好探討情境和機率，但扮演的角色卻與祭司相同：馴服變化莫測的未來，預測將來可能發生的情境。

這些現代預言家，尤其是商業界的預言家，預測的通常是數個月或是數年後的未來。企業預測通常也大致忽略未來世代，石油公司預測產量時，注重的是股價，而非自身行為對未來人類產生的代價。然而，預測的價值不容質疑，如果完全不預測未來，我們便難以實行長期思維；不預測未來只會助長被動的短期思維文化，讓我們等到事件爆發的當下才被動因應。我們必須為未來做準備、為未來做規劃，無論是夏季發生火災的風險、極右派民粹主義興起的政治危機，還是文明的緩慢燃盡。

本章介紹的「周全預測」是培養長期思維的六項關鍵工具中的第五項，跨越時間遠大於傳統預測，延伸至數十年乃至數世紀後的未來，涵蓋範圍也更遼闊，重視全球人類的整體情境，而不是像今日的主流預測，專注狹隘的體制或企業利益。周全預測的重點不是勾勒出親戚會發生的特定事件，而是勾勒出地球文明長期的整體走向。

不確定性網絡的興起

未來變化莫測，這向來是長期預測的一大障礙。我們預測得愈遠，不同的可能性及走向就愈多，造成不確定性倍增。未來思想家常說，「不確定性錐體」（Cone of Uncertainty）正不斷在擴大[3]。

然而自千禧年以來，我們已脫離錐體形狀的未來，並進入以「不確定性網絡」（Network of Uncertainty）為主的新時代：稱為「網絡」是因為今日面臨的事件與風險都愈來愈全球化，也愈來愈環環相扣，造成快速擴散和蝴蝶效應，造成就連近期的未來都難以預測。各種因素交織而成的危險情勢，形成這個相互連結、非線性結構的徹底不確定性：科技創新加速、資訊流通加速、自冷戰結束以來的地緣政治動盪、就業安全受到傷害、金融市場波動、牽一髮而動全身的情勢、難以預測的人工智慧威脅、生化武器、網路犯罪及基因改造病毒。

不確定性網絡的證據比比皆是，有多少經濟學家預測到二〇〇八年金融危機及占領運動（Occupy Movement）等崩盤，造成的全球連鎖反應？有多少政治名嘴預測英國脫歐（Brexit）

和唐納・川普（Donald Trump）勝選？這種不確定性在未來不太可能降低。氣候科學家警告，如果超越臨界點，冰棚就會瞬間被摧毀，抑或整個物種就會瞬間被消滅。我們也見識到許多「黑天鵝」事件，如九一一恐怖攻擊和 Google 的崛起[4]，這些事件不僅難以預測且衝擊重大，更讓專家只能以後見之明宣稱早就知道會發生。

我們似乎進入無法預知未來的世代，尤瓦爾・諾瓦・哈拉瑞（Yuval Noah Harari）表示，在一〇二〇年預測一〇五〇年的世界樣貌是相對容易的事，但在二〇二〇年預測二〇五〇年的世界會是什麼樣子，幾乎是不可能的，遑論更遙遠的未來[5]。

預測專家仍喜歡裝作自己能照亮黑暗的未來，但是現在有驚人的證據顯示，這些專家準確預測未來的能力極為有限。社會科學家菲力普・泰特洛克（Philip Tetlock）曾進行一項為期二十年的實驗，請智庫研究員與世界銀行（World Bank）分析師等兩百八十四名預測「專家」，進行一系列相對長期的地緣政治及經濟預測，如未來十年內是否會有國家退出歐盟，或十年後的美國赤字規模。泰特洛克將這些專家的八萬兩千三百六十一項預測與真實世界的實際結果相比，發現他們的判斷準確度極低，平均值甚至低於最簡單的經驗法則，像是「永遠預測不會發生改變」，或「假設現在的變動率持續不變」，而且發現預測的準確度和專家的公眾知名度及專業資格呈現負相關[6]。

長期預測可說是沒有指望了，何不接受不確定性，擱置手邊的計畫，等到未來事件發生時再因應就好？

因為歷史是有規律的，只是我們不知道要在何處尋找。

S曲線的智慧

人類天性喜歡尋找規律。從阿基米德原理、演化論到熱力學第二定律，我們不斷嘗試在自然世界中尋找宇宙的規則。此外，也積極尋找人類社會裡的規律：亞里斯多德（Aristotle）、波利比烏斯（Polybius）、伊本·赫勒敦（Ibn Khaldun）、馬克思都認為，自己找到決定國家、帝國、階級及經濟體制興衰的歷史循環規律。今日的我們依然在找尋規律。Google和臉書希望透過大數據（Big Data）探索人類行為的定律，找到驅使我們點擊更多廣告、分享更多影片的關鍵因素。

但規律是否真的存在？了解不確定性網絡的存在後，我們應對此抱持懷疑態度。不過我想在此消除疑慮，強調世界真的存在一項不斷發生且未來幾乎必定發生的重要規律，它是長期思維哲學的基礎，我們必須銘記在心。

這項規律就是著名的S曲線，有時稱為西格瑪曲線（Sigmoid Curve，詳見下頁圖），這條

S 曲線：沒有任何事物能永無止盡地成長

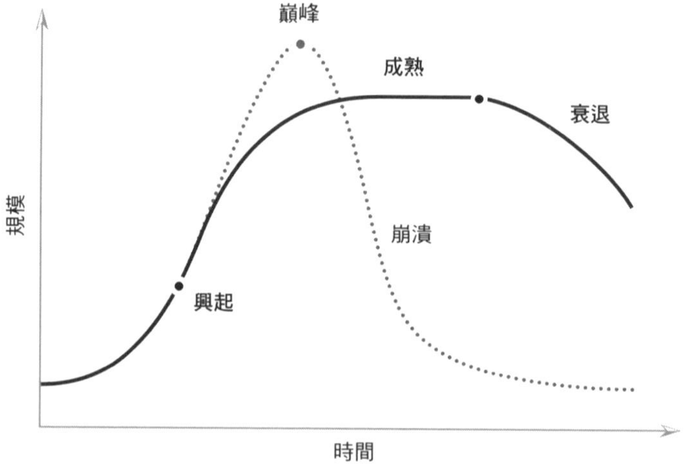

圖：霍廷。

曲線無法預言總統大選的結果，也無法預言股市是否會崩盤，或是人類是否會殖民火星，它的寓意簡單又深遠：**沒有任何事物能永無止盡地成長**。典型版本中，曲線會先快速向上，也就是所謂的「興起」，觸及反曲點後，事物的成長率開始下降，最終趨向平穩的「成熟期」；接著，曲線會觸及第二個反曲點，然後便開始「衰退」；更極端的版本中，曲線會急劇向上，觸及巔峰後就開始急劇「崩潰」。

S曲線在自然界中比比皆是，蟻群增加、癌細胞擴散、森林生長、孩童腳部成長等現象都呈現S曲線。同樣的規律也盛行於人類社會，帝國、經濟體、獨裁政權、民主政權、社會運動、時尚潮流等現象也都符合S曲線的邏輯：成長，到達巔峰，然後衰退。

過去半世紀來，西格瑪曲線的發現已成為社會科學和應用科學界最重要也最廣為人知的成果之一。組織行為學專家查爾斯・漢迪（Charles Handy）認為，S曲線是企業、社會組織及政治體制的基本成長形式：「它是萬般人類事務的曲線[7]。」科技專家保羅・沙福（Paul Saffo）建議我們「尋找S曲線」，主張個人機器人或自駕車等新科技的興起，注定會依循曲線發展[8]。學者不只利用西格瑪曲線描述羅馬帝國等古代文明的興衰，更用以解釋美國在全球強權的衰退[9]。系統思維領域裡，羅馬俱樂部（Club of Rome）在一九七二年發表的報告《成長的極限》（*The Limits to Growth*）裡，把S曲線當作分析的核心[10]。經濟學家凱特・拉沃斯（Kate Raworth）近期提出，主流經濟學理論假定國內生產毛額的成長依循「止於半空中的指數型曲線」，但實際上國內生產毛額成長更可能依循S曲線趨向平穩[11]。

羅馬哲學家塞內卡（Seneca）曾說：「成長是緩慢的，但衰敗是急劇的。」烏戈・巴爾迪（Ugo Bardi）受這句話啟發，提出「塞內卡懸崖」（Seneca Cliff）的概念：金融體系或動物種群等大型結構的成長，依循一種歪斜的S曲線，到達巔峰後便會急劇崩毀[12]。

沙克大力提倡西格瑪曲線，表示它是巨變時代中最重要的「思維工具[13]」。一九八〇年代初，沙克開始發現全球人口成長的長期趨勢將會順著曲線發展。過去八千年來，全球人口鮮少超過十億人。一八〇〇年前後發生人口大爆炸，使得曲線急劇向上攀升，但是後來人口成長便開始

沙克的 S 曲線

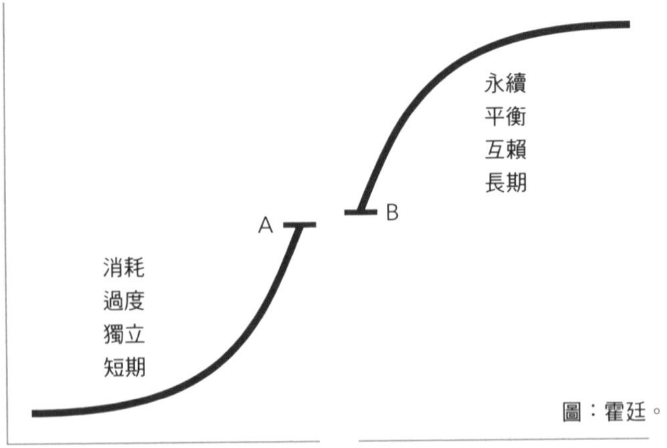

沙克認為人類步入二十一世紀的過程中，必須摒棄 A 時代的主流價值觀，尤其是過去兩世紀的主流價值觀，並採納 B 時代的價值觀。

減速，很可能在二十一世紀末趨向平緩，維持在一百一十億人上下（這項預測和現在的聯合國預測不謀而合）。沙克以第一個反曲點為界，將S曲線分成兩個部分：前半部稱為「A時代」；後半部稱為「B時代」（詳見上圖）[14]。他認為從A時代進入B時代之際，社會的運作方式必須徹底改變。

在A時代裡，成長、資源利用及可用能源的限制不多，人類從事高物質消耗，秉持個人主義文化，並受到短期思維主宰。但沙克認為，隨著全球人口逼近歷史水準的十倍之多，人類社會正在步入B時代。在B時代裡，我們必須採行以永續資源利用、知曉限制、高度社會合作及長期思維為基礎的新價值觀與新制度，才能存活。沙克認為，我們如果要成為好祖先，就必須體認到正在邁向西格瑪曲線的頂端，因此必須採納適合B時代的價值觀念，而不是沉溺於A時代的老舊觀念和做法，如果無法轉型，人類文明便會邁向崩潰[15]。

S曲線這個思考工具挑戰主流啟蒙文化最深層的假設：成長和進步將會無止盡地持續。心理學家史迪芬・平克（Steven Pinker）的著作《再啟蒙的年代：為理性、科學、人文主義和進步辯護》（*Enlightenment Now: The Case for Reason, Science, Humanism and Progress*）就是受到這種假設主導，他在書中呈現七十五張圖表，藉此強調人類過去兩百年來實現重大的進步：平均壽命增加、公共衛生改善、犯罪與暴力衰減、貧窮人口降低、教育更為普及，甚至連對環境保護都有所改善。雖然平克對過去進步軌跡的看法有其道理（儘管關於環境的論點廣受爭議），但他對未來的預測卻淪為站不住腳的經驗主義[16]。平克毫不掩飾樂觀態度，認為「這些冰冷堅硬的事實」指向簡單真理：「曾經發生的事，未來將會持續發生。」換言之，進步的道路將永無止盡地向上延伸。平克輕視「浪漫的綠色運動」，還有擔心氣候變遷、生態多樣性流失、財富不均、生化武器等科技風險的人，他相信地理工程和經濟成長將奇蹟般地解決一切問題，甚至引用十九世紀史學家湯馬士・麥考利（Thomas Macaulay）話，強化自己對無窮進步近乎宗教的信心：「當我們看見過去總是在進步，難道就要期待未來會衰落[17]？」平克的主張體現極端的線性思維，一廂情願地無視S曲線的證據，不知道自己支持的啟蒙運動理性主義已被S曲線推翻，他就像小孩一樣，覺得自己可以不斷把氣球愈吹愈大而永遠不會爆炸。

丹麥有句古老格言：「做預測是很困難的一件事，尤其是預測未來[18]。」預測特定事件可能很困難，但是西格瑪曲線凸顯出人類事務中不斷出現的興衰規律（雖然不是所有人類事務都按照S曲線，而且S曲線也不一定平滑），為我們提供些許立基。只要等待夠久，起初看似呈現J曲線不斷向上的事物，最終都會變成S曲線，無論是經濟成長、科技創新、人口變遷、都市擴張，還是其他各類現象。S曲線本身無法顯示，我們何時會觸及趨緩或衰退的反曲點，但仍能警告我們，反曲點很可能發生，藉此賦予我們智慧，以利規劃未來：S曲線促使我們做出規劃、進行調適、建構韌性、實施改造。

同時，西格瑪曲線也能促使我們思考替代的發展道路，是否有方法讓我們能逐漸成熟，而非觸及巔峰後崩潰？衰退開始後，我們能否減緩衰退的速度？我們能否跳脫無法維持的發展道路，開創另一條完全不同的曲線？西格瑪曲線促使我們重新思考經濟、社會、日常生活的組織方式，以及背後的價值觀念。全球文明或許有各種不同的發展曲線，但如果要真正了解這些曲線，就必須利用另一項工具：情境規劃（Scenario Planning）。

情境規劃的起源

一九四八年，有位名叫赫爾曼．康恩（Herman Kahn）的年輕物理學家進入蘭德公司（RAND Corporation）任職。該公司是美國空軍出資創辦的新研究機構，扮演國防政策智庫的角色，為愈演愈烈的冷戰提供軍事戰略建議[19]。不久後，蘭德公司便以賽局理論、模控學（Cybernetics）及運算等新學門為基礎，成為長期預測技術的創新中心，而康恩就是蘭德公司裡最明亮的一顆星。

一九五〇年代，康恩開始研發後來所謂的「情境規劃」，他發現與其預測特定未來事件，不如勾勒出各種未來可能出現的情境，並將這套思維寫入一九六〇年出版的著作《熱核戰爭論》（*On Thermonuclear War*）。這本引發軒然大波的著作主要探討，美國如果和蘇聯發生核武戰爭，會出現哪些可能的情境，有些情境描繪數千萬美國人喪生，數個世代的孩子天生畸形，地球部分地區數千年無法住人；有些情境裡，只有數個主要城市遭到摧毀，輻射病的範圍有限，且美國經濟不出數十年內便能復甦。

康恩的著作是長期思維的練習，強調原子戰爭可能會造成嚴重後果，但該著作卻並未反對按下核武發射鈕。其實，康恩非但認為核武戰爭可能會發生，更認為美國可能打贏核武戰爭。書

悲慘但差異頗大的戰後情境

損失的人口	經濟復甦所需的時間
2,000,000	1年
5,000,000	2年
10,000,000	5年
20,000,000	10年
40,000,000	20年
80,000,000	50年
160,000,000	100年
倖存者是否會羨慕亡者？	

康恩撰寫的《熱核戰爭論》一書中指出，如果發生美蘇核武衝突，美國可能會遇到的情境。

中有一份惡名昭彰的表格（如上圖所示），標題叫做「悲慘但差異頗大的戰後情境」，列出美國在各種情境中可能會損失的人口，以及經濟復甦所需的時間。康恩的結論令人不寒而慄：如果美國打贏核武戰爭，損失兩千萬條人命是「可接受」範圍的上限。儘管這是一大悲劇，但多數倖存者將過著「正常、幸福的生活」，不會因為承受巨大痛苦而「羨慕亡者[20]」。對康恩而言，為了打贏俄羅斯，美國可以犧牲兩千萬人，也就是全國人口的一〇%。日益壯大的反核武運動馬上就批評該書是「通往大屠殺的道德之路」，難怪導演史丹利．庫柏力克（Stanley Kubrick）在一九六四年出品的核武反諷電影《奇愛博士》（*Dr. Strangelove*）中，要選用康恩做為瘋狂科學家彼得・塞勒斯（Peter Sellers）的。據說，康恩還向導演要求支付權利金，因為電影大量引用他的著作[21]。

康恩之後，情境規劃一直沒有普及，直到荷蘭皇家殼牌石油（Royal Dutch Shell）規劃長皮爾・華克（Pierre Wack）採用情境規劃且效果良好，才被發揚光大。華克把康恩的概念改良成一套有條理的方法，表示這套方法的目的不是要做出「正確預測」，畢竟在愈顯變化無常的世界裡不可能做出正確預測，而是要「接受不確定性，並嘗試了解，將其納入推理的一部分」。未來不只有一種走向，而有許多可能的情境。首先，華克列出三至四種不同的未來，其中至少有一種一切照舊的情境，以及另一種低機率但高衝擊的情境。接著，他為各種情境撰寫詳細的故事線。這些步驟的目的，就是確保組織能為各種情境做好準備，構築能抵擋各種可能結果的韌性。這是一種防範「外推謬誤」（Fallacy of Extrapolation）的手段，避免大家把未來當作過去趨勢的線性延續。

華克利用情境規劃預測世界可能爆發石油危機，結果一九七三年石油危機真的發生，讓他一躍成為企業策略專家界的知名人物。當時的石油價格已經穩定波動數十年，但華克發現石油輸出國家組織（Organization of the Petroleum Exporting Countries, OPEC）的阿拉伯會員國可能會透過限制供給來推升石油價格。荷蘭皇家殼牌石油最終採納華克的建言，透過縮減營運支出等手段，為石油價格暴漲做好準備，因此得以安然度過石油危機，並在一九七〇年代末期成為全球規模最大、利潤最高的企業[23]。

不久後，情境規劃席捲商業界。一九七七年，《財星》（*Fortune*）全美一千大企業中，約有二〇%的企業使用情境規劃，時至一九八一年，該比例暴增至五〇%[24]。後來情境規劃逐漸蔓延到企業以外的領域，廣受人口學家、政府規劃人員、環境倡議人士及從事發展的非政府組織採用，但主要使用者還是企業界，企業使用情境規劃找尋市場趨勢、發掘商機、防範財務風險，藉此提升競爭力[25]。

不過在二〇〇〇年前後，一切開始發生改變，當時氣候變遷議題興起，把人類對於明日天氣的執著帶到新層次。一九九二年里約熱內盧地球高峰會（Rio Earth Summit）及一九九七年《京都議定書》（*Kyoto Protocol*）之後，數千名研究人員開始預測未來五十年或一百年後的氣候變化，並經常使用情境規劃做為分析工具。各種地球暖化情境開始滲入大眾的意識，如果讓地球暖化兩度、三度或甚至六度，二一〇〇年時佛羅里達州或孟加拉將會有多少地方淹沒在海水之下？海洋酸化到了二〇五〇年對全球食物供給的影響程度為何？從格陵蘭冰層融解、西伯利亞永凍層融化，到亞馬遜雨林枝枯病，各種潛在的臨界點會如何相互作用？政府間氣候變化專門委員會（Intergovernmental Panel on Climate Change）發布的報告，目的在為大眾重新定義「長期」

的意義，讓它遠遠超越企業思維中五至十年的視野。現在關於二〇三〇年至二〇四〇年間的情境或預測屬於「近期」，關於二〇八〇年至二一〇〇年間的情境或預測則屬於「長期」，有些看得更遠，針對今日至二五〇〇年間的海平面上升程度及大氣二氧化碳濃度進行預測[26]。

整個世代的氣候科學家與環境風險研究人員，從商業市場的掌控中拯救了情境規劃及其他預測方法，同時將大眾的想像投射至遙遠的未來。

他們擴大社會思考地球未來採用的時間視野，藉此開闢思維空間，讓我們開始想像人類的長期發展走向。許多電影、小說及學術巨作開始探討人類文明的命運，我們能否安然挺過生態危機帶來的冰火風暴，以及各類新興科技威脅？還是我們注定邁向社會崩潰，甚至面臨滅絕？本書想要憑藉S曲線和情境規劃這兩項工具加以探討。

人類文明的三條發展道路

了解人類社會未來可能會走上何種發展道路是長期思維的核心，對文明進步或崩潰所做的假設會影響我們的規劃、行動、職涯及決定，包括是否要生育小孩。我們必須思考潛在的長期發展道路，才能順利通過進入未來的集體旅程和個人旅程。但是這些道路的規模龐大，涵蓋擁有數十億人的全球文明，不太清楚要從何處開始思考。

一個很有用的起始點，就是歷代文明的命運。歷史背後的真相就是這些文明通常都照著S曲線的邏輯發展：誕生、興盛、滅亡。劍橋大學風險研究專家路克．肯普（Luke Kemp）曾說：「崩潰可能是文明的正常現象，無論其規模與科技發展階段。」該觀點的基礎是一項獨特研究，這項研究涵蓋過去三千多年間出現的八十七個文明。肯普把「文明」定義為發展出農業、建立數座城市、保有連續政治結構，並以軍力稱霸某一地區的人類社會，把「崩潰」定義為人口、認同、社會經濟複雜度持續急劇減少的階段。肯普研究腓尼基、中國殷商、羅馬帝國、奧爾梅克（Olmecs）等各類文明後，提出古代文明的平均壽命為三百三十六年（詳見下頁圖）[27]。

文明究竟為何崩潰？有許多傑出的研究探討這個問題。以一個經典的案例為例，蘇美文明（Sumerian civilization）於西元前三〇〇〇年在今日的伊拉克南部興起，蘇美人建設複雜的灌溉系統，以及烏爾（Ur）與烏魯克（Uruk）等繁榮城市，然而到了西元前二〇〇〇年，蘇美文明已消失殆盡。背後的原因為何？有個主流的看法認為，蘇美人大量灌溉乾燥土壤的農業技術導致土壤鹽鹼化。考古紀錄發現，早期的蘇美物產豐饒，但後來小麥和大麥產量相繼由於土壤鹽鹼化而急劇減少，統治者卻不以為意。尤其是阿卡德帝國（Akkadian Empire）時期，統治者持續擴大灌溉系統，使得農業生產更密集，並展開奢侈的建築計畫，沉溺於奢華靡爛的尊貴生

古代文明

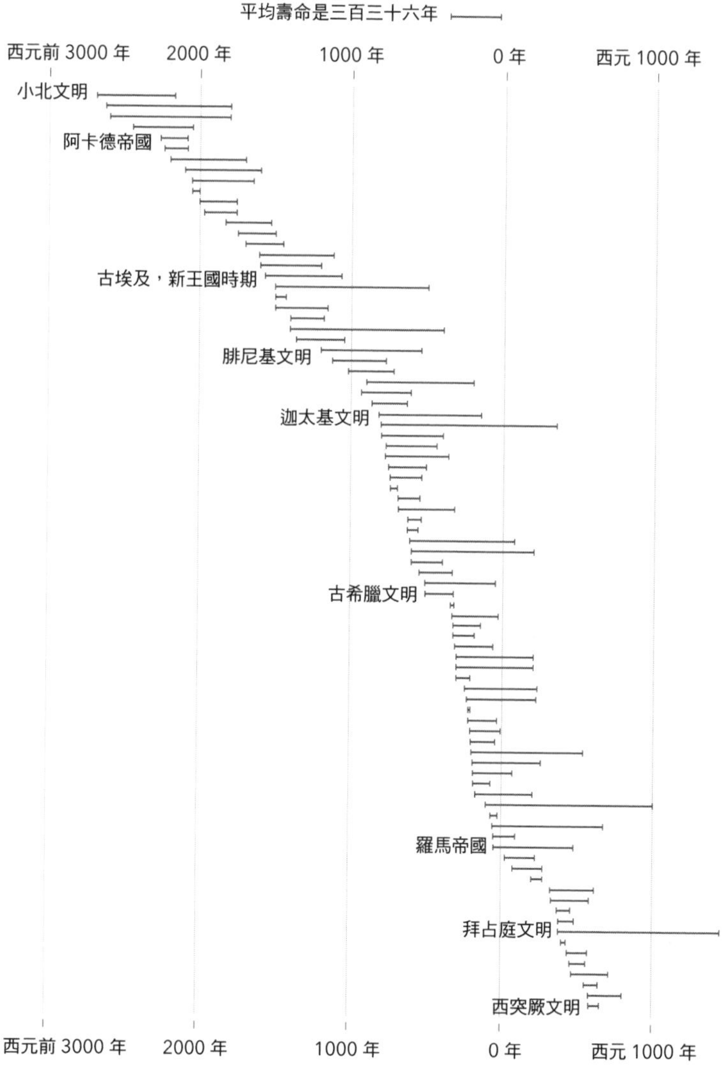
平均壽命是三百三十六年
西元前 3000 年
2000 年
1000 年
0 年
西元 1000 年
小北文明
阿卡德帝國
古埃及，新王國時期
腓尼基文明
迦太基文明
古希臘文明
羅馬帝國
拜占庭文明
西突厥文明
西元前 3000 年
2000 年
1000 年
0 年
西元 1000 年

圖：霍廷。

活。但這種生活方式卻讓資源利用超出當地生態的負荷量，最終如同科潘的馬雅人（Mayans of Copán）等諸多古早文明，蘇美文明由於摧毀賴以維生的自然環境而滅亡[28]。

許多文明崩潰背後的原因都是環境惡化，但蘇美文明的崩潰可能還有另一個原因，就是菁英霸權與不平等。統治菁英製造問題，卻能不受問題影響，使得問題愈變愈多，最終演變成經濟崩潰或社會動盪，才會殃及統治階級。約瑟夫．坦特（Joseph Tainter）等學者主張，文明最終會因為承受不了本身的複雜程度而崩潰。例如，幅員遼闊的羅馬帝國擴張到一定程度後，管控帝國的成本變得太高、官僚體系變得太複雜、軍力需求變得太大，最終導致無法自我支撐。有些學者指出，文明崩潰的原因也可能是長期乾旱等氣候變遷，或遭受外來因素的衝擊，如西班牙征服中南美洲，造成阿茲特克帝國（Aztec Empire）面臨暴力和傳染病肆虐。有些文明的崩潰原因並不明確，不同學派有不同見解，好比復活島：戴蒙主張，復活島文明滅亡的原因是濫伐森林導致的環境災難，不過也有學者提出其他原因，如鼠疫或歐洲人在十八世紀登島造成的衝擊[29]。

要發展出完整的文明崩潰理論可能需要一段時間，同時我們面臨一個迫切的問題：我們的文明是否也正邁向崩潰？今日這個相互依存的全球化文明源於十六世紀歐洲資本主義興起，如今正邁向崩潰的證據日益顯著[30]，冰層融解、野火肆虐、物種消失、水源短缺。崩潰的時機可能並不明確，但所有的生態警示都出現了，顯示我們已超出地球系統的穩定界線，即將突破危險的臨界點，正進入新的時代。威爾・史特芬（Will Steffen）與約翰・羅克斯特倫（Johan Rockström）等科學家把這個新時代稱為「溫室地球[31]」（Hothouse Earth）。生存風險專家也警告，人工智慧和合成生物學等科技失控的威脅日益顯著，可能會在本世紀造成巨大規模死亡[32]。儘管證據確鑿，但仍拒絕相信，我們知道羅馬帝國的衰亡，卻難以想像自己也會面臨同樣的命運，遑論承認。

所有文明可能終將衰亡，但並不代表現在的道路不能改變。人類歷史不是線性的故事，而是變幻莫測的戲劇，由各種要角、思想及事件影響劇情的走向和曲線。我們可以想像文明在不久的將來有三條道路：「崩潰」、「改革」、「轉型」（如下頁圖所示）。每條道路都依循類似的S曲線發展，但這三條線列出各種可能發生的情境。這三條道路並不代表所有的未來情境，卻體現了全球風險研究專家提出的主要軌跡[33]。

其中一條道路是「崩潰」，也就是「一切照舊」的結果。如果我們持續推動物質進步，在不久的將來便會因為沒有因應嚴重的生態與科技危機，而觸及社會崩潰的邊緣，並突破危險的臨界點，造成文明急劇崩潰。崩潰有若干不同的形式：一是人類可能進入充滿社會動盪、大規模饑荒及體制崩解的新黑暗時期（下一章的重點之一）；二是人類社會可能進入全球情境分析

文明的三條道路

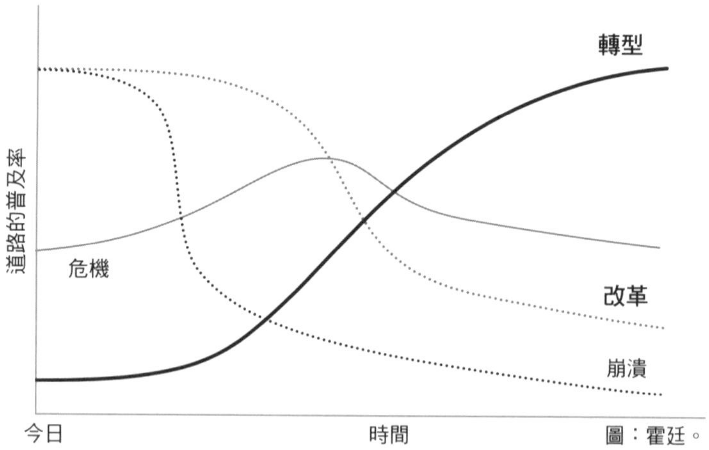

圖：霍廷。

專家保羅．拉斯金（Paul Raskin）所謂的「堡壘世界」（Fortress World），少數富裕階級退居於小塊保護嚴密的區域，絕大多數的貧窮人口則在牆外生靈塗炭〔如《飢餓遊戲》（*The Hunger Games*）裡的世界〕。

最可能發生的情境是「改革」，我們可能會因應全球危機，但由於力道不足又措施零散，只能讓衰退曲線多多少少趨緩些許。我們不完全解決現有的各種問題與不平等，而是盡力維持原有的發展道路，這樣或許可以苟延殘喘數十年或是更久，但最終仍會觸及反曲點，曲線會急劇下滑，儘管下滑的速度可能不如崩潰情境來得陡峭。處於當下的人可能會以為自己的時代相對穩定，但長期而言不過是讓舊有體制苟延殘喘，拖延我們的滅亡。

許多國家的政府，尤其是經濟合作暨發展組織（Organisation for Economic Co-operation and Development, OECD）會員國，就是走在這條道路上，這些國家因應氣候危機的策略，就是相信改革派的主張，如「綠色成長」與「改造資本主義」，或是認為科技發展即將帶來解決方案，制定的減碳目標極為不足，進行的國際協商都以缺乏落實機制的疲軟妥協方案收場。有些國家的改革雖然更具規模，卻仍不願推動經濟或政治體制的深度改革，以適應新的現實。改革這條道路代表世界認為將全球暖化控制在攝氏兩度內是值得追求的目標，即使研究顯示相較於暖化達攝氏一．五度，暖化達攝氏兩度將多造成一億五千萬人因空氣汙染死亡。大衛．華勒斯—威爾斯（David Wallace-Wells）曾說：「這個數字可能大到難以理解，但一億五千萬人相當於二十五次納粹大屠殺[34]。」

第三條道路是「轉型」，是社會基礎價值觀和體制的徹底轉變。如上頁圖所示，今日已經可以看見這個未來情境的種子，但問題在於我們能否切換到這條曲線，並推動曲線上升，將制度汰舊換新。如果要達成這個目標，就必須主動將歷史推向理想的結果。這和情境規劃不同，情境規劃的目的通常是適應各種可能的未來，而非創造未來。這種積極主動的策略有時被稱為「回溯分析法」（Backcasting）：辨識出想要的未來，然後逆向推導出達成的步驟。

針對轉型這條道路，不同的人有不同的願景。有些人認為這是一條科技之路，冀望重大高科技突破能改變文明的走向，好比認為人類如果能征服太空並殖民其他星球，就可以確保物種永續繁衍。拉斯金則寄望他所謂的「新典範」（New Paradigm）轉型之路，期望有朝一日全球公民會建立全球層級的治理系統來因應生態危機。拉斯金以「二〇八四年曼德拉市（Mandela City）」的虛構時空視角寫道，二〇二三年至二〇二八年間地球經歷一段「大規模緊急狀態」後，人類在二〇四八年建立「地球聯邦[35]」（Commonwealth of Earthland）。這本著作想像的轉型之路，正是我所謂的長遠當下文明，目標是以深根柢固的長期思維精神為基礎，為未來世代守護並推動生命在地球上繁榮興盛的必要條件，摒棄代議民主制度和仰賴成長的經濟學，並以新的政治、經濟及文化體制取而代之，這些新體制就是第三篇的重點。

我們追尋的文明軌跡將會受到破壞式創新（Disruptive Innovation）與重大衝擊事件影響（如圖中線條所示），因而有機會從一條曲線切換到另一條曲線。這些創新或事件可能是區塊鏈（Blockchain）等新科技、大地震等自然災害，也可能是新的政治運動興起。近期的學生氣候罷課行動就是很好的案例，這些爭取世代正義的時間反抗軍可能被現有既有體制拉攏，政治人物可能會邀請年輕的抗爭人士上公共平台發聲，卻不會採取實際行動回應訴求，這種現象只是延長改革的道路，拖延衰退的到來。然而，提倡轉型道路的人士也能利用罷課來推動新的激進變革運動，好比許多國家的氣候罷課學生和「反抗滅絕」行動人士已經開始結盟。

今後數十年間，這三條道路極有可能共存，形成混雜路線：有些城市和組織會追求轉型道路，有些國家則採行改革道路，有些社群則面臨崩潰道路的衝擊。無論在個人生活、社群、職場或社會上，我們都必須選擇文明的走向，如果遲遲不切換到轉型道路上，社會就會不停順著S曲線下滑，造成人類承受更大的苦難。我們必須看出自己的體制氣數已盡，而不是將毀壞的文明傳給下一代；同時著手播下新文明的種子，以取代既有的體制，並維護促成生命繁榮的必要條件，將其傳承給未來世代。

未來已經在當下發生

以撒．艾西莫夫（Isaac Asimov）於一九五一年出版的經典科幻小說《基地》（*Foundation*）中，有位名叫哈里．謝頓（Hari Seldon）的優秀統計學家，發明一門叫做「心理史學」（Psychohistory）的新學科。謝頓透過分析大數據，發現一套概括預測銀河文明未來的方法，能預測戰爭的逼近與帝國的興衰。運用利用心理史學的分析，他發現統治數百萬星球的銀河帝國（Galactic Empire）正在衰退，揭開可能長達三萬年的野蠻時期，之後才會有新帝國浴火重生。雖然現在要阻止黑暗時期降臨為時已晚，但如果計劃得宜，可以將黑暗時期縮短至數千年。因此，謝頓在銀河兩端建立兩個名叫「基地」的新殖民地，讓新銀河文明的種子能在此發芽。

心理史學是毫無根據的概念，但這不代表人類的未來是變幻莫測的黑盒子。周全預測使我們了解歷史上不斷出現隨時間興衰的S曲線，呼應自然世界的生死循環，認為自己對未來一無所知只是冷漠的藉口，甚至是一種不作為的意識形態。至今已有上千項科學研究探討地球和生命系統，讓我們一窺未來的輪廓。緊急生態危機已經開始造成衝擊，帶來洪患和極端氣候事件，無論是全球北方或南方，都有上百萬人面臨糧食安全及水源安全問題，其中以貧窮人口與邊陲族群首當其衝。未來已經在當下發生。

撰寫本書的過程中，我有時不禁覺得一切為時已晚，我們無法阻止短視近利的文明邁向崩潰。這時就想到艾西莫夫的故事，艾西莫夫的故事告訴我們，人類或許還有機會跳躍到轉型的道路，催生不那麼短視、不那麼自我毀滅的文明，也就是一個反映沙克提出所謂B時代的文明。我們必須找到方法建立自己的「基地」，但這個基地的根據地不是銀河的邊緣，而是這個充滿動盪的社會。

第八章

超我目標

——在自然世界的承載範圍內生活

哲學思想在過去兩千年來最偉大的發現，就是如果人類要興盛，必須追求有意義的目標，藉此賦予人生使命和方向。亞里斯多德認為，每個人皆須擁有「某種追求幸福生活的目標……因為唯有愚昧之人才會毫無目的地過活。」德國哲學家弗里德里希．尼采（Friedrich Nietzsche）曾說：「知生命之意者，可承生命中的任何過程。」奧斯威辛集中營（Auschwitz）倖存者與存在心理治療（Existential Psychotherapy）創始人維克多．弗蘭克（Viktor Frankl）則認為，我們必須履行一項「具體任務」，也就是一個超越自我的未來計畫或理想[1]。

古希臘語把這個終極目標或使命稱為**特洛斯**（Telos），它是人類思想和行為的羅盤，協助我們在各種選項的汪洋中做出抉擇。個人的特洛斯包羅萬象，可能是發現治癒癌症之道、遵守某個宗教的教條、照顧生病的父母或成為鋼琴演奏家。天文學家卡爾・薩根（Carl Sagan）主張，我們必須為整體社會找尋特洛斯，並以此為社會發展的引導，也就是他所謂的「長期目標和神聖計畫[2]」。

為人類找尋超我目標並努力實踐，是六大長期思維策略中最基礎的，如同北極星般為我們的行為指引方向，引導到未來。這一點非常重要，因為長期思維可能會被人綁架，用以追求自私的野心，如建立政治朝代、積聚無盡的財富，或維護自身的權柄和特權[3]。我們必須回答的最基本問題是：「長期思維的目的為何？」

本章探討人類可以選擇的五個超我目標，這些目標常見於大眾對人類集體未來的討論（詳見下頁圖）。有趣的是這些目標非常多元，每個目標背後都代表對未來世界的想像，不同目標代表的想像可說是天差地遠，有些目標著重科技，有些目標重視的則是生態，每個目標都提供強大的動力，提倡者都堅信自己的超我目標最能確保人類長期福祉。雖然這五個目標都有服人之處，但仍必須逐一檢視，看看它們除了提供啟發人心的長期目標外，是否能讓我們為後世留下重要的事物，哪些目標最能守護未來世代的福祉？

人類的超我目標

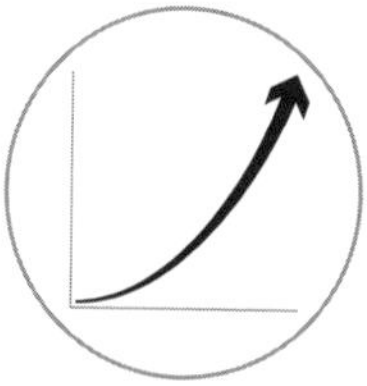

永恆進步

追求物質進步和永無止盡的經濟成長

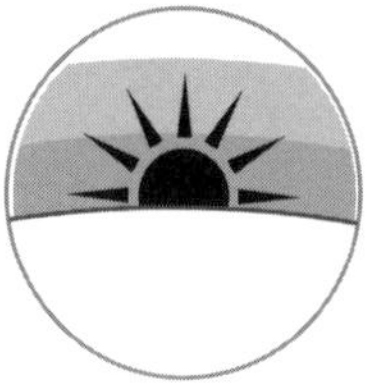

烏托邦夢想

建立以政治、經濟或宗教理念為基礎的理想社會

科技解放

殖民其他星球，並利用科技超越人體極限

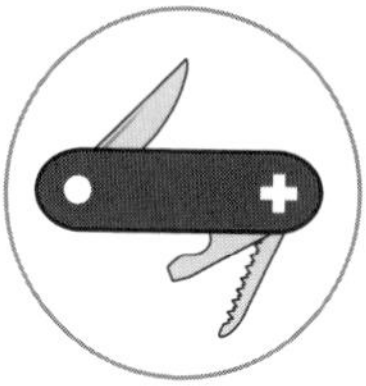

生存模式

適應文明崩潰，培養基本生存技能

單一星球繁榮

在繁榮地球的承載範圍內，滿足本世代與未來世代全體人類的需求

圖：霍廷。

永恆進步：無限向上的曲線

在過去兩世紀以來，西方社會最主要的長期目標就是追求物質進步，該目標也逐漸向外蔓延，從而影響全世界。把追求物質進步當作目標，是啟蒙思想（Enlightenment）的產物，透過推動持續的經濟成長與現代化，改善日常生活的品質。做為人類的特洛斯，這是一條經濟發展的曲線，隨著時間進展，永無止盡地向上成長。物質進步無疑為眾多人類帶來利益。自十八世紀以來，物質進步使得平均壽命增加、改善公共衛生、減少貧窮人口、推動教育普及、帶來高速運輸，以及冷氣和手機等消費享受。誠如平克所言，「啟蒙運動成功了。」而啟蒙運動的一大核心價值就是進步[4]，然而這個進步的故事卻遭到與生俱來的短期思維傷害。

人類進步起源於五萬年前的舊石器時代晚期，我們的祖先發明新型狩獵科技與技巧，使用更尖銳的武器、更聰明的策略，不只能一次獵殺一頭野牛或猛獁象，更能把獵物誘入封死的峽谷，或驅趕六、五頭墜下懸崖，藉此一次獵殺整群獵物。這種策略能讓部落當下飽餐一頓，但是如果要在往後一百個季節維持溫飽，這種策略很不可取。雖然因紐特人和喀拉哈里沙漠的薩恩人（San People）等現代狩獵採集族群，已熟知如何與生態和諧共處，但史前時代的人類並非如此，早期的史前人類遷徙到全球各大洲時，經常因為過度狩獵而導致當地物種大滅絕。

考古學家曾發現工業規模的屠宰遺址，有一處遺址埋有一千頭猛獁象遺骸，另一處則埋著數十萬匹馬[5]。歐洲的披毛犀和古菱齒象等雄偉的巨型動物很快絕跡〔倫敦特拉法加廣場（Trafalgar Square）深處曾發現大象、河馬及獅子的遺骸〕、澳洲的巨型雙門齒獸和袋鼠絕種、北美洲的長角野牛和巨獺等五種生物也慘遭滅絕，雖然有些物種的滅絕是氣候變遷造成，但現在學界普遍認為人類才是物種急劇滅絕的主要凶手。史學家羅納德．懷特（Ronald Wright）曾寫道：「智人所及之處，就有滅絕的臭味。」古生物學家提姆．富蘭納瑞（Tim Flannery）的描述更是赤裸裸：貪婪的智人就是「未來的吞噬者[6]」。

工業資本主義於十八世紀興起，加大人類追求進步的力道[7]。工業革命和都市化產生一群在工廠或礦場裡辛勤工作的無產階級，消滅封建體制的殘餘。久而久之，這個新體制為人類帶來實質利益，雖然貧富差距擴大，但數百萬人得以脫貧。然而，新體制的代價也極大，因為其動力來源是燃燒埋藏地底數百萬年的化石燃料，使得物質進步和一個消耗自然資源、破壞氣候穩定、對生態造成巨大傷害的能源系統掛鉤。經濟史學家東尼．瑞格利（Tony Wrigley）曾說：「工業革命釋放的力量賦予人類空前的福祉，卻也造成前所未見的重大傷害[8]。」

二十世紀後半葉，工業資本主義迎來消費資本主義的興起。消費資本主義著重的不是剝削勞力，而是慫恿消費者購買從第二輛車到餐巾環等非必要產品的製造慾望。消費資本主義充分利用人類的棉花糖腦，造就短視近利的文化，鼓勵大家追求即時的滿足感，從速食業興起，或當日到貨服務已成為線上購物的標準配備等現象可見一斑。消費資本主義也培養出不顧長期後果的態度，企業為了達成當下的財務目標，可以汙染空氣、濫伐森林、毒害河川、使人對尼古丁和糖上癮，或是讓家庭深陷長期債務。

人類社會追求永無止盡的國內生產毛額成長，更是助長消費驅動的進步觀。經濟學家提姆·傑克森（Tim Jackson）曾說：「追求經濟成長是全世界過去七十年來最普及的政策目標[9]。」無論政治立場，政府都執著於一季又一季維持成長曲線無盡上升，把經濟成長當作衡量進步的唯一指標，無視社會與生態付出的代價。

人類普遍把進步當成目標，是完全合情合理的事。與中世紀的赤貧生活相比，過去兩百年來進步所產生的物質利益實在是非凡成就，但現在卻難以繼續忽視進步造成的附帶損害。研究地球系統的科學家將此命名為「大加速」（Great Acceleration）。尤其自一九五〇年代起，國內生產毛額、汽車自有率及其他物質進步指標成長的同時，二氧化碳濃度上升、物種滅絕與各類生態惡化的現象也在加劇（詳見下頁圖）[10]，圖中所有急劇上升的曲線深刻體現追求進步的危險。

如果把這種遺產傳承給後代，他們不但不會心存感激，還可能譴責我們。我們如果想建立適合未來世代的世界，就必須淘汰永恆進步這個過時的目標。那麼我們的長期目標應轉向何方？

大加速

自一九五〇年代以來，人類對生態的衝擊，普遍認為一九五〇年代是「人類世」的開端

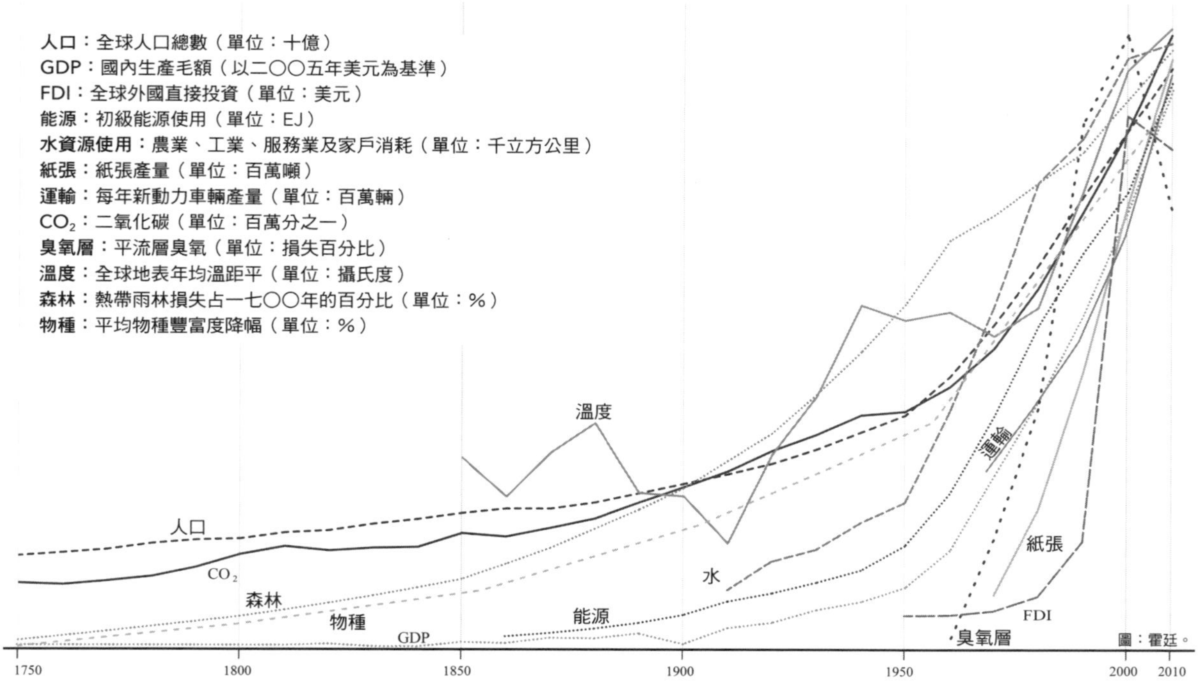

圖：霍廷。

烏托邦夢想：理想社會的願景

奧斯卡．王爾德（Oscar Wilde）曾說：「一張沒有烏托邦的世界地圖根本不值得一顧[11]。」烏托邦（Utopia）的本質充滿長期思維，是我們對理想社會的願景，也不會妄想一夕之間就實現烏托邦。馬克思知道工人階級的天堂不可能一夕之間取代根深柢固的資本主義體制，馬克思主義啟發的革命運動，追求數十年的階級鬥爭，努力打造更好的社會；同樣地，摩門教等烏托邦式宗教運動採取長期觀點，致力在地上實現天國的願景，逐步建立由信徒組成的社群，不過卻經常遭受迫害與歧視。

以平等、自由和社會正義等價值改造社會的運動，有時被稱為「社會烏托邦主義」（Social Utopianism），更是具備長期思維。綜觀歷史，社會烏托邦主義曾在巨大的逆境下推動並維持許多改革運動。如果沒有人以這種烏托邦的願景對抗時下的價值觀念，並把追求更好的世界當作長期目標，世界就不會出現廢奴組織、工會、婦女參政運動人士、反殖民運動，也不會出現福利國家。瑞夫金主張：「對未來的願景是希望文化裡最強大的社會化因子[12]。」這就是馬丁．路德．金恩（Martin Luther King）博士說「我有一個夢想」的原因。社會烏托邦形塑人類歷史，為我們的想像開闢新道路，為徹底改變未來點亮希望的烽火。

這些烏托邦願景都有一大特點，就是著重共同目標和共同價值。本世代的全球危機需要人類同心協力因應，因此烏托邦願景擁有解決的潛力。然而，我們必須謹慎看待二十世紀末人類世生態崩潰前，所提出的社會烏托邦。馬克思、夏爾·傅立葉（Charles Fourier）、威廉·莫里斯（William Morris）、湯瑪士·摩爾（Thomas More）等早期烏托邦思想家，根本不曾想過格陵蘭冰層有融化的可能，他們的長期思維通常沒有考量到地球維持生命的系統會如此脆弱。然而，例外還是存在的，如十九世紀無政府主義論者克魯泡特金的著作，就具有強烈的生態意識。

當代烏托邦思想與時俱進，更符合人類現在面臨的長期挑戰。自一九七〇年代起，娥蘇拉·勒·瑰恩（Ursula Le Guin）和歐內斯特·卡倫巴赫（Ernest Callenbach）等作家開始創作「生態烏托邦」（Ecotopian）小說，許多這類小說是受到阿道斯·赫胥黎（Aldous Huxley）等早期作家啟發。此外，猶太教、基督教及伊斯蘭教現在也有神職人員將環境思維納入宗教願景，把地球當作造物主賦予人類的禮物，規定人類必須為未來世代守護地球[13]。

強納森·波利特（Jonathon Porritt）的著作《我們所創造的那個世界》（*The World We Made*）就是這種新興烏托邦主義的典範，整合既有的社會主題與現代的生態主題，以未來教師的角度撰寫，目的在於「訴說我們當初如何從崩潰邊緣拯救世界，並達到二〇五〇年的現狀」，這個新世界充滿勞動合作社，每週二十五小時工時，垂直都會農場林立，電動飛機滿天飛。波利特的原創之處在於，他描寫人類為了建立這樣的社會所做的長期努力，例如有個名叫「忍無可忍！」（Enough!）的全球社會運動興起，推動人類轉型成更永續的社會[14]。這本著作不只描繪烏托邦願景的目標，更詳述達成該目標的方法，開闢出一條清晰又可靠的道路。

長期思維向來需要烏托邦理想為人類制定具備鼓舞人心的目標，做為改革運動的啟發與動力。反抗滅絕等今日的改革運動著眼本世代面臨的危機，這些運動就和歷史上許多社會運動一樣，都源於人們對美好世界的嚮往。烏拉圭作家愛德華多・加萊亞諾（Eduardo Galeano）曾說：「烏托邦坐落於地平線，我朝著它的方向前進兩步，它便後退兩步。無論走多遠，我永遠無法觸及。那麼烏托邦的意義何在？意義就在於激勵我們前進[15]。」

我們前進烏托邦的同時，要如何守護未來世代的福祉？是透過改造這個世界，還是逃離到另一個世界？

科技解放：人類的宿命是否遠在星際？

若論科技，人類物種的才華天下無雙，從史上第一把石斧到基因體定序技術的最新突破，徹底改變人類的發展道路。科技的益處固然受到許多合理質疑，有人擔心大型科技公司竊取使用者的個人資料，有人提出數位成癮的問題，儘管如此，許多長期思想家仍堅信人類的終極目標就是用科技打造未來。這類長期目標主要分成三種形式：科技逃脫、科技切割、科技修復，每種形式都是能引導人類的強大特洛斯。

科技逃脫是極吸引人的超我目標：人類的宿命遠在星際，我們注定要逃脫地球的限制，並殖民其他星球。這個目標背後的理論是，任何行星文明長期注定面臨滅絕的風險——彗星撞擊、資源耗竭，或是造成重大毀滅的戰爭，因此想要長期延續壽命的文明就必須擴張到各個行星。擴張的動機不是為了追求浪漫情懷，而是為了生存。向來能言善道的薩根曾說：

> 古老的中國神話裡，月球上有棵永生之樹。其他的星球就算沒有永生之樹，似乎也有長壽之樹。如果我們散布在各個行星，如果數個行星都有自給自足的人類社會，人類物種就不至於滅亡……如果長期生存岌岌可危，擴張到其他星球是我們對人類物種應盡的責任[16]。

SpaceX創辦人伊隆・馬斯克（Elon Musk）也提出同樣的願景，他認為殖民火星是人類的下一大步（用他的公司生產的火箭）。馬斯克曾說：「我未來想要死在火星上，但希望不是著陸的那一刻[17]。」

科技逃脫的問題在於花費的時間。火星是了無生氣的高輻射沙漠，大氣中充滿二氧化碳，氣溫可達攝氏零下一百度，距離地球三千萬英里，人類可能必須等到二〇四〇年才能首度踏足火星。多數專家估計，就算我們能載送夠多的人到火星，要在火星上創造新的人工大氣（也就是所謂的「地球化」（Terraforming）」，使火星適合大量人類居住，可能也要花費數百年到數千年，而且可能根本無法做到[18]。然而，提倡太空殖民的人認為，人類正是需要這種長期思維：我們必須盡快飛向宇宙，開拓火星和其他行星。他們表示，這項工程可能費時甚巨，卻是確保人類物種存活的最佳方法。

科技逃脫的另一項艱鉅挑戰，就是可能造成嚴重的附帶損害：我們愈寄望於逃脫到其他星球，就愈不會在乎保存現在身處的地球。解決氣候變遷看似艱難，但是實際上卻比殖民火星來得容易。芮斯曾說：「地球的南極或聖母峰頂遠比太陽系任何地方來得宜居[19]。」地球是目前已知唯一一顆能維持生命的行星，我們應當率先重視學習如何在地球範圍內生活，做好這件事後，再進行殖民火星也不遲。登山客都知道，基地營必須維持良好狀態，保持補給充足，才能啟程攻頂。人類基地營目前還是一團混亂，在整理好基地營前，應該把火星之旅當作馬斯克和富豪太空探險家的菁英娛樂，而非全體人類的終極目標。

超人類主義（Transhumanism）興起，為人類提出另一項長期特洛斯，又稱為科技切割（Techno-Split）。這一派認為，人類物種的未來在於利用科技改造人體，讓人類大幅進化，和生理上的祖先切割[20]。

儘管踏上新的演化之路可能需要數世紀，但科技切割的提倡者指出，這個轉型的種子已經出現了。有些人認為人體移植或阻斷細胞老化的基因工程等醫療進步，能讓人類達到「長壽逃逸速度」（Longevity Escape Velocity），也就是醫療研究每過一年，讓人類平均壽命增加超過一年，如此一來，人類在理論上便能超越死亡，獲得永生（除非走在路上被公車撞死）。有些超人類主義者則在等待有朝一日人類能透過植入技術使大腦進化，把記憶力等認知功能提升到「超級智慧」等級。第三個派別則寄望於「全腦仿真」（Whole Brain Emulation），企圖製造人工版本的大腦，並將其上傳至雲端。提倡者認為，一旦完全遷移到線上，我們的數位分身便能殖民銀河系的遙遠角落，並長時間翱遊宇宙[21]。

科技切割的想法引人入勝，但這究竟是科學還是科幻？人工增強的人類無疑即將出現，好比現在許多人已安裝具有連網功能的心律調整器，而色盲藝術家內爾．哈比森（Neil Harbisson）則在頭骨上植入音訊天線。然而，為自己創造電子複本的想法是基於一項錯誤的比喻：人類就像電腦，如同軟體能脫離硬體，意識也能脫離肉身[22]。但數十年來的腦神經研究已證實，意識和肉體是密不可分的，我們透過全身上下的感官裝置來學習。雕刻家可將意識投射到指尖上，我們可以感覺到情緒流經身體，心理壓力可能導致糖尿病，心跳和手汗是自我本質的一部分[23]，我

▲科技切割是否即將到來？色盲藝術家哈比森被稱為「全世界第一個生化人（cyborg）」，他將天線永久植入頭骨，藉此把顏色轉換成可聽見的振動頻率，讓頭部能感覺並聽見顏色，他具有無線網路（Wi-Fi）功能，可接收來自衛星的資料。（Alamy / Piero Cruciatti）

們不是由位元和位元組所組成的資訊，可以隨便複製到雲端上的伺服器。目前我們尚未掌握意識的運作方式，也不知道光靠操作微型晶片上的零和一是否就能實現意識，在雲端上的那個意識真的是「我」嗎？

此外，愈來愈多人擔心生化改造技術會造成超人種族的興起，尤其是在初期階段，只有富人階級有財力安裝人工增強技術（亞利桑那州有一家人體冷凍服務公司，目前冷凍大腦與保存大腦的費用是八萬美元，而且沒有人知道何時會發明解凍技術），因此很可能導致新的不平等現象，這是名副其實的科技切割，沒錢購買進化技術的人類將會成為飽受壓榨的下層階級。哈拉瑞曾說，如果我們要了解這種現象的後果，可以參考歐洲人在十九世紀如何對待殖民地人民，或是想想我們今日如何對待動物[24]。我們是否真要使用科技，像納粹一樣創造「次等人類」（Untermensch）種族，並將這樣的世界傳承給未來世代？做出這種事的人不可能值得後世的緬懷，因為這代表對自身行為的長期後果欠缺考量。

最後一種科技解放並不像科技逃脫或科技切割那樣精彩，稱為科技修復，意即相信人類會不斷發明新科技來解決當下的問題。當城市過於擁擠，就發明摩天大樓；當糧食面臨不足，綠色革命（Green Revolution）便席捲全球。同理，這派人士也相信人類可以找到方法解決自己造成的生態危機，其中最受矚目的科技就是碳捕捉與封存（Carbon Capture and Storage, CCS）等技術，以及透過地理工程創造乾淨又健康的大氣。科技修復並未明白宣告宏偉的人類長期目標，但卻暗中挾帶一項目標：人類物種的目標就是一切照舊。換言之，現在這個高度物質主義的消費社會可以延續千秋萬世，因為人類會不斷發明新科技來解決消費社會造成的環境問題。

這種樂觀態度是否合理？地球工程（Geoengineering）指的可能是在平流層噴灑具有反光特性的硫酸鹽氣膠（Sulphate Aerosols），藉此產生全球寒化效應，抵銷燃燒化石燃料導致的全球暖化效應。這種方案不可能進行全球規模的實驗，因此可能造成意料之外又不可逆的嚴重副作用。例如，全球有數十億人仰賴季風帶來的降雨生產糧食，而這種工程可能會干擾季風的規律性。況且地球工程的政治面向更複雜，需要全球各國進行空前合作，讓恆溫計維持在公定的溫度，並永久維持科技的運作，挺過戰爭和饑荒等各種未來可能會發生的重大事件，而不只是維持短短數年的運作[25]。地球工程的確有成功的可能，但這是所有未來世代都必須承受的巨大賭注。

這個賭注違反環境決策學中基本的預防原則：「當行為對人類健康或環境構成威脅，且若干因果關係未經科學驗證，則必須採取預防措施[26]。」這段定義說明白一點，就是古老的醫學原則：「首先，不要造成傷害。」我們個人可以冒著更早死亡的風險，接受新的癌症療程，但是否有權為了修復地球，迫使本世代與未來世代的數十億人承受高風險治療[27]？

科技為人類物種開創有遠見的目標，讓我們的想像能觸及數世紀乃至數千年後的未來。然而，經濟史學家卡洛塔．佩雷茲（Carlota Perez）曾說：「科技提供選項，但社會選擇未來。」我們必須先做出明智的抉擇，了解哪些科技最能促進未來世代的福祉，而不是傷害他們的生活和生計。

生存模式：做好迎接文明崩潰的準備

第四個全體人類目標是所謂的「生存模式」，提倡該目標的人認為，永久進步、烏托邦社會及科技解放的概念不過是天馬行空的幻想，長久以來拒絕相信地球命運的人類必須面對現實，明白文明崩潰必然會發生，而人類的終極生存任務就是為最壞的情況做打算，培養基本的生存技能。

這種想法背後的假設是，地球的生態危機遠比我們承認的還要嚴重，認為政府間氣候變化專門委員會等組織為了達成共識，而有系統地低估危機的嚴重性，但是所有指標都顯示，我們接下來數十年將臨嚴重全球水資源與糧食短缺的危機，而且世界現已處在生態系崩潰的邊緣（其實這種情況已經開始了，如珊瑚白化和「昆蟲大滅絕」）。自一九九〇年代初以來，我們沒有大幅減少溫室氣體排放，未來大概也不會，因此不可能將全球暖化控制在攝氏一．五度內，而是邁向至少攝氏三至四度的暖化，如此幅度的暖化將會導致重大災變。研究永續的學者傑姆．班德爾（Jem Bendell）主張，我們的文明「近期必然會因為氣候變遷而崩潰」，餘命可能在十年至二十年，「本世代已經不可能在有生之年防止全球環境災難……氣候變遷必然會達到失控成災的程度，導致饑荒、毀滅、遷徙、疾病和戰爭。」我們完蛋了。剩下的問題就是，還有多久完蛋？又會有多慘[28]？

有些生存模式提倡者想像的未來很像戈馬克．麥卡錫（Cormac McCarthy）寫作小說《長路》

（*The Road*）裡暴力無情的末世，人性的自私表露無遺，短暫的生命中充斥著孤獨、貧窮、惡意及殘忍，他們認為最佳的應對策略就是攜帶槍械，前往高地，然後拉起吊橋。此外，還有一種不那麼自私的因應方式，班德爾稱為「深度適應」（Deep Adaptation），就是我們必須立刻展開合作，以因應崩潰帶來的衝擊。班德爾建議，開始撤離面臨洪水威脅的沿岸居民，關閉可能因為科技崩潰或社會動盪而造成爐心熔毀的核電廠，增加社會的食物產量，並做好面對「氣候悲劇」的心理準備，因為你很可能會「害怕慘遭殺害，然後死於饑餓[29]」。

的確，生態危機比多數人所想的還要嚴重與接近，但文明崩潰真的是「必然」嗎？人類社會是多變又複雜的非線性系統，沒有任何事物是必然的，當初誰能料到基督教崛起、佛教傳出印度、歐洲經歷黑死病損失三分之一的人口後竟能經濟復甦、文藝復興的人文主義誕生、多軸紡紗機對社會產生重大影響、人類預期壽命自十九世紀以來增加一倍、南非種族隔離制度終結、東歐社會主義制度崩解，還是網際網路的成長？氣候變遷很可能造成數億人死於饑餓，讓國際貿易分崩離析，造成諸多國家政府失能，促使內戰爆發，導致信任和社會規範系統性崩解，但這些文明崩潰也可能不會發生，或至少程度不像生存模式提倡者說的那麼嚴重[30]。人類不曾面臨全球性生態危機，所以不知道它會如何衝擊過去一萬年來發展出的巨型人類組織網絡。

但是我們知道人類的危機處理能力非常好，美國和蘇聯竟能在二戰期間結盟擊敗德國；卡崔娜颶風（Hurricane Katrina）與九一一事件等災難發生後，受災地區人民合作互助，令人印象深刻。利百加・索尼特（Rebecca Solnit）於著作《在地獄建造的天堂》（*A Paradise Built in Hell*）中寫到：「面對災變，人類其實並沒有變得自私自利、驚慌失措、野蠻退化，災變當下最常見的人性是堅韌、應變、慷慨、同理和勇氣[31]。」現在就說人類完蛋了，未免言之過早。我們不能斷定文明必然崩潰：但必須為文明崩潰做好務實準備，同時也要明白文明崩潰有可能不會發生，如果文明崩潰有不會發生的可能，就不能撒手不管，背棄未來世代。倘若我們在還有機會避免災難發生，還有機會切換到轉型的文明道路時放棄希望，未來世代絕對不會原諒我們。

認為文明崩潰注定會發生的想法不僅缺乏實證基礎，更是助長悲觀、絕望使然的消極和冷漠。文化思想家傑瑞米・朗特（Jeremy Lent）主張：「深度適應讓人類專注於為末世做準備，而不改變政治和經濟的結構，因此恐怕會成為自證預言，透過降低社會轉型的動力，增加崩潰的風險[32]。」如果我們聽見有人說自己一定會失敗，並且在腦海中不斷重複，失敗的可能性就會增加。把崩潰說成「必然」，只會形成消極絕望而非激進希望的回饋迴路，這種迴路無法激發人類採取行動。反抗滅絕領導者暨哲學家魯伯特・瑞德（Rupert Read）說道：「如果認為自己完蛋了，我們就真的完蛋了，我們必須感覺自信，明白改變很**可能**發生[33]。」

生存模式不是否認氣候危機，而是否認改變可能發生，否認採取行動或許可以大幅改變人類文明的命運。現在當然不是胡亂樂觀的時候，但我們必須體認到，人類如果齊心協力、意志堅定，並受到願景啟發，就能進行長遠思考、長遠行動，改變歷史的輪廓。

單一星球繁榮：在自然世界的承載範圍內生活

過去五十年來，永續科學、系統設計及生態思維等領域為人類提出第五個長期目標，整體而言，這個目標就是「單一星球繁榮」的概念：在繁榮地球的承載範圍內，滿足本世代與未來世代全體人類的需求。實務上，這個概念要求我們必須在自然世界的生命維持系統承載範圍內生活，讓人類的資源消耗不超出地球的自然再生率（如將木材砍伐率控制在樹木生長率之下），或是讓人類的廢棄物產生率低於地球的自然吸收率〔將化石燃料的燃燒量控制在海洋等碳匯（Carbon Sink）的自然吸收量之內〕；換言之，就是在往後數百年和數千年平衡發展。

這個特洛斯無疑野心勃勃，但具有可衡量的指標：我們目前使用自然資源的速率，幾乎是地球再生與吸收速率的兩倍。到了七月二十九日，也就是七個月後，就會超出地球的生物承載力，主因是濫伐森林、生物多樣性流失、土壤侵蝕及大氣中二氧化碳濃度增加[34]。我們的終極目標是把地球超載日（Earth Overshoot Day）從年中延後到十二月三十一日，也就是確實在地球的承載範圍內生活，不要摧毀地球的生態系統，畢竟未來世代也像我們一樣必須藉此維生。

生物學家暨仿生設計師珍妮．貝尼烏斯（Janine Benyus）的著作深深體現這個理念，她認為我們必須從大自然三十八億年來的研究和發展汲取長期生存的教訓：

> 我們尋求的答案，邁向永續世界的祕訣，其實就在周遭。如果我們真切模仿生命的天賦，我便能看見美麗與富足的未來，一個沒有懊悔的未來。自然世界裡，成功的定義就是生命的延續。保護自己與後代的生命，這就是成功。但後代指的不只是下一代，而是往後一萬個世代以上。這就是一大難題，因為現在的世代不可能親身照顧往後一萬個世代。因此生物已學會如何照顧環境，從而讓環境去照顧後代，生命已學會如何創造有利生命的條件。這就是神奇之處，也就是我們現在必須參考的設計概要，我們必須學會如何辦到[35]。

這段話以獨特的角度看待長期思維，長期思維可以**跳脫時間的框架**，重點不只是重新思考時間，更是照顧環境，包括人類在內的任何物種，保障長壽的最佳方法就是充分適應，並保護身處的生態系統。這代表我們必須保護河川、土壤、樹木、授粉者，還有呼吸的空氣；也代表我們必須尊重這個維持生命之網，並讓我們演化的複雜關係網絡。如果超出大自然的生物承載力，我們照顧環境，並讓環境照顧後代的任務就會失敗[36]。

簡言之，我們如果要存活並興盛一萬個世代，就不要傾覆自己的巢穴。但人類自從初次發明工具以來，就在傾覆自己的巢穴，這是因為人類執著於累積，已失去說出「這樣足夠了」的能力，也因為為了追求物質進步，而執著於攀爬危險的「大加速」曲線。

人類愈發體認到自己屬於大自然的一部分，和活生生的地球上各個元素相互依存。這種強化單一星球繁榮目標的整體思維，常見於原住民文化對於大地之母的崇拜與第七世代原則等作為，但也逐漸滲入西方價值觀。二〇一一年，羅恩．加蘭（Ron Garan）派駐國際太空站（International Space Station）六個月，在進行繁重的科學實驗和技術維修之際，他偶爾會凝視著地球的「脆弱綠洲」。

> 長時間太空航行的有趣之處在於，上面的人可以觀察地球數週乃至數個月的變化，看見冰層斷裂與季節變化。以如此視角觀察，就會發現地球是活生生、會呼吸的生命體，懸掛在黑暗的太空之中，穿梭宇宙之間[37]。

許多從太空角度看地球的人都有類似的體悟，這就是所謂的「總觀效應」（Overview Effect），這些人突然把地球視為一個具有生命的系統，一個稀有又脆弱的有機整體，一個值得尊敬、值得保存的星球，而人類不過是生命之網中的一小部分。一九六八年，阿波羅八號（Apollo 8）太空梭拍攝名為「地出」（Earthrise）的半個地球照片；一九七二年，阿波羅十七號（Apollo 17）上的太空人回傳名為「藍色彈珠」（The Blue Marble）的整個地球照片，這兩張照片讓許多人初次體驗總觀效應，不久後藍色彈珠也成為環保運動的經典象徵。洛夫洛克和琳・馬古利斯（Lynn Margulis）於一九七〇年代提出的蓋亞假說（Gaia Hypothesis）也體現這種整體觀點，因為該假說把地球當成會自我調節的生物。過去數十年來，我們一直在培養伊諾所謂的「廣闊當地」（The Big here），也就是「長遠當下」的搭配概念[38]。廣闊當地拓展我們對未來應盡責任的空間範圍，「當地」指的不再是住家、社區或國家，而是整個地球。

單一星球繁榮的超我目標，號召我們體悟自己和地球的共生關係，並尊重地球的自然疆界與承載範圍，讓我們把空間而非時間當作人類物種長壽的關鍵。單一星球繁榮和本章上述其他的特洛斯不同，是利用近四十億年的演化經驗與智慧，守護生命代代存在的可能，重點是保護「地球基地營」，並讓子子孫孫能在唯一一顆能維持他們生命的星球上生活。因此，單一星球繁榮是引導我們貢獻後世的最佳長期目標。

人類必須把這個具有生命的世界當作指引，莫霍克人（Mohawk）的祝福語把此一概念表現得優雅華美：「感謝你，大地。你知道路[39]。」

——

我們正處在旅程的轉折點，讀到這裡，希望各位讀者的橡實腦已經確實啟動：我們已獲得長期思維所需的認知能力，我們的思想穿越深度時間，跨越死亡的疆界尋找傳承，深植於世代正義的原則，受到教堂思維所啟發，發現周全預測的S曲線，並以單一星球繁榮這個特洛斯為指引。這個特洛斯不是建立特定政府或經濟體制的藍圖，而是一個指導原則，讓我們的長期思維著重未來世代的福祉。我們準備好進入下一步：將思想轉化為行動。接下來，本書要帶領讀者認識時間反抗軍，這些人將六大長期思維方法轉化為行動，努力引導人類踏上新的文明道路。

第三篇

用前瞻能力改變世界

第九章

深度民主

——不受選舉循環限制的跨代團結

請思考一下，未來世代如果在今日的政治辯論中發聲，會發生什麼事？是否有方法能代表他們的利益，保護他們的未來不受現代主宰政治的短期思維所踐踏？是否能將「德莫斯」（Demos，古希臘文「人民」的意思）的範圍擴大，讓它不只涵蓋現在沒有投票權的年輕人，更涵蓋眾多尚未出生的未來公民？

媒體或許沒有報導，但是一場寧靜革命已然展開，目標就是要讓上述理想化為現實。這場革命的領導者是披荊斬棘的時間反抗軍，他們發起激進的計畫，企圖建立我所謂的「深度民主」（Deep Democracy）政治制度，他們的願景是擴展民主政府的時間視野，從短視近利的政客手中拯救民主政府，這些政客無法採取長期觀點，因為他們執著於選舉、民調及二十四小時不間斷的新聞。

如同深度時間擴展我們的時間想像，讓它穿梭宇宙之間，深度民主擴展我們的政治想像，讓它脫離主宰政府的短視近利。如果要實施深度民主，就必須利用本書第二篇探討的長期理想，如世代正義、教堂思維、第七世代原則及單一星球繁榮的超我目標。

這些推動民主改造的先鋒運動目前沒有正式名稱，也缺乏整合，但正在全球迅速發展。為了衡量其潛能，我們必須回答若干問題：政治界短視近利的背後因素為何？民主是否為面對長期挑戰的最佳制度，還是專制更有效？時間反抗軍如何面對強大的反對勢力，將深度民主付諸實行？

很少人預見這場民主革命的爆發，但如同一九八九年推倒柏林圍牆的抗議行動，歷史的進步力量可能匯流並突破障礙，為新時代的長期政治開路。機會儘管渺茫，但是肯定存在。

政治當下主義：未來世代被摒除在民主制度之外

蘇格蘭哲學家大衛．休謨（David Hume）在一七三九年寫道：「公民政府的起源是因為人類無法救治自己或他人的靈魂狹隘，這種狹隘使他們捨遠圖近[1]。」休謨認為，人類社會必須實施代議民主與議會辯論等政府制度，才能壓抑我們衝動又自私的慾望，並促進社會的長期利益和福祉。

但願如此。

今日，休謨的觀點聽起來像是一廂情願的妄想，因為政治人物和政治體制本身非但沒有成為短期思維的解方，反而成為助長短期思維泛濫的因素。西方世界的代議民主體制雖然發展出文官制度、警察制度及司法制度等長久制度，但也同等體現所謂的「政治當下主義」（Political Presentism），也就是偏重短期政治利益和決策，並優先考量本世代利益的偏見[2]。二〇一九年六月，有人詢問捷克總理安德烈．巴比斯（Andrej Babiš）為何要抵制歐盟的二〇五〇年碳中和協議，他表示：「為什麼要在三十一年前決定二〇五〇年的事[3]？」統治階級通常拒絕將未來視為自己的責任。

政治當下主義源於五項因素，而這五項因素皆與民主的本質有關。第一，選舉循環是民主政府先天的限制，產生狹隘的時間視野[4]。時間不斷在票匭間循環，政客和政黨處心積慮地想要贏得下一場選舉。早在一九七〇年代，經濟學家諾德豪斯就發現這個問題，並稱為「政治景氣循環」（Political Business Cycle）。諾德豪斯發現，政府在選前通常會擴大支出，等到勝選後再實施撙節政策，以收斂過熱的經濟，他擔心這種策略會產生「完全忽略未來世代的短視近利政策[5]」。因此，處理生態崩潰或年金改革等無法立即產生政治資本的長期議題，通常會遭到永久擱置。

第二項因素是特殊利益團體的勢力，尤其是企業財團的勢力，顧著為自己獲取政治利益，並將長期成本轉嫁給社會大眾[6]。這個問題積弊已久，美國總統伍德羅．威爾遜（Woodrow Wilson）曾在一九一三年說道：「美國政府的養父母是特殊利益團體……大型銀行、大型製造商、大型商業巨頭[7]。」最近則有高爾表示：「美國民主被駭了——被政治獻金所駭[8]。」遊說政府針對公有地核發開採權與水壓裂解法開採權，或抵制減碳法案的化石燃料企業，就是在以股東收益為名脅迫未來世代；同樣地，二〇〇八年金融危機爆發後，英、美兩國引發危機的銀行利用政治影響力取得大量紓困金，這些紓困金全部來自納稅人，而且只是短期的急就章，並未促成長期改革。戴蒙曾說，文明崩潰一大關鍵肇因，就是「決策菁英的利益和社會大眾的利益發生衝突，尤其是在菁英能不受自身行為的後果影響時[9]。」我們必須引以為鑑。

政治當下主義最深層的肇因是，代議民主制度系統性忽略未來人民的利益。明日的公民不享有任何權利，今日的決策必定會影響他們的生活，但絕大多數國家並未設置任何政府機關來代表他們的利益或是潛在觀點，並加以納入決策考量[10]。這個盲點非常大，大到我們看不出來，身為政治學家的我研究民主治理長達十多年，期間根本不曾發現未來世代和過去的奴隸及婦女一樣被剝奪政治權利，但這就是現實。因此，全球數十萬名學生發起罷課，要求富裕國家減少碳排放，因為他們受夠了剝奪他們發言權與權力的民主制度；同樣地，許多英國年輕人，尤其是未達法定投票年齡的年輕人，覺得自己遭到英國脫歐公投的背叛，由於六十五歲以上的老年人投下贊成脫歐的比例是未滿二十五歲年輕人的兩倍，老年選民對於脫歐決策的影響重大，卻不需要在有生之年承受這項決策造成的長期後果[11]。

社群媒體與二十四小時全天候新聞等數位因子，更放大了政治當下主義的問題。電視在一九五〇年代成為大眾傳播的主要媒介，助長新時代的政治言論和政治話術，但我們現在則是處於「推特統治」（Twitterocracy）的時代，我們的民意代表花費大量時間在社群媒體和新聞頻道上發表即時意見，不斷打響名聲戰，確保自己的聲勢不會下滑[12]。川普總統每發一則推文，就可能演變成席捲政治界與媒體的政治戲碼，並上演數日之久。政治時間因而縮短，大眾不再關注具有長期影響但沒有推特發文價值的「慢新聞」，包括撒哈拉沙漠以南非洲乾旱加劇，或政府間報告指出疾病對抗生素的抗藥性增強[13]。

最後一項政治挑戰和民主政府無關，而是來自民主政府所屬的實體：民族國家。民族國家於十八世紀和十九世紀興起，取代既有的帝國與親王國制度。當時，民族國家並非短期思維的危險源頭，如義大利和法國都設立長期願景，希望能建立強大的國家認同，設置文官制度與教育制度等公共體制[14]。然而，時過境遷，氣候危機等諸多當今重大議題的本質是全球性的，因此需要全球性的解決方法。集體行動的最大挑戰，莫過於各個文化、歷史、經濟及價值觀截然不同的國家要放下歧見並尋求共識。全球合作的案例屈指可數，其中一項是在一九八七年簽署，目的在於保護臭氧層的《蒙特婁議定書》（Montreal Protocol）。多數時候，各國都執著於自己的特定利益，而非長期的共同風險。美國或澳洲等國可能會拒絕簽署全球減碳協議，因為減碳協議會威脅國內礦業，並延緩經濟發展；有些國家（如印度或以色列）可能會為了發展核武，而主動退出核武不擴散條約；就連歐盟這種成員國同質性較高的地區，都難以針對各國難民接收量或捕魚配額等議題達成共識。

正如我的兩個十一歲雙胞胎兒子，民族國家不斷鬥嘴，永遠要爭奪最大塊的蛋糕，永遠要盡可能推卸家事；但不像我的兒子，民族國家沒有成長的跡象。

跨代團結指數：衡量民主國家和專制國家的長期政策表現

民主政治的短期思維問題非常嚴重，因此愈來愈多人開始支持「仁慈獨裁」或「開明專制」，希望這種制度能解決眼前的問題，尤其是採取嚴厲行動減緩緊急氣候危機。這種立場在第六章曾提及，現在則受到愈來愈多的公眾人物，如科學家洛夫洛克，以及社會大眾支持。「生態專制主義」（Eco-Authoritarianism）等名詞愈來愈常出現在線上論壇與社群媒體上。我發表演講討論長期思維時，不時會有在場聽眾提出專制政府是政治短視近利的解方[15]，最常見的主張是必須效法中國，因為中國的長期施政成績似乎非常良好，尤其是在綠色科技方面的投資；也有人認為必須效法新加坡，因為新加坡雖然對公民和政治自由有些許限制，卻能採取具有遠見的策略，推動教育改革及都市計畫等政策。

這聽起來非常誘人，民主政客爭吵不休，而專制政權有意願也有能力採取良好長期行動，來解決人類面臨的眾多危機，所以我們應該繞過那些爭吵不休的民主政客，轉而寄望專制政權。

這種思維其實是在擇優挑選，大家只談中國和新加坡等國家最好的政策，卻忽略其他一黨專政或具有專制色彩的國家，如沙烏地阿拉伯、俄羅斯及柬埔寨，我們必須仔細檢視證據：專制國家是否真的比民主國家更善於推行有利未來世代的長期公共政策？

過去十年來，學者與政策專家開始設計量化指標，來衡量並比較各國政府的長期政策方向。世界經濟論壇與跨代基金會（Intergenerational Foundation）等組織及獨立學者設計的這些指標，衡量的是政策實際成效，而非書面承諾[16]。本書接下來要介紹的是，我認為概念最有條理、方法最嚴謹、涵蓋地理範圍最廣的指標：跨代團結指數，設計者是傑米．麥奎肯（Jamie

McQuilkin），最初發表在實施同儕評閱機制的《世代正義評論》（*Intergenerational Justice Review*）期刊上[17]。

跨代團結指數是什麼樣子？根據跨代團結指數，民主國家還是專制國家較具優勢？跨代團結指數是在二〇一五年至二〇一九年間，每年評比一百二十二個國家，屬於複合性指標，結合十項環境、社會及經濟領域的長期政策指標（指標結構詳見附錄）[18]。環境分項中，森林砍伐率低、碳足跡少、再生能源比重高的國家就會加分，而化石燃料生產高的國家則會扣分；社會分項中，小學班級規模小、兒童死亡率低於依不同國內生產毛額水準認定的標準、人口成長率略低於人口替代率的國家會獲得加分；經濟分項則有三項：貧富不均輕微、淨儲蓄高、經常帳收支健全的國家會獲得加分。綜合指數最低為一分（低度跨代團結），最高則為一百分（高度跨代團結）。每個類別的權重都相等，類別（環境、社會、經濟）內的各個指標採取算術加總，類別之間則採取幾何加總，以確保綜合指數不受單一指標或類別主導。

首先，可以瀏覽各國的分數。哪些國家的政策最重視未來世代？下頁表格列出二〇一九年最高分的二十四個國家。值得注意的是，名列前茅的國家分散在各個地理區域和所得水準，如冰島、尼泊爾、哥斯大黎加及烏拉圭。儘管許多富裕的經濟合作暨發展組織成員國躋身排行榜，但有些富裕國家的排名卻遠遠落後：德國第二十八名，英國第四十五名，美國第六十二名。同

跨代團結指數排行榜

名次	跨代團結指數分數	國家	名次	跨代團結指數分數	國家
1	86	冰島	13	72	斯洛維尼亞
2	81	瑞典	14	72	西班牙
3	78	尼泊爾	15	72	斯里蘭卡
4	77	瑞士	16	72	芬蘭
5	76	丹麥	17	72	克羅埃西亞
6	76	匈牙利	18	71	荷蘭
7	76	法國	19	71	保加利亞
8	75	哥斯大黎加	20	71	白俄羅斯
9	75	比利時	21	70	越南
10	75	烏拉圭	22	70	紐西蘭
11	74	愛爾蘭	23	70	義大利
12	73	奧地利	24	70	盧森堡

註：跨代團結指數最低為零分（低度跨代團結），最高為一百分（高度跨代團結）。
本表所有資料皆取自二〇一九年的指數。

樣值得注意的是，中國根本沒有上榜，排名第二十五，因為該國的碳足跡與再生能源等分數低得可憐（雖然中國的再生能源不斷成長，但人均化石燃料消耗量依然很高）；新加坡的排名更是靠後，名列第四十一，主因是再生能源發電的表現不佳。

身為政治學家的我曾研究如何衡量政府績效，在這方面已有數年經驗，所以很清楚任何指數都只能當作粗略參考[19]。資料參差不齊，而且每個分項充其量只能膚淺反映背後的概念。現實世界非常複雜，任何企圖將真實世界加以量化的指標必定遭遇困難。因此，跨代團結指數等指標最能反映整體趨勢，而非檢視特定案例[20]。

所以，專制政府是否比民主政府更具備長期思維？我和麥奎肯共同針對這個問題進行分析，從近年出現的諸多民主指標中挑選最適合的。我們最後選擇政治學家的黃金標準：瑞典哥德堡大學（University of Gothenburg）的 V-Dem 自由民主指標（V-Dem Liberal Democracy Index）。這個指標是由專家評審針對各國政府評分，最低是零分，最高是一分，評分標準為是否保障自由公平的選舉、言論自由、資訊自由、法律之前人人平等，以及行政、立法、司法三權分立制衡，未達標準的國家會被歸類為專制國家。該指標衡量的是所謂的「自由民主制」（Liberal Democracy）或「代議民主制」（Representative Democracy），而非「參與民主制」（Participatory Democracy）等另類型態[21]。

我們將各國的自由民主指標和跨代團結指數繪製成散布圖，創造出獨一無二的全球各國政治體制與長期政策績效關係圖（如下頁圖所示）。兩項指標都以中點為界，將各國劃分為四大類：「遠見型民主」（Long-Term Democracies）、「短視型民主」（Short-Term Democracies）、「遠見型專制」（Long-Term Autocracies）及「短視型專制」（Short-Term Autocracies）[22]。

從資料中可看出若干現象：

民主和專制，何種制度最有利於未來世代？

各國跨代團結指數和 V-dem 自由民主指標的散布圖，虛線為趨勢線

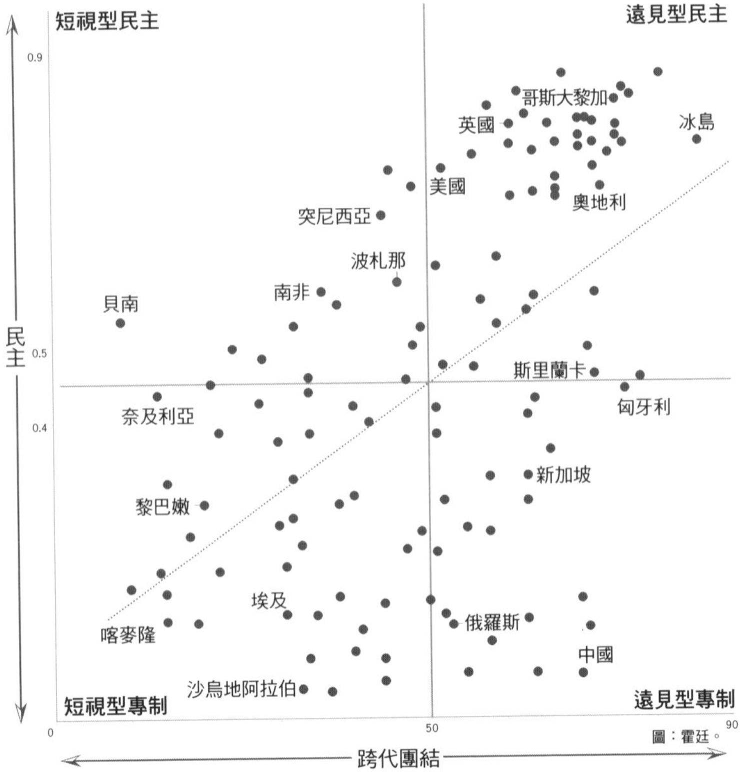

圖：霍廷。

跨代團結指數得分最高的二十五個國家中，有二十一個屬於民主國家，占八四%；跨代團結指數得分最低的二十五個國家中，有二十一個屬於專制國家。

六十個民主國家中，七五%屬於「遠見型民主」；而六十二個專制國家中，三七%屬於「遠見型專制」。民主國家的平均跨代團結指數為六十分，而專制國家則只有四十二分，因此專制國家偏向短期思維，民主國家則偏向長期思維。

國家數量最多的象限為「遠見型民主」與「短視型專制」，如果專制政權較擅長推動長期政策，國家數量最多的象限應是「遠見型專制」和「短視型民主」才對，但是顯然分析結果並非如此。

此分析結果暴露出專制優越論的根本弱點，並沒有系統性實證能證明專制政權比民主政府更善於推動有利未來世代的長期政策，數據呈現的結果甚至相反，民主國家的平均跨代團結指數遠高於專制國家；換言之，民主國家高度跨代團結的機率高於專制政權，無論是典型的軍事獨裁或一黨專政。此外，由左下延伸至右上的趨勢線顯示，民主國家通常更具長期思維。再者，請別忘記在其他可能注重的層面上，專制政權的表現通常都很差勁，好比政治自由與人權。

然而，這些分析結果並不代表民主國家可以鬆懈以待，全球民主國家都該努力提升跨代團結指數，即便是名列前茅的瑞典、法國及奧地利也應如此。我們急需重新設計民主制度，使其能更有效地因應本時代的長期挑戰。不過說起來容易，但是究竟要如何重新設計？

深度民主的設計原則

過去二十年來，政治運動人士、政策制定者及積極的學者已提出七十多種將長期思維嵌入民主體制的方法[23]，許多人發起倡議運動、創辦組織或採取法律行動，將自己的想法化為現實。如果把他們的提議加以整合，便可看出他們在推動一種新的政治體制：深度民主。其中最強大、最創新的提案可劃分為四大領域：未來守護者、公民議會、跨代權利、自治城邦（詳見下頁圖）。這些提案並非施加於現行民主制度上的藍圖，而是一套能為民主體制注入深度時間觀的設計原則。這些原則有一個共同點：每個原則目前都有時間反抗軍正在致力推動，但真正的問題是，這些原則能否散播得夠廣，擴展得夠快，以克服政治當下主義的侵蝕效應？

但我們是否真的必須重新設計民主？選民直接用選票選出支持長期政策的政治人物不就好了嗎？這種觀點的問題在於，有遠見的政治人物執政時推動的長期政策，可能會被繼任政府逆轉。再者，這種觀點低估了短期思維在代議民主制度深根柢固的程度，例如短視近利的政治人物容易執著於選舉循環。我們不能坐等現行民主制度會主動摒棄短期思維，並開始支持跨世代正義。

深度民主的設計原則

未來守護者

設置政治機構，負責代表並守護沒有投票權之青年與未來世代的利益

公民議會

公民以抽籤方式參與議事，影響長期議題的相關政策

跨代權利

確立保障未來世代福祉和跨代公平的法律機制

自治城邦

把權力從國家徹底下放到城市，限制短視近利的政經菁英階級影響力

圖：霍廷。

這四個設計原則的價值在於，能從我們的政治體制杜絕短視近利的文化。

未來守護者

許多人提出要設置「未來守護者」，也就是負責代表未來世代的官員或機構。這裡的未來世代不只是指現在的孩童，更是尚未出生的世代，因為兩者都被傳統的民主程序摒除在外。

許多這類機構是受到芬蘭國會於一九九三年成立的「未來委員會」（Committee for the Future）啟發，該委員會由十七名國會議員組成，負責審議政府政策對於未來世代的影響，尤其是科技、就業及環境議題，並參與長期情境規劃。二〇〇一年，以色列國會採取大膽措施，設置未來世代委員（Commissioner for Future Generations）一職，賦予該官員檢驗並拖延會造成長期影響的法案，例如和空氣汙染與遺傳生物學相關的法案。諷刺的是，這個職位的壽命很短，以色列國會於二〇〇六年廢除，理由是委員的職權過大[24]。儘管如此，其他國家仍然接二連三地設置類似的跨代職位，匈牙利在二〇〇八年至二〇一一年間設置「未來世代保護官」（Ombudsman for Future Generations），賦予該職位影響環境政策的權力；馬爾他於二〇一二年設置類似官職[25]；突尼西亞的二〇一四年憲法設置永續發展及未來世代權利委員會（Commission for Sustainable Development and Rights of Future Generations）；瑞典於二〇〇五年成立未來理事會（Council on the Future），理事長克莉絲蒂娜・佩爾森（Kristina Persson）被譽為全世界首位「未來部長」；阿拉伯聯合大公國也跟著成立內閣事務與未來部（Ministry of Cabinet Affairs and the Future）。

負責守護未來世代的政府部會愈來愈多，當今最著名的莫過於威爾士的未來世代權利委員，該職位依二〇一五年通過的《未來世代福祉法》（Well-Being for Future Generations Act）設置，現任委員蘇菲・豪（Sophie Howe）是爭取跨世代正義的時間反抗軍，她領導的全球運動聲勢不斷壯大。身為未來世代權利委員的她負責檢討住房、教育、環境、運輸等領域的政策，並確保政策符合國際公認的永續發展定義：能滿足當代的需求，同時不損害後代滿足本身需求的能力。豪曾說：「跨世代正義的重點就是將長期需求放在短期獲利之前。」她了解政治現實，也率先承認自己的影響力有限，在和我討論未來世代權利委員面臨的政治挑戰時，她表示：「我無權強迫任何人做任何事，也無權強迫政府停止做某些事，但是我有監察的權利，能公開指責決策者，引起他們的注意。我希不希望擁有更多權力？當然，誰會不希望[26]！」

儘管權力有限，但豪仍有辦法將未來世代的議題納入主流的公共辯論，她反對預算達十六億英鎊的M4高速公路延伸案，因為這是「二十世紀的解決方案」，無助於推動低碳社會。該計畫最後遭到撤銷，普遍認為豪的努力功不可沒[27]。豪也大力推動預防性醫療，主張英國的國民醫療服務應成為「國民幸福服務」，要說服當代的選民將稅金拿來造福後代公民絕非易事，但務實的她選擇從醫療和環境等對當代及後代都有利的議題下手。

然而，豪最大的影響可能是啟發他人追隨她的腳步。二〇一九年，英國反貧窮運動人士暨《大誌》（*Big Issue*）雜誌創辦人約翰．比爾德（John Bird）在英國上議院發起倡議，議題是以威爾斯為典範，設置全英國的未來世代權利委員。比爾德勛爵認為，受氣候變遷衝擊最大的會是貧窮階級，因此他曾在上議院發表渲染力強大又動人心弦的演說：

> 我們面對一個真實的問題：為未來感到緊張的不只有我們，還有社會大眾。我十二歲的女兒曾為了環境發起罷課，她就是覺得緊張。我十四歲的兒子、四十三歲的兒子、五十三歲的女兒、四十二歲的女兒，身邊的所有人都為未來感到緊張，也很高興能有改變未來的機會。因此我們必須把未來帶到現在，最好的方法就是通過《未來世代法》（*Future Generations Act*）[28]。

當時我在旁聽席觀摩辯論，很訝異地發現竟然有諸多公眾人物發言支持這項倡議，包含社會學家安東尼．紀登斯（Anthony Giddens）、經濟學家理查．萊亞德（Richard Layard）及天文物理學家芮斯。顯然跨世代正義的議題終於受到政治界重視了，辯論中有人提到教堂思維，甚至還有人說巴澤爾傑特的維多利亞下水道給予我們寶貴的長期思維經驗。

然而，我們面臨的挑戰仍然艱鉅，就算英國設置未來世代權利委員，委員若要發揮實質影響力，就必須掌握實權。例如，如果政府機關在降低兒童貧窮或碳排放的議題上，沒有履行推動長期政策的責任，委員可能就有權力控告該機關。我們必須施加龐大的公眾壓力，再加上類似一八五八年大惡臭的危機，才能說服國會議員賦予委員這樣的權力。有些倡議人士採取不同的策略，推動設置國際的未來守護者，好比在聯合國內設置未來世代高級專員（High Commissioner for Future Generations）或全球未來世代守護者理事會（Global Guardians for Future Generations），但是要在國際組織中賦予這些職位實權，會比國家層級更艱難[29]。

然而最艱鉅的挑戰是，有人可能會批評未來守護者缺乏民主正當性。氣憤的青少年難道不能自己發聲，只能依賴成年的民意代表？再者，未來守護者要對誰負責？未來世代來自各種不同的社會背景，未來守護者要如何兼顧各種不同的觀點[30]？因此我們應把未來守護者視為起步，帶領我們邁向更激進的參與式民主改革：公民議會。

公民議會

加拿大政府雖然承諾推動經濟去碳化，卻仍持續支持化石燃料業。生態學家鈴木在訪談中對此深感失望，並表示我們的政治體制裡，「原則和理想根本是屁」。訪談人問他要如何解決政治界獨尊短期思維的問題，他回答：

我們的體制必須以抽籤方式決定誰擔任政治人物，就像在抽陪審團，抽中的民眾任期為六年，他們沒有黨派，唯一的職責就是盡其所能地治理。這種制度不可能實施，但如果仔細想想，這是唯一有效的制度[31]。

鈴木的夢想其實沒有那麼脫離政治現實。二〇一六年，愛爾蘭國會設置國民議會（Citizen's Assembly），由一百名隨機挑選的民眾組成，以數個月的時間審議墮胎、氣候變遷、人口老化等議題，他們曾提出墮胎合法化的建議，國會受理提議後舉行全民公投，公投結果推翻墮胎禁令，是憲政史上的一大里程碑。西班牙和比利時的城市現已成立常設性的公民議會，直接向市政府提出政策建議。每六十位加拿大公民中就有近一人曾受邀參與全國各地的城鎮公民議會[32]。二〇一九年，英國國會通過成立由公民組成的英國氣候議會（Climate Assembly UK），負責商討英國要如何因應緊急氣候危機，並達成政府設定的二〇五〇年淨零碳排放目標。

公民議會的興起是現代民主史上的重大進步：復興古雅典時期的參與式民主。不同的是，雅典的五百人院（Council of Five Hundred）等機構只准男性公民參與，但現代公民議會的組成更加多元包容[33]。

審議式民主專家認為，公民議會能有效克服短期思維，原因有三：其一，公民議會的成員來自不同背景，因此不單只是反映特權階級的需求；其二，隨機挑選普通民眾的做法〔稱為「抽籤式民主」（Sortition）〕能有效防止政經菁英階級稱霸政治，因為這些階級經常受到短期、自私的利益所主導；其三，公民議會是「慢速思考」練習，讓參與者有時間和空間探究並思考社會面臨的長期議題。政治學家葛拉罕・史密斯（Graham Smith）指出，以上三項因素使得公民議會「比傳統的民意機構更能引導參與者考量長期影響[34]」。

但今日的公民是否真能為未來世代著想，並有效代表他們的利益？日本的「未來設計」（Future Design）運動正想回答這個問題。該運動的領導者是京都綜合地球環境學研究所經濟學家西條辰義，並受到美洲原住民的第七世代原則啟發，致力在日本各個市、町、村推動一種特殊形式的公民議會。參與者分成兩派：一派代表當代居民；另一派則扮演來自二〇六〇年的「未來居民」，後者甚至會身穿特殊的短袍來想像穿越時空。許多研究證明，扮演未來居民者提出的都市規劃方案遠比當代居民提出的更激進也更進步，尤其是和環境政策與醫療相關的層面。雖然參與者多為成年人，但東京等城市的未來設計運動人士現已開始開放高中生實驗性參

▲來自二〇六〇年的城市居民穿著特殊短袍。（Ritsuji Yoshioka）

與。二〇一九年四月，未來設計運動獲得重大勝利，濱田市決定採取他們的提案做為長期都市規劃的基礎。未來設計運動的最終目標是推動中央政府設置未來省，推動所有地方政府設置未來局，並讓這些機關採用他們的議會模式制定政策。西條辰義表示：「我們必須設計能啟動自己內在『未來可能性』的社會結構。如果不這樣做的話，我們的生存將遭受威脅[35]。」

我希望能在民主世界看到這樣的未來：每隔數年，政府會隨機挑選十二歲以上的公民參與公民議會，議會制度可參考日本的未來設計運動及愛爾蘭的公民議會[36]。這些「跨代陪審團」將會商討當今社會面對的長期議題，例如政府的淨零碳排放目標是否要提前十年？是否要立法規範新興人工智慧科技？我希望這些議會能遍布全國各地，參考專家證詞，並賦予所有參與者平等的發言權，即便是年輕人也不例外。公民議會將擁有和民選立法機構或市議會相當的權力，有權拖延或否決損害未來公民基本權利的政策，並針對能源、水利、住房及兒童貧窮等關鍵長期政策領域起草法案。公民議會將配合未來世代委員等職位的工作，但在本質上更為包容與民主，有些國家甚至可能以公民議會取代上議院，稱為國民議院[37]。

過去兩千五百年來，民主以各種不同的形式運作，並經歷多次改造。興起於十八世紀的代議民主制度現在受到短期思維把持，這套制度或許已經過時，沒有能力解決我們現在面臨的長期挑戰。如今我們或許可利用公民議會的政治動能，為體制注入參與式民主的活水。

跨代權利

有效深度民主的第三個設計原則是，將未來世代的權利嵌入法律制度，尤其是憲法。法律不只能保障未來持有者的利益，防制現任政客的短期思維，更能做為未來世代委員和公民議會評估政府，並向政府問責的基礎。

將權利賦予尚未出生或尚未有能力聲索權利的人，究竟是否可行？現在有法律保護尚未出世的胚胎，或是無法講話的昏迷病患，但要立法保護數十年後才會出生，或是只存在於我們想像裡的人，聽起來仍然很不切實際。不過，世界各地的法律倡議人士已開始推動這類立法。

一九九三年，環境律師安東尼奧．奧波薩（Antonio Oposa）代表四十三名孩童（包括自己的子女）在菲律賓最高法院打贏一場重要的訴訟，迫使政府撤銷允許砍伐原生林的伐木執照，因為這些執照有損當代與後代享有保存「大自然的韻律及和諧」之健康環境的權利。二〇一九年，荷蘭法院審理「迫切議程基金會」（Urgenda Foundation）訴訟案時，援引《歐洲人權公約》（European Convention on Human Rights），判決政府應盡法律責任，達成制訂的溫室氣體減量目標，以保護公民在未來不受氣候變遷衝擊[38]。美國也在試驗跨世代正義的概念，二十一位十歲至二十三歲的年輕人集體控告聯邦政府支持化石燃料產業，藉此保障「全體當代與後代人民享有安全氣候及健康大氣的法律權利」。這場訴訟是由孩子的信任基金會提起，並受到氣候科學家詹姆士．韓森（James Hansen）、經濟學家約瑟夫．史迪格里茲（Joseph Stiglitz）等知名學者，以及受第七世代原則啟發的地球守護者青年倡議組織支持[39]。

原告的行列中有原住民嘻哈音樂家修提茲卡特．馬提納茲（Xiutezcatl Martinez），他在六歲發起環境倡議運動，十五歲首次在聯合國大會（UN General Assembly）上發表演說，擁有非常深層的守護感和傳承感，「我爸告訴我，保護地球是一種責任，我們的祖先也必須盡相同的責任。我們年輕人捫心自問，我們要建立什麼？又要留下什麼[40]？」雖然這二十一位時間反抗軍最後並未成功扳倒勢力龐大的川普政府，但卻獲得廣大民眾支持與媒體報導，藉此啟發全世界的跨世代正義提倡人士[41]。

這些權利運動面臨的一大挑戰，就是缺乏落實機制，儘管有國家法律與《世界人權宣言》等國際文件的存在，世界各國政府仍持續危害原住民、少數族裔、女性、工會人士、新聞記者及兒童等族群的權利。政府竟然連本世代的權利都無法保護，為何要指望他們保護未來世代的權利？我們是否應先照顧好本世代的權利，再保障未來世代的權利？然而，這兩個目標並非互斥，今日的孩童本身就屬於未來世代：透過投資醫療和教育等方法保障他們的權利就是在落實跨世代正義，這就是跨代團結指數要衡量兒童死亡率和小學班級規模的原因；換言之，爭取兒童權利就是爭取未來世代權利的基石。同樣地，迫切議程基金會訴訟案的勝訴基礎是當代荷蘭公民享有安全氣候的權利，而非尚未出生的公民，但未來數個世代的公民皆能享有此案帶來的利益。雖然多數國家對於未來世代權利的保障尚未到位，我們仍應把握所有機會，推動法律制度朝著這個方向邁進。

另一套法律策略著重的不是確立後代的權利，而是保障地球的權利。如果各位覺得賦予非人類實體權利聽起來很奇怪，別忘記美國最高法院在一八八六年判定企業應享有「正當法律程序」的權利，讓企業擁有法人的地位[42]，而正當法律程序權原本用於保障獲得解放的奴隸。二〇一〇年，玻利維亞率先保障地球的權利，通過《地球母親權利法》（*Law of the Rights of Mother*

Earth），賦予大自然和人類同等的權利。紐西蘭在二〇一七年跟進，賦予毛利人的聖河旺阿努伊河等同於人的法律地位，保障河川不受採礦等各類傷害生態的活動威脅[43]。

下一個合理步驟是推動國際法，將「生態屠殺」，也就是對自然生態世界的大規模毀滅，認定為犯罪。這項立法的主要提倡者波利．希金斯（Polly Higgins，於二〇一九年逝世）表示，生態屠殺是「被當代法律遺漏的國際犯罪」，她強烈主張生態屠殺應被法律視為等同於種族屠殺或種族清洗的犯罪，企業執行長或政府部長等主要負責人可被海牙的國際刑事法院（International Criminal Court, ICC）起訴，並認為將生態屠殺入法很容易，只要三分之二的國際刑事法院成員國簽署同意即可。現在法律學者普遍認同伐木公司摧毀亞馬遜雨林生態系，或石油企業明知故犯地破壞氣候穩定等行為，已構成生態屠殺的定義。希金斯指出，將地球是為生命體而非無生命的私人財產，是一種法律觀念的轉變，能「徹底改變我們對長期的觀點，因為一旦將自己視為受託人或守護者，我們就會開始為後代盡責[44]」。

批評生態屠殺入法的人則主張，國際刑事法院並不是值得指望的機構。自二〇〇二年成立以來，國際刑事法院只依戰爭罪和種族屠殺罪等罪行起訴不到五十人，其中更只有數人遭判有罪。但我們應當銘記，司法機構就和法律本身一樣會改變，國際刑事法院可能會在未來變得更有效率。現在興起的生態屠殺入罪運動就和一七八〇年代早期的廢奴運動一樣，懷有遠大的目標，具有強大的潛力，卻也遭受企業的強力反對。希金斯在未來可能和十八世紀的偉大廢奴運動人士齊名，被後代緬懷。

自治城邦

古希臘神話中，機靈的珀爾修斯（Perseus）透過盾牌的反光觀看周遭，藉此閃避梅杜莎（Medusa）的凝視，最終成功殺死對方。今日的我們如果要殺死短期思維這個梅杜莎，或許也可以採取類似的閃避策略：民族國家徹底將權力下放到地方。這是本書提出改造民主的最後一個方法，目標不是要擴張未來世代的權利或聲音，而是透過分散中央政府的決策力來保護未來世代的利益，因為中央政府經常受到財團利益和其他執著短期利益遊說團體把持。針對跨代團結指數的分析支持這個論點：政府的決策愈去中心化，國家長期公共政策的表現就愈好（所以瑞士這種高度聯邦化的國家表現得特別好）[45]。這種轉型就是諾貝爾經濟學獎得主歐斯壯所謂的「多中心治理」（Polycentric Governance），將政治權力分散於多層次的巢狀治理結構，從地方層級一路延伸到全球層級[46]。

要把權力從國家政府手中拿走並非易事，我們要如何實現這個願景？眾多方法裡有一個策略最值得追求，就是復興古希臘的「波利斯」（Polis），也就是自治城邦。為什麼要採取這種策略？

最明顯的原因就是已經有國家在實施了，全世界有愈來愈多人對國家層級的民主政治感到失望。同時，自治城邦的地位提升，規模是文藝復興時期佛羅倫斯和威尼斯等城邦興起後前所未見的。

人類的未來在於城市，有愈來愈高的全球人口比例居住於城市地區，以及超過一千萬居民的巨型都市中，例如有兩千一百萬人口的聖保羅都會區和八千萬人口的東京—名古屋—大阪巨型都會區（又稱為「太平洋工業帶」）。中國現正以二十多座巨型都市聚落為基礎進行整頓，每座聚落的人口最高可達一億人。根據聯合國預測，二〇三〇年世界會出現四十三座巨型都市聚落，占全球人口三分之二，匯集絕大部分的全球財富[47]。

城市不只吸收更多人口，也取得更多政治權力。二〇一七年六月，川普總統宣布美國退出《巴黎氣候協定》時，波士頓和邁阿密等兩百七十九位美國市長站出來反對這項決議，宣示自己的城市將會遵守協定。這些城市的居民數量占全美人口五分之一。英格蘭在二〇〇〇年間並沒有直接民選的市長，但現在則有二十三位，包括倫敦和曼徹斯特等大城市市長。市長選戰也逐漸吸引高調的候選人，這些新一代的自治城市已組成相互依存的網絡，例如致力採取行動減緩氣候變遷的C40城市氣候領導聯盟、全球市長議會（Global Parliament of Mayors），以及洛克斐勒基金會（Rockefeller Foundation）的世界百大韌性城市關係網（100 Resilient Cities）。這些網絡能發揮重要作用，協助我們克服民族國家面對共同挑戰時遭遇的僵局，像是簽署具有約束力的國際溫室氣體減量協定。國際關係專家帕拉格．康納（Parag Khanna）表示，現在「城市外交」的風潮興起，城市繞過國家政府，直接和其他城市互相簽署獨立的貿易協定或其他協定，如同十五世紀至十六世紀間歐洲北部近兩百座城市締結漢薩同盟（Hanseatic League）。康納主張：「我們邁向的新時代裡，城市將會比國家更重要[48]。」權力下放正成為政治宿命，請各位想像一下，歐洲轉型成由二十一世紀城邦組成的聯盟（如下頁圖所示）[49]。

城市力量之所以興起，是因為愈來愈多人體認到城市比民族國家更能有效處理生態超載、遷徙壓力及財富不均等長期問題。城市的靈活度高，適應力強，能在變幻莫測的局勢裡保持韌性；相反地，實施中央集權的國家政府經常面臨體制僵化與脫離人民實際生活經驗等問題。這當然不代表城市是純潔無瑕的政治形態，每座城市都有醉心於短期利益的腐敗官員和企業，但如果要找尋創新的長期願景，請到城市層級尋找。我們需要更多像德國弗萊堡這樣的城市，它禁止私家車進入，私家車只能停在住宅區外圍，四〇%的家庭沒有私家車，全城超過三分之一的路程都要騎自行車；需要更多像巴黎這樣的城市，巴黎市長安娜．伊達爾戈（Anne Hidalgo）建設數百英里的自行車道，將道路改造成公園，惹惱許多駕駛；需要更多像南韓麟蹄郡這樣的城市，境內有九三%的電力來自再生能源，其中近半來自風力；也需要像哥倫比亞波哥大這樣的城市，前市長安塔納斯．莫茨庫斯（Antanas Mockus）撤換腐敗的交通警察，請四百名默劇演

假如歐洲轉型為城邦

居民人數超過一百萬的大都會地區規模
〔根據歐洲統計局（Eurostat）在二〇一八年統計資料〕

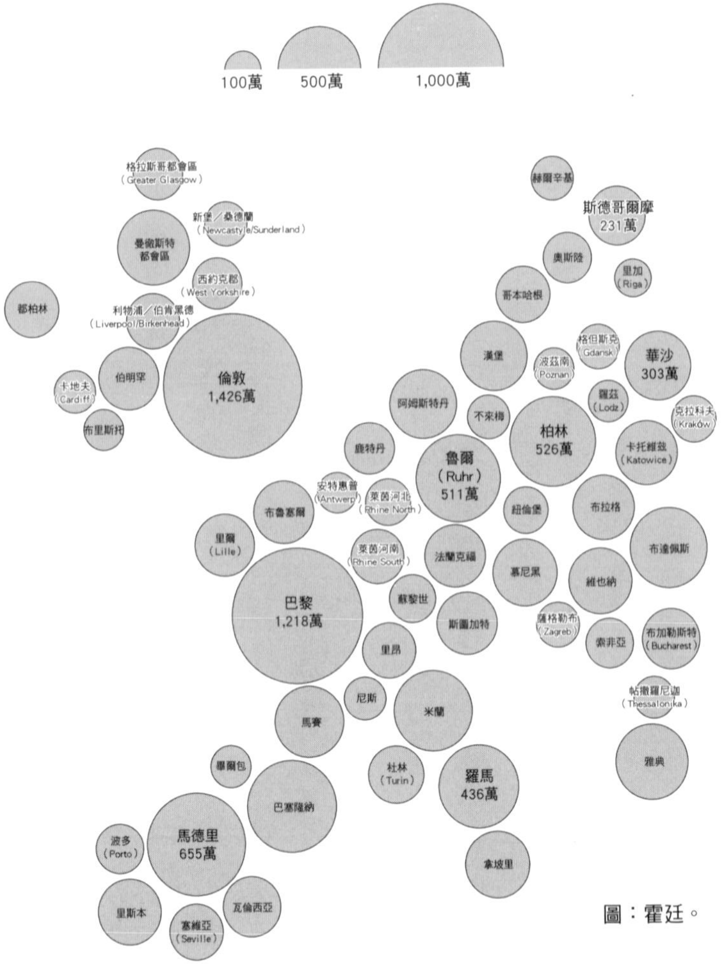

圖：霍廷。

員在路上像足球裁判一樣對違規駕駛舉黃牌或紅牌，這項政策奏效，交通違規件數急劇下降，道路死亡人數在十年內減半[50]。

城市的潛能如此巨大，其來有自，從首座偉大都市中心於美索不達米亞平原興起以來，城市就一直是務實解決問題與有效長期規劃的核心，為居民建造排水系統、公共澡堂、網格狀街道。但是今日的城市仍有許多任務，許多高收入城市的生態足跡——滿足城市需求和處理城市廢棄物所需的土地和水面積，是行政區域本身的數百倍之多。生態學家威廉．里斯（William Rees）主張，我們必須建立「生物區域城邦」（Bioregional City-States），這種城邦能自給自足，並融入而非殘害當地生態體系[51]。這類計畫必須配合數位民主的力量，透過電子投票制度和其他線上大眾參與平台，賦予當地民眾影響決策的權力。有個創新的案例名為馬德里由你來決定（Decide Madrid），該科技平台上有超過二十萬名使用者參與預算制定過程，每年分配超過一億歐元的城市預算[52]。每座城市都應賦權全市民，讓市民用手機即可參與草根性的民主再造。

綜觀歷史，民族國家是人類社會近期的產物，過去兩百年來才成為主流的政治組織；相反地，城市才是人類發明出最偉大、最持久的社會科技，而這就是伊斯坦堡等城市能屹立千年之久，挺過歷代帝國和民族國家興衰的原因。現在的民族國家仍會持續存在一段時間，將我們帶入短期思維的渦流。但是如果人類要追求長遠的未來，就必須消滅陳舊的政治疆界，並從中央集權的國家政府手上奪走治理權力。人類的成敗取決於，我們能否成為二十一世紀的城邦居民。

政治力量與奧弗頓之窗

這四個深度民主的策略並未僅有的選項，除了它們以外，還有其他方法能在政治界裡強化長期思維，並推動跨世代正義，有些國家已經在實施這些另類策略：

突尼西亞設定國會「青年參政保障名額」：自二〇一四年起，政黨不分區國會議員名單前四名中，至少要有一位年齡低於三十五歲。

奧地利和巴西將投票年齡從十八歲調降到十六歲，理由是人口平均壽命增加，使得老年選民的利益系統性超過沒有投票權的青年。

加拿大政府在青年倡議團體的推動下，自二〇一九年起開始對政府預算的「跨代衝擊」進行監測和評量。

英國政府在氣候變遷委員會的建議下，將二〇五〇年淨零碳排放目標入法，藉此建立「承諾機制」。

自一九九七年起主掌英國官方利率的英格蘭銀行貨幣政策委員會，保護重要政策領域不受短期政治干預。

新加坡設置未來策略研究中心（Centre for Strategic Futures），做為總理辦公室的重要智庫，以培養更有效的預測能力[53]。

許多上述政策的問題在於不夠徹底，沒有挑戰根深柢固的權力結構。像英國的貨幣政策委員會這種不需負責的機構，九名現任委員中有四名曾任職於大型投資銀行，是否真能為後代的利益著想？設定國會青年參政保障名額，是否真能防止科技公司和石油公司利用金錢遊說的力量，推動有利於它們的法案與政策？

這些問題的答案都是「應該不能」，這就是我們必須提倡上述四項深度民主創新設計的原因，唯有推動深層的結構改革，才能更有效地根除在政治體制裡根深柢固的短期思維。

然而，徹底的政治改革寥若晨星，通常需要各路因素匯流，才能成功推動轉型[54]。我們必須提出力量強大又深具遠見的想法來取代既有體制，如自治城邦、跨代權利、公民議會及未來守護者等想法，但這只不過是第一步。這些想法必須有積極有效的社會運動支援，並獲得廣大民眾的支持。如果有戰爭或金融崩潰等危機發生，威脅到把持體制的階級，打擊他們的力量與權力，也會有利於政治改革。接著再加上科技變遷、經濟轉型、高明策略，還有一點運氣，就可能實現願望。

儘管障礙重重，但推動深度民主的力量已經產生新的大眾對話，藉此移動「奧弗頓之窗」（Overton Window），也就是任何時刻為主流政治接受的政策範圍。自從青年氣候罷課等反抗運動興起後，政府面臨巨大的經濟去碳化壓力。二〇五〇年淨零碳排放目標愈顯疲弱保守，而二〇三〇年代等以前聽起來很極端的年限，現在則變得再正常不過。奧弗頓之窗已經移動很長一段距離，或許這不僅能促進多國進行國內政治轉型，更能敦促國家政府在國際談判桌上提出更大膽的承諾，以制定解決全球危機的機制。

許多國家的時間反抗軍將會面臨政治惰性與強大既得利益的挑戰，但有些國家的時間反抗軍會逐漸取得各項進展，並開始改變民主的樣貌。請各位打破「仁慈獨裁」的迷思，不會有仁慈的獨裁者前來拯救我們，我們必須冀望於政治時間反抗軍的開創精神。

第十章

生態文明

——從投機資本主義到再生經濟

東京往西開三小時的車程，有一座山間渡假村，村內有家與世隔絕的溫泉旅館，名叫西山溫泉慶雲館，它是全世界最古老的旅館，自西元七〇五年起就開始以榻榻米房間迎接住客。日本擁有許多經營超過一千年的古老企業，包括釀酒廠、和服製作坊及神社建築公司，還有三千多家企業已營運超過兩世紀，其中有很大一部分是家族企業，這些家族企業一代又一代傳承所有權和傳統技藝，讓企業得以永續經營[1]。

日本有些大型企業也擁有長期願景，如軟銀集團（SoftBank），集團創辦人孫正義曾說：「我們要創辦一家能持續成長三百年的企業。」他有一支名為願景基金（Vision Fund）的旗艦基金，規模達一千億美元。願景基金專門進行各種具有遠見的投資，標的產業包括機器人、自駕車、衛星科技及基因體研究。孫正義很喜歡人工智慧，認為「人工智慧的淘金潮即將到來」，不久後「地球將會成為一部巨型電腦[2]」。

如同華倫・巴菲特（Warren Buffet）等專業投資人，孫正義被認為是企業思維愈來愈重視遠見的證明。麥肯錫（McKinsey）的報告指出：「有遠見的企業長期財務績效較為強勁。」重視長期成長目標並投資研發的企業，表現優於一心執著季度目標或提升股價的企業。二〇〇一年至二〇一四年，有遠見的企業營收比短視近利的企業高出四七%，獲利高出八一%，而且遭遇金融危機時更有韌性。長期思維顯然也有利於經濟，根據麥肯錫估計，如果美國所有上市公司都採取長期策略，國內生產毛額將提高〇・八%[3]。

在此，必須停下腳步思考一下。

這些數據的問題在於，都假定長期經濟思維的目標就是財務報酬和經濟成長，本章則採取另類觀點，提出一個截然不同的目的：建立能一代又一代在地球生物物理範圍內滿足人類需求的全球經濟，我們的目標應是建立一個「生態文明」（Ecological Civilization）。有遠見的經濟思想家大衛・科爾頓（David Korten）說，生態文明「能在和地球的自然再生系統保持平衡的狀態下，為全體人類帶來物質與精神上的富足[4]。」

我們是否真能戒掉金錢獲利、國內生產毛額成長及消費文化的癮頭，採取尊重大自然的經濟願景？有一批新出現的時間反抗軍正以此為目標，他們不是孫正義或巴菲特等著名的投資人，而是來自巴西、孟加拉和比利時等國的生態經濟學家、都市規劃師及披荊斬棘的社會創業家。有愈來愈多人加入他們的行列，但是他們卻面臨艱鉅的挑戰，這場剛萌芽的抗爭非常脆弱，一不小心就會被既有體制打敗。以歷史經驗而言，他們成功的機率並不高。他們究竟面臨什麼挑戰？他們如何思考？又要透過什麼措施來推動長期再生經濟？

投機金融和大賣空

總之，以下就是問題所在：自一九八〇年代柴契爾夫人（Margaret Thatcher）和隆納・雷根總統（Ronald Reagan）的自由市場意識形態席捲全球以來，新自由主義典範便主宰經濟思想，但新自由主義有一個與生俱來的基因，就是短期思維。

這個基因最充分的體現，就是新一代的投機資本主義誕生。傅利曼等新自由主義經濟學家提倡的解除管制，讓人有機會在市場中賺取暴利，但也導致市場經歷一連串災難性的景氣循環，如一九八七年黑色星期一、一九九七年亞洲金融風暴、二〇〇〇年網路泡沫化、二〇〇八年全球金融海嘯，造成數百萬人失去生計和住房。一九七〇年至二〇一六年，紐約證券交易所（New

York Stock Exchange）的平均持股期間從五年下跌到只有四個月[5]。數位科技更是主張金融時間視野的縮小，一八一五年，羅斯柴爾德家族（Rothchilds）靠飛鴿傳書得知滑鐵盧戰役的結果，憑藉這則資訊在金融市場從事交易；今日的光纖和微波網路不出一毫秒就能完成股票交易（比眨眼的速度快三百倍），我們活在「大賣空」（Big Short）、賺快錢及瞬間演算法的時代[6]。

新自由主義亟欲透過私有化減少國家干預，這同樣也體現短期思維。尤其是從一九九〇年代以來，許多富裕國家和貧窮國家在國際貨幣基金（International Monetary Fund, IMF）施壓下，把鐵路、水利設施及發電廠等價值數十億美元的政府資產販售給私人組織。這種策略或許能立即解決政府債務問題，但長期而言卻造成政府失去應傳承給後代的公共資產。

金融業日益強大的影響力也助長短期思維。二〇一一年，全世界五十大跨國企業中，就有四十五家是銀行或保險公司。銀行逐漸成為製造業、礦業、服務業公司的主要股東，並透過兩個金融壓榨的衡量指標對這些公司施加短期壓力：股東價值和投資報酬率（Return on Investment, ROI）。大型投資人開始逐步增加持有公司的投資報酬率目標，要求達成數個月後或甚至數週後的財務目標[7]。

新自由主義賦予世界一個拒絕未來現實的經濟模型，然而我們不能完全將短視近利的現象歸咎於自由市場主義者，以及認為貪婪真好的華爾街交易員。第二次世界大戰結束後，世界上出現三個主要的經濟發展模型：新自由主義（Neoliberalism）、新自由主義的前身——凱因斯主義（Keynesianism），以及馬克思主義（Marxism）。這三大模型都相信永無止盡的經濟發展是人類進步的方法[8]，這種對成長的信仰正是人類建立長遠未來的最大挑戰。肯尼思・博爾丁（Kenneth Boulding）於一九七〇年代初曾說：「如果有人相信人類能在有限的世界裡實現永無止盡的指數型成長，他不是瘋子，就是經濟學家[9]。」

博爾丁這段巧妙的話，可能激怒主流經濟學家，但卻顯示一種新的經濟思想模型正在崛起，這種模型將人類和地球的長期利益放在中心位置。

羅雷司、甜甜圈及生態經濟學的崛起

如果要了解博爾丁對成長的批評，不需要詢問經濟學家，只要閱讀兒童繪本作家蘇斯博士（Dr. Seuss）在一九七一年出版的經典之作《羅雷司》（*The Lorax*），這本書曾被科學期刊《自然》（*Nature*）譽為「兒童版的《寂靜的春天》（*Silent Spring*）」，講述一個名叫老萬（Once-ler）的生物故事。老萬來到一片美麗富足的土地並做起生意，販賣名為絲呢（Thneed）的衣服，它是很怪異卻很受歡迎的衣物，是由當地的特弗拉樹柔滑樹葉織成。樹木的守護者羅雷司企圖阻止老萬砍下樹木，卻無濟於事。老萬執著於「更大化」自家排放霧霾的絲呢工廠、自己的推車和財富，他回憶道：「我必須成長得更大，所以我就成長得更大。」不久後，樹木被砍伐殆盡，野外生物死亡，水源遭到汙染，老萬的生意沒了。這則環境寓言的唯一慰藉是，最後有位小男孩獲得碩果僅存的特弗拉樹種子，讓荒蕪的土地有機會獲得新生。

這個故事對今日不顧長期後果，不斷更大化的全球消費經濟提出嚴正警告：永無止盡的經濟成長終將遵循《羅雷司》的邏輯。

蘇斯博士或許是早期的經濟學時間反抗軍，但是他並非孤軍奮戰。《羅雷司》成為北美和歐洲家庭床邊故事的同時，有一個新的經濟學派正在崛起，這派經濟學稱為生態經濟學（Ecological Economics），訴求和《羅雷司》同樣激進。多年來，生態經濟學不受重視，我在一九九〇年代初修習經濟學時，根本沒聽過，但是今日生態經濟學正逐漸成為主流。這是好事，因為生態經濟學為我們提供重要的長期經濟願景。

生態經濟學的起源有一個經典的時刻，就是一九七二年出版的《成長的極限》報告。由唐內拉．梅多斯（Donella Meadows）和丹尼斯．梅多斯（Dennis Meadows）領導的麻省理工學院（Massachusetts Institute of Technology, MIT）系統思想家團隊，利用電腦模型證明：「如果全球人口、工業化、汙染、食物生產及資源消耗的成長趨勢維持現在水準不變，人類將於一百年內達到地球上成長的極限。」該報告的結論是，達到成長的極限後，最可能發生的就是文明崩潰、人類福祉徹底衰退，但是如果人類推動重大的政策改革，便有機會平穩轉型為後成長經濟[11]。

當年，這份研究受到許多經濟學家懷疑和嘲笑，但現在許多人認為這份研究準確預測未來。生態經濟學家赫爾曼．戴利（Herman Daly）是推廣這項研究的功臣之一，他提出一個很重要的見解：經濟是大型生物圈中的一個子系統，而這個大型生物圈並不會成長，所以經濟的物質處理量不可能永無止盡地成長，這個觀點給人一種簡單的錯覺，卻能徹底改變大家的觀點。

戴利表示：「人類必須轉型成永續經濟，意識到全球生態系統與生俱來的生物物理限制，以長久保持運作[12]。」換言之，我們消耗資源的速率不能超越地球的自然再生率，製造廢物的速率不能超出地球的自然吸收率。

這個原則聽起來像是常識，呼應第八章討論的單一星球繁榮觀，但一般經濟學課本幾乎不會提到，經濟學課本都把資源使用的生態衝擊當成所謂的「外部性」（Externalities），也就是一種市場價格訊息外的附帶損害。在課本中，所得循環圖等核心圖表都搭配白色背景，而不是以從屬於生物圈的形式呈現[13]。戴利曾講過一則發人深省的故事，他在世界銀行工作時，曾參與製作一九九二年的世界發展報告（World Development Report），標題是「發展與環境」（Development and Environment）。這是一份極具影響力的報告，初稿中有一個圖表，以方框代表「經濟」，搭配慣用的白色背景。戴利在審閱評論中建議繪製另一個代表「環境」的方框，將代表「經濟」的方框包圍住，以凸顯經濟是環境的子集，並受到環境的限制。新版草稿中，「經濟」的方框確實被另一個方框包圍，但外框卻沒有任何標示；定稿中，環境外框則被完全移除，一切回到原點[14]。

幸好時代已經改變了，經濟學革命現在方興未艾，不斷以新模型質疑既有模型對生態的漠視，以及戴利所謂的「成長控」（Growthmania）。新興模型包括循環經濟（Circular Economy）、多元經濟學（Pluralist Economics）、促進公共利益的經濟（Economy for the Common Good），以及去成長運動（Degrowth Movement），其中最知名的是經濟學家拉沃斯（她是我的妻子）的「甜甜圈經濟學」（Doughnut Economics）。拉沃斯的甜甜圈模型（如下頁圖所示）以兩個圓圈組成[15]，受到世界各國懷有抱負的城市、政府及進步的企業和倡議人士採用。甜甜圈的外圈是「生態天花板」（Ecological Ceiling），以地球系統科學家洛克斯特倫與史特芬提出的九個地球極限組成：如果超出氣候變遷或生物多樣性損失等關鍵界線，地球微妙平衡的生命維持系統就會失靈。甜甜圈的內圈叫做「社會基礎」（Social Foundation），內圈之內則是人類福祉短缺，大家缺乏食物、住房及教育等維生基礎[16]。

我們是否能生活在甜甜圈之內？

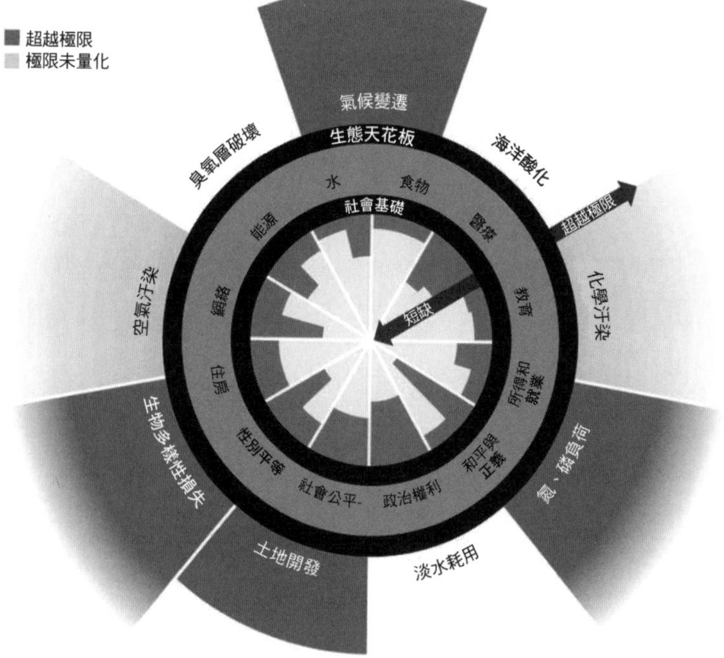

拉沃斯的社會和地球極限甜甜圈（Doughnut of Social and Planetary Boundaries）。社會基礎與生態天花板之間的區域，是「全球人類皆享有安全和公義的境界」，深灰色的部分則代表現今人類短缺與超越極限的程度。

拉沃斯主張，經濟體系的根本目標不應是永無止盡的國內生產毛額成長，而是讓我們進入「全人類都享有安全和公義的境界」；換言之，在不超越生態天花板的情況下滿足人類的需求，將全體人類提升到「社會基礎」之上（也就是沒有人遺落在甜甜圈的內圈之內）。所以，現在的情況如何？以全球層面而言，兩個目標都失敗了，十二項社會層面均面臨短缺，同時又超越四項具有數據基礎的地球極限，這麼駭人聽聞的情勢，就是二十一世紀人類的集體寫照。

進入甜甜圈的願景，體現的就是單一星球繁榮的超我目標，努力在地球維生系統的承載範圍內滿足當代及後代的需求。該目標完全符合這個想法：如果我們要使人類物種延續千秋萬世，首要任務就是向大自然學習，並照顧好自然世界，好讓自然世界照顧我們的後代。甜甜圈著重的不是擴展時間視野，而是照顧好空間，也就是守護地球這個唯一的家園。甜甜圈是一個戰勝短期思維的方法，為人類提供強大的指引，引導我們守護人類未來數十年的幸福。拉沃斯曾說：「這是唯一一個有利人類長期健康的甜甜圈。」

現在我們知道，無盡經濟成長不可能永續，不能再追求這種目標，而是必須在平衡社會極限和地球極限的狀態下追求繁榮，時間反抗軍正採取什麼行動實現這樣的願景？

延長企業經營的時間視野

保羅．波曼（Paul Polman）原本的志向是成為神父，後來卻擔任英國—荷蘭跨國集團聯合利華（Unilever）執行長。從多芬（Dove）香皂到赫爾曼（Hellmann）美乃滋，聯合利華旗下擁有眾多居家產品品牌。波曼在二〇〇九年出任執行長的首日就廢除季度報告，震驚股東。波曼不想要公司每三個月就面臨壓力，被迫證明已達成銷售成長、利潤成長、市占率成長這神聖的三位一體，「我想說，再怎麼樣也不可能上任第一天就被開除。」直到二〇一九年卸任前，波曼領導聯合利華展開長達十年的永續聖戰，將棕櫚油和大豆油等永續原物料的採購比例從一〇%提升到五六%。波曼的計畫是建立把價值與使命看得和獲利同等重要的企業，他曾說：「倫理、為長期做對的事情、照顧社會的企業，才是負責任的企業[17]。」

雖然波曼的永續計畫曾被批評缺乏目標和落實，但他對未來世代生活的重視，比其他企業的執行長更誠懇[18]。現在有愈來愈多企業領導人不只變成「漂綠」大師（Greenwashing，意即把公司宣稱得很環保，卻提不出證據），更成為我所謂的「漂長」（Longwashing）專家（制定長期策略，但為的不是後代的福祉，而是企業的財務表現）。

如果我們要為整體經濟注入長期思維，藉此進入甜甜圈內，不能只仰賴像波曼這種進步企業家的自願行動。波曼這種人可以說是鳳毛麟角，而且終究受限於企業最大化股東報酬的目標（聯合利華亦是如此）。解決這個問題的第一步，就是政府應該改變遊戲規則，制定法規延長企業經濟的時間視野。

其中一個選項就是依持股期間對股票交易課稅，藉此壓制輕率的短期思維。文化思想家暨前矽谷科技執行長朗特曾提出以下稅率：持股未滿一日者，課稅一〇%；未滿一年者，課稅五%；未滿十年者，課稅三%；未滿二十年者，課稅一%；達二十年以上者，不予課稅。朗特表示：「此稅制能在一夕間改變金融產業，高頻股票交易和單日操作將會絕跡，股市的短期傾向將會消失，取而代之的是考慮周全的長期投資決策。」該政策將為再生能源等回收期長的部門吸引大量投資[19]。法國政府已經率先實施這種「時間管制」，針對演算法驅動且執行時間不到半秒的高頻交易課稅[20]。

第二個選項是顛覆「企業的責任就是最大化股東價值」的概念，儘管沒有法律明文規定，但這項責任已變成企業的實質責任。企業經常宣稱想優先落實長期環保目標，但實務上卻窒礙難行，因為股東不斷要脅公司必須將獲利最大化，否則將訴諸法律行動。然而，如果公司章程將長期目標列為法律義務，一切就會改變，雖然短期內很少有國家會推動這種修法，但「B型企業」（Benefit Corporation, B Corp）運動的興起為政府提供指引。獲得B型企業認證的公司採取新商業模式，在使命和獲利之間取得平衡，依法有義務考量公司決策對員工、客戶、供應商、社會及環境的影響。這項計畫目前已有來自五十多個國家的兩千五百家以上企業自願參與，將這些義務寫入公司章程。其中多數是小型企業，但也有若干大型公司，如巴塔哥尼亞（Patagonia）、班傑利（Ben & Jerry's）、Kickstarter、巴西化妝品巨頭 Natura，以及環保清潔用品公司代代淨[21]。

除了修改法規外，還有其他的選項，好比廢除季度報告，或是將執行長的薪酬和短期財務績效脫鉤，但這些政策是否真能將我們帶入甜甜圈的範圍內[22]？很可惜，答案是否定的，這些政策或許有助於延長經濟時間視野，卻無法阻止讓資源消耗率遠遠超出地球生物承載力的所有物質浪費、生態傷害及奢侈消費[23]。朗特坦承道：「這些只是體制的微調，但這個體制終究必須徹底轉型，不過如同小小的舵片能使郵輪轉向，這些微調或許有能力壓制跨國企業的毀滅力，並將它們的巨大能量導向更永續的道路[24]。」

所以更深層的經濟轉型，不只是管制資本主義模型，又是什麼樣子？就要請教領導再生設計運動的時間反抗軍了。

如何掀起再生革命？

歷史上多數挑戰主流經濟體制的運動都以失敗收場，國家社會主義的計畫經濟存活半世紀，但現在也幾乎消失殆盡，十九世紀興起的合作社運動（Cooperative Movement）如今也失去希望，唯有在西班牙蒙德拉貢（Mondragón）等零星地區存活。今日，我們見證另一波挑戰市場體制霸權的英勇運動：再生設計。這波運動才剛開始萌芽，而且成功機率確實渺茫。但是如果真要建立以永續願景取代無盡成長的經濟模型，就必須把再生思維納入核心。

再生設計是一個周全的設計概念，要求我們思考如何將自己的消費、飲食、工作及生活限縮在地球的生物物理範圍內，防止它們摧毀全體生命賴以維生的生態系統，或是將我們推向全球暖化的懸崖。再生設計推廣的技術，能夠復原、再生、恢復其消耗的能源和物料，使這些技術能長期生生不息並保持韌性，能維持數十年乃至數世紀，而非僅僅數個月或數年[25]。今日的再生反抗軍在四大領域努力：循環經濟（Circular Economy）、都會在地生產（Cosmo-Local Production）、能源民主（Democratic Energy）、野化（Rewilding）。

請各位想像一下走進住家附近的購物中心，從襪子到智慧型手機、從棉花棒到去味劑，絕大多數的產品都是由老舊的線性工業設計模型生產。拉沃斯把這種模型總結為「取、製、用、丟」。

我們拿取地球的原料，製成需要的東西，使用一段期間——有時只使用一次，然後丟棄。把我們推到超出地球極限的，正是這種線性的退化經濟模型[26]。

有一種再生設計的替代模型愈來愈受關注，就是循環經濟，透過循環過程，不斷將現有產品轉換成新產品，藉此盡可能減少廢棄物。早上泡咖啡留下的咖啡渣等生物性物料，可以當作堆肥，種植菇類，菇類再送到農場當作牛隻飼料，牛隻吃下後排泄，使其終歸土壤。鋼鐵或塑膠等工業產品的循環過程也很類似，透過維修、翻新、更改用途、回收等手段，不斷重新利用產品。循環系統裡沒有所謂的廢物，只有錯置的資源。本書先前提到，必須將線性時間觀轉換成循環時間觀，而循環經濟也是將線性製造轉換為循環製造，藉此建立地球資源的「永久循環」。

現在數以千計的公司和社會企業正在推動循環觀念。加拿大廢棄物處理公司 Enerkem 從無法回收家庭垃圾裡萃取碳，轉換為綠色生質能源，因此愛德蒙頓（Edmonton）的廢棄物重新利用率高達九〇%，每年的垃圾掩埋量減少十萬公噸[27]。瑞典運動服裝品牌 Houdini 為了證明該公司重視循環，於二〇一八年啟用全球首座衣物堆肥廠，顧客可以把二手有機羊毛衣物丟入堆肥桶，用產出的土壤種植蔬菜，然後享用由自己的舊登山外套培育的餐點。

聽起來很厲害，但問題何在？在循環經濟裡，結束循環並消除環境廢物的成本可能極為高昂，因此 Houdini 的運動服飾售價就比競爭對手高，因為消費者必須完全負擔製造衣物的環境成本。但現實就是，如果沒有發生重大的行為轉變，絕大多數的消費者仍會選擇去普萊馬克（Primark）或H&M購買便宜划算的衣物，而Houdini永遠只能針對小眾市場。因此，我們必須將循環模型推廣到整體經濟。

自造城市（Fab City）運動的目標正是如此，該運動源於二〇一四年，巴塞隆納市長向全球城市提出一項挑戰：二〇五四年前達到「自給自足[28]」。從聖地牙哥到深圳，全球三十多座城市群起響應，不只是推動零碳排放的循環經濟，更是落實「都會在地生產」的創新製造哲學。

都會在地生產是再生設計的第二大概念，基礎原則是「原子很重，位元很輕」：我們必須在地製造產品（由原子組成），以降低運輸成本和能源消耗，但產品的設計（由資訊位元組成）可透過開源數位平台向全球募集。我們常聽到Linux、Drupal、Firefox等開放原始碼軟體，但自造城市運動著重的是開放原始碼硬體，如波蘭裔美籍發明家馬辛・雅庫博夫斯基（Marcin Jakubowski）發明所謂的「地球村建構套裝」（Global Village Construction Set），內含由社群共同開發的設計圖，提供免費下載，讓使用者以低於市場數倍的成本製造曳引機與3D列印機等五十種重要機械設備。雅庫博夫斯基表示：「我們的目標是建立一個共享設計庫，內含清楚又完善的設計，一張光碟就是一個文明建造工具包[29]。」他的努力啟發許多計畫，如開放建築學院（Open Building Institute）和維基住宅（WikiHouse）都提供可在地製造、在地建造的模組化低價生態住房。從貝南到奈及利亞，非洲各地的創客空間皆有類似組織出現[30]。

如同許多轉型思維，都會在地生產的概念面臨既有經濟體制的扼殺。許多人都想訂購平價低碳的住宅，像宜家家居（IKEA）產品那樣以扁平盒裝寄來，不出數個月便能組裝完工，但現在都市房價高昂，除非住在數英里外的荒郊野外，不然怎麼買得起建造住房的土地？我們確實不應過度期待都會在地生產，但比利時點對點經濟（Peer-to-Peer Economy）大師米歇爾・包文斯（Michel Bauwens）認為，除了在地生產有能力「徹底降低人類在自然資源上的足跡，把自然資源保留給未來世代和地球上所有生物[31]」外，都會在地模式具有強大的適應力與靈活性，能創造因地制宜又適應改變的經濟：取決於在地居民的科技創新能力，每座採取都會在地生產模式的城市都會呈現不同的樣貌。

當然，完全再生的經濟將百分之百使用太陽能、風力、潮汐等再生能源。如果要達成將全球均溫升高控制在攝氏一・五度內的目標，至少必須在二十年內實現能源系統完全去碳化。許多城市已取得重大進展：從坦尚尼亞三蘭港（Dar es Salaam）到巴西古里提巴（Curitiba），全球已有一百多座城市的再生能源發電占比超過七〇%[32]。但更令人振奮的發展，則是社會理論家瑞夫金所謂的「能源民主化[33]」，能源民主化是指再生能源電網的普及，讓家家戶戶都能自行利用太陽能發電，並透過點到點的水平網絡，將多餘的電賣給鄰居。推動這項政策的不只是德國

▲布利高里尼（Buri Gaolini）等村莊的婦女是孟加拉農村能源革命的先鋒，負責安裝並維護太陽能面板。（Alamy / Joerg Boethling）

等富裕國家，孟加拉政府推動「群眾通電」（Swarm Electrification）計畫，培訓數萬人成為村落裡的太陽能工程師，為四百多萬戶家庭安裝太陽能發電設備，其中有許多工程師是貧窮的鄉村婦女。二〇三〇年，全孟加拉將有超過一萬個微型電網系統，連結生產太陽能電力的家戶，推動全球成長最快速的太陽能革命[34]。

該模型的優勢在於分配性和再生性，與家家戶戶都仰賴營利的大型私人能源公司輸電相比，這種模式更公平，它將發電的能力分配給民眾，藉此將民眾拉到甜甜圈的社會基礎之上[35]。能源民主化對政治的影響也極為深遠，微型電網可以強化社群凝聚力。隨著能源生產、能源所有和能源分配在地化，居民可能會進而思考其他事物是否也能在地化，包括政治決策權。綜觀歷史，政治體制經常受到能源系統的影響，如同十九世紀礦業的發展，導致工會力量興起，促使工人爭取權利，二十一世紀由在地社區主導的太陽能革命，或許可引發政治權力的徹底去中心化，進而推動長期思維[36]。相反地，如果家戶選擇儲存太陽能發電，而不是分享給鄰居，或是再生能源發電被大型公司主宰（許多國家都有這樣的趨勢），太陽能革命可能就永遠無法發揮民主化潛能。

第四個再生設計概念是，過去十年興起於蘇格蘭、南非、羅馬尼亞等世界各地的「野化」運動。野化運動之所以崛起，部分原因是傳統保育團體的失敗。過去一百多年來，保育人士主張我們肩負守護地球的重責大任，必須將完好如新的地球傳承給後代。這聽起來是一項崇高的抱負，符合追求在大自然承載範圍內發展的超我目標，但是有人批評許多保育團體不經意地罹患所謂的「基線漂移症候群」（Shifting Baseline Syndrome）。

生態學家喬治．蒙比爾特（George Monbiot）解釋：「每個世代的人都會把自己兒時的生態系統狀態當作正常狀態。」因此，保育人士經常呼籲人類將魚類和動植物復育到自己年輕時的生態基線，殊不知那樣的生態基線可能已經是嚴重消耗後的結果。例如，英國有許多人提倡要保護英國的高地荒原，但其實這些荒原以前是野生動植物豐富的森林，卻被數世紀的牧羊業摧毀殆盡。蒙比爾特認為：「保育運動雖然立意良善，卻將活生生的系統凍結在某個時間點。」

因此，他和許多人士較喜歡「野化」而非「保育」。野化的概念不是將自然環境恢復到從前某個記憶裡的狀態，而是透過復育動植物，恢復該地的生態機制，復原成野地。最經典的案例就是黃石國家公園的狼群復育計畫。一九九五年，黃石國家公園重新引進狼群，產生促進生態再生的營養瀑布（Trophic Cascade）：狼群防止饑餓的鹿吃掉樹苗，讓樹林得以恢復，樹林恢復後，鳴禽、河狸及食物鏈更下層的生物也會跟著復育[37]。

野化運動的目標不只是野地再生或保持生物多樣性，更為全球氣候危機提供「自然碳解決方案」（Natural Carbon Solution）。該方案用的不是碳捕捉封存（Carbon Apture and Storage）等高科技，而是更古老卻更有效的二氧化碳吸收法：樹木。野化具有龐大的碳固存（Carbon Sequestration）效益，如果搭配再生農業等自然方案，泥炭地和石楠地等區域的野化，能貢獻二〇三〇年將全球溫度升高控制在安全範圍內所需之溫室氣體減量的三分之一，但在目前的減量經費裡，野化計畫只占二・五%。英國重歸荒野（Rewilding Britain）組織的研究顯示，如果將農業補貼經費的三分之二轉移給野化計畫，每年就能固存四千七百萬噸的二氧化碳，超越英國現在碳排放水準的一〇%[38]。當然，野化並非唯一的解決方案，減少肉類攝取、終止化石燃料運輸、加強住宅隔熱等做法，也能大幅減少碳排放，但樹木的再生潛能提醒我們，人類長遠的未來或許源於重新發現「樹木時間」的深層奧妙。

這四個再生策略非常創新也非常啟發人心，但我們必須面對令人氣餒的現實：時間反抗軍的對手是強大的經濟和政治力量，他們努力對抗企業行為、金融投機、沉迷於季度成長目標無法自拔的政府，以及用過就丟的消費文化。再生革命的障礙是如此巨大，今日的我們回顧昔日，能清楚看見工業革命的發生。一世紀後的人類回顧今日，是否也能同樣看見再生經濟革命的興起？

機會不大，但是仍有機會。再生技術才剛在全世界各地萌芽，屬於經濟轉型的初期階段，目前還很脆弱、零碎又不穩定。十八世紀工業革命初期亦是如此，就連亞當・斯密（Adams Smith）等知名學者都沒有發現工業革命正在眼前展開。

有些政府開始採取不一樣的思維，為再生革命帶來希望。荷蘭政府正在推動一項突破性計畫，目標是在二〇三〇年前將原物料的消耗量減半，並於二〇五〇年前建立循環經濟[40]。瑞典已設定嚴格的「世代目標」，希望能在本世代解決國內嚴重的環境問題；芬蘭則計劃於二〇三五年前達成碳中和；紐西蘭、蘇格蘭及冰島等幸福經濟政府聯盟（Well-Being Economy Governments）成員國正在研發新型發展指標，衡量的是整體幸福而非經濟成長；不丹等國家已開始計算國民幸福總值（Gross National Happiness），而有些國家則籌備推動綠色新政（Green New Deals）。

然而，最大的挑戰是解決經濟學在二十一世紀面臨的核心衝突：追求經濟成長的同時，避免超越地球的生態承載範圍。全世界的政府都必須面對這個難題，有一個國家已經下定決心要解決，就是長期願景備受矚目的中國，該國已設立目標，要建設全世界第一個生態文明。中國有什麼值得學習之處？

中國能否建設生態文明？

中國有一個名叫「愚公移山」的傳統寓言故事，毛澤東很喜歡這個故事。有位九十歲的老人受不了兩座山擋住出門的路，於是下定決心用鋤頭劈土斬岩，夷平兩座山。許多人嘲笑他異想天開，但他卻說，在自己的努力及子孫的努力下，這兩座山總有一天會消失。他的毅力感動神明，神明於是下令分開兩座山[41]。

中國文化充滿這類讚揚長期觀點的寓言，為中國塑造古老文明的形象，擁有前後延伸數百年乃至數千年的時間視野，相較之下，西方文化則沉溺於當下。有人曾在一九七二年詢問中國領導人周恩來對法國大革命的看法，周恩來的回答很經典：「現在下結論為時過早。」後來，他澄清當下以為對方是指一九六八年的巴黎學生暴動，但是這則軼事更強化了「中國人以世紀為思考時間」的形象，而其他國家則盯著時鐘上的秒針不放。然而，今日的中國都市化速度已達瘋狂地步，長期思維蕩然無存，許多新建築竣工後不到二十年就會被拆除重建，而都市規劃師則將喀什老城區和上海老西門等歷史城區夷為平地。

不過中國的確配得上善於長期思維和長期規劃的美名，尤其是在基礎建設與產業政策方面。中國國家領導階層堅信，中國的成功主要因為政治體制能「集中力量」推動長期的發展計畫和議程，不像民主國家必須不斷面對選舉與政黨輪替[42]，中國國家主席習近平曾說：「我們最大優勢是社會主義制度能集中力量辦大事[43]。」

這類長期計畫包括長江三峽大壩，以及浩大的南水北調工程，後者是一項於二〇〇二年開始的運河計畫，目的在將水資源從降雨豐沛的南方輸送到乾旱的北方，預計於二〇五〇年竣工。此外，中國的一帶一路倡議也推動許多基礎建設與發電計畫，要將中國的經濟影響力延伸至中亞、非洲及歐洲。中國最新的科技五年計畫裡，除了有傳統的巨型工程計畫外，更提出巨型數位計畫，預計於二〇三〇年前成為大數據、網路安全、人工智慧、智慧城市等領域的全球領導大國[44]。

除了這些倡議外，習近平更是宣布中國決心於未來三十年內成為「生態文明」，堅持「人與自然和諧共生」，並「造福後代」[45]，西方世界很少有政府能提出如此遠大的目標。實務上，中國將大量投資再生能源、處理空氣汙染及水源汙染，並推動大型造林計畫。近期的一項計畫是在東部淮南市的採煤沉陷區，建設全球規模最大的水上漂浮式太陽能發電站，裝置能量可供十萬戶家庭用電[46]。中國的改革速度極快：根據綠色和平的數據，中國每小時建設相當於一座足球場大小的太陽能面板，每小時修築超過一台風力發電機[47]。中國明白必須盡速採取行動，因為氣候科學家警告，中國在未來幾年將面臨高於平均的海平面上升、洪水、乾旱及糧食不安全等危機[48]。

建設生態文明代表邁向配合地球自然系統的再生經濟，但這卻和中國政府極為重視經濟成長的政策互相矛盾[49]。習近平的主要政策之一叫做「兩個一百年」計畫，計畫的第一個目標是在二〇二一年全面建成小康社會（配合中國共產黨建黨一百週年）；第二個目標則是在二〇四九年前成為高度發展的富強經濟體（配合中華人民共和國成立一百週年）。後者體現的是教堂思維，值得尊敬，但完全取卻於中國能否維持每年六％的高速成長，一直持續到本世紀中[50]。

這就是問題所在，鮮少證據證明國家能在維持強勁指數型成長的同時，實現建設生態文明的願景。中國的確有漂浮式太陽能發電站，但煤消耗量也占全世界一半、石油消耗量占全世界三分之一、水泥消耗量占全世界六〇％[51]，還有鋼鐵產量、農藥用量、化學肥料用量、木材用量也都占世界第一，這不只是因為中國很大，更是因為其產業模型仍高度仰賴化石燃料與有毒化學物質。即便根據樂觀預測，中國到了二〇四〇年仍有四七％的電力來自燃煤發電（現在約為七〇％[52]）。同時，中國更將大部分的化石燃料依賴外包給其他國家：二〇〇一年至二〇一六年間，中國藉由一帶一路倡議，參與二十五國，共兩百四十座燃煤發電廠的建設。中國人民富裕後，就想要更多的汽車、暖氣設備、肉類及消費性電器，而這些全都會提高能源消耗，加速環境惡化[53]。誠如經濟學家理查・史密斯（Richard Smith）所言：「習近平可以建設生態文明，也可使中國成為富裕的強權，但是無法一舉兩得[54]。」

相信「綠色成長」的人主張這兩項目標是相容的，但目前全世界沒有任何一個國家能在追求成長的同時，讓溫室氣體排放減量達到避免危險氣候變遷的水準，即使科技再高明，目前也無法讓經濟成長和超越地球承載範圍的資源消耗「脫鉤」。若干國家已達成極小量的「絕對脫鉤」，但也都是逐步增加，遠遠不及十年內將全球二氧化碳排放量減半所需的水準[55]。能源科學家瓦克拉夫・史密爾（Václav Smil）表示：「經濟學家會說，我們可以將成長和物質消耗脫鉤，但這完全是胡說八道[56]。」

面對這個難題的國家不只是中國，所有的高所得和中所得經濟體都面臨同樣的問題。中國領導階層必須面對一個真相，就是經濟成長和生態文明的雙重目標可能在本質上互斥。道家古老的陰陽觀認為，兩股相反的力量能和諧且平衡共存，兩者都屬於整體的一部分，但經濟成長與生態文明這兩股力量似乎並非如此。中國或許會成為例外，習近平或許會因為成功融合這兩個目標而留名青史，但是即便他集政府大權於一身，仍需要神明幫助才能移開大山。

再生經濟不是富國的特權

循環經濟和其他再生經濟設計背後的時間反抗軍，或許可以解除我們面臨的文明困境，並推動經濟轉型，脫離永無止盡的國內生產毛額成長，實現科爾頓所謂「能在和地球的自然再生系統保持平衡的狀態下，為全體人類帶來物質與精神上的富足」。然而，這些時間反抗軍是在以小博大，一不小心就會輸給成長上癮的現行體制。

如果他們敗陣，世界一切持續照舊，我們就必須準備好面對後果，對後果也已經見識一二。紐約市於二〇一二年遭到珊迪颶風（Hurricane Sandy）侵襲，數十萬低收入和弱勢家庭缺乏電力與醫療，而高盛集團總部則受到數萬袋沙包保護，並透過自己的發電機供電。聯合國赤貧和人權特別報告員（UN Special Rapporteur on Extreme Poverty and Human Rights）菲利普·奧斯頓（Philip Alston）表示，這體現了「氣候階級隔離」（Climate Apartheid）的危險。富裕階級花大錢逃避過熱、饑餓和衝突，而剩下的人類則受苦受難[57]，如同《超世紀諜殺案》（*Soylent*

Green）、《極樂世界》（*Elysium*）、《危牆狙擊》（*The Wall*）等反烏托邦科幻作品描繪的。

最頂層的一％擁有全世界一半的財富，他們或許能逃避全球生態危機，但多數人類卻做不到，尤其是貧窮人口，無論是高所得或低所得國家皆然[58]。這就是我們必須堅決建設再生經濟，讓生活保持在地球的承載範圍內，同時將所有人類帶到甜甜圈中社會基礎之上的原因。這不只是本世代的經濟和社會正義，更是跨世代的正義，保障當代與後代都能擁有面對氣候災難的手段和韌性。

有些低所得國家主張，自己無法建立再生經濟，認為當下要務是推動經濟成長，協助國內人民脫離貧窮和匱乏。再者，已開發國家過去兩百年來不斷燃燒化石燃料，難道開發中國家就要被剝奪燃燒化石燃料的權利？

的確，歷史上的碳排放大國必須負起大部分的減碳責任，這是長期思維的基本要求，然而再生經濟不只是富裕國家的特權。孟加拉的去中心化太陽能產業顯示，低所得國家也能在地球生態的承載範圍內提升人民的經濟福祉。再生設計或許可讓低所得國家越過舊有的工業資本主義模型，建立更乾淨、更公平、視野更長遠的新型經濟。這種經濟已經萌芽，並企圖在裂縫和縫隙中開花，新芽可能會被踩踏，但如果努力培養，或許有綻放的機會。

第十一章

文化演化

——說故事、設計與虛擬未來的興起

人類物種的存活仰賴周遭生物圈，生物圈賦予我們氧氣和其他生命所需的基礎。但人類學家韋德．戴維斯（Wade Davis）認為，我們的周遭還有一層「族群文化圈」（Ethnosphere）。族群文化圈提供的是文化空氣，包含流動於社會中各種思想、信仰、傳說及觀念，這些元素組成的世界觀形塑我們的思考與行為[1]。

族群文化圈透過「文化演化」（Cultural Evolution）的過程，不斷在流動、不斷在變化。文化演化是另一個有用的長期思維概念。族群文化圈內，某些思維會在某些時期成為主流，但之後又會被新思維取代，如二十世紀末由於新自由主義和消費資本主義的興起，共同價值（像是社會正義）逐漸被個人主義取代，個人主義成為西方族群文化圈的主流價值觀。同一時期，世俗價值也開始挑戰宗教信仰，爭逐優勢地位。

文化演化和生物演化有三大差異：其一，文化演化可能是刻意選擇的結果，我們可以主動形塑族群文化圈的發展方向；其二，文化演化的速度遠高於生物演化，讓我們能適應變化莫測的環境，如氣候危機與貧富不均擴大的挑戰；其三，生物演化可以透過自然選擇將新特徵嵌入生物的去氧核醣核酸（DNA），讓後代天生就具有遺傳，但文化演化必須一代又一代地重新產生，透過教育體制、其他制度及運動來灌輸價值觀與思想[2]。

這和短期思維與長期思維之間的拔河有什麼關係？我們正處於文化演化的重要關頭，時間反抗軍在族群文化圈內，把新的思想和做法散播於各個文化棲息地，包括視覺藝術與制度性宗教。如果有時空旅人從一八二〇年穿越到二〇二〇年，必定會震驚於高速的日常生活步調和嚴重的數位分心，但也會很訝異我們竟然花那麼多時間在想像或思考數十年乃至數百年後的未來。這些思想體現於電影、學校教學、報章雜誌、教會講道、電玩遊戲及虛擬實境中，這是文化時間反抗軍的功勞。

因此平行於主流的短期思維，一種更為長遠的當下正在興起：人類歷史上從來沒有一個時期如此關心未來的世界。無論是出於希望還是恐懼，我們的心境已開始發生深遠的轉變，我們正開始呼吸長期思維的空氣。

這波文化轉型背後的反抗軍領導者是誰？他們的策略為何？他們是否能激發人類橡實腦的潛力？本章將帶領各位讀者見識今日長期思維中最具創意與顛覆性的文化領域，首先要介紹的是極為古老的人類行為：說故事。

科幻作品和說故事的力量

雖然政治和經濟的時間反抗軍在一九七〇年代才出現，但小說家與電影製作人從一百多年前就開始將想像力延伸到未來。早期，狄更斯的《聖誕頌歌》（*A Christmas Carol*）描寫未來的聖誕幽靈（Ghost of Christmas Yet to Come）帶著吝嗇的艾比尼澤·史古基（Ebenezer Scrooge）看見小提姆（Tiny Tim）的死亡，以及自己孤伶伶的墳墓，但真正躍入未來的是十九世紀末的兩位科幻小說鼻祖——朱爾·凡爾納（Jules Verne）與威爾斯。我們現在經常把科幻小說稱為「推想小說」（Speculative Fiction），時光旅行、人類登月、太空迷航等詞彙已成為日常用語。

今日科幻作品似乎有點氾濫，好萊塢不斷推出新的末世科幻大片，例如《明天過後》（*The Day After Tomorrow*）講述氣候變遷產生的巨大風暴，導致地球進入新的冰河時期。這種「末世娛樂」（apoco-tainment）產業的確很容易受到鄙視，因為他們的電影充滿情緒與科技上的刺激感，卻無法在我們和未來人類的命運之間建立深度連結。然而，這個領域也不乏許多嚴肅深思作品在探索未來情境，例如瑪格麗特・愛特伍（Margaret Atwood）的小說《使女的故事》（*The Handmaid's Tale*）和續集《證詞》（*The Testaments*），以及改編自菲麗絲・桃樂絲・詹姆斯（P. D. James）原著小說的電影《人類之子》（*Children of Men*），描寫人類集體失去生育能力，二十年後社會已瀕臨崩潰，人類物種滅絕危在旦夕。

里斯本大學（University of Lisbon）的學者率先開始系統性研究科幻作品，分析過去一百五十年來六十四部最具影響力的科幻電影和小說，包括葉夫根尼・薩米爾欽（Yevgeny Zamyatin）的《我們》（*We*）、弗里茨・朗（Fritz Lang）的《大都會》（*Metropolis*）、勒瑰恩的《天鈞》（*The Lathe of Heaven*），以及詹姆斯・卡麥隆（James Cameron）的《阿凡達》（*Avatar*）。研究人員將作品內容歸納成兩百多種主題類型後，便發現一個明顯的趨勢，二七％的樣本把科技描繪成操縱和社會控制的工具、三九％出現世界毀滅、二八％出現嚴重食物短缺，以及三一％描寫反抗運動對抗高壓的政治體制與極度的不平等。該研究的其中一項結論是，推想小說和推想電影不只是協助我們想像抽象的「未來」，並預知產生連結，更告誡我們必須當心資源耗竭或科技的風險，警告世人的效果遠遠高於冷冰冰的科學分析或長篇大論的政府報告。科幻作品能改變我們，鼓勵自己參與政治、關心社會改變。論文寫道，科幻作品可以「向權力表達真理」，並推廣「謹慎和負責的倫理[3]」。

科幻作品是虛構、是娛樂，但也可能是寓言。金．史丹利．羅賓遜（Kim Stanley Robinson）以政治描寫細膩的暢銷小說《紐約二一四〇》（*New York 2140*）和《極光》（*Aurora*）探討全球幻化的衝擊和殖民外星球的挑戰。羅賓遜曾說，寫作的目的是訴說「下一個世紀的故事」，他撰寫的所有科幻小說都是以最新的氣候與科技研究為基礎，雖然和其他文學小說一樣會探討人性的弱點，但最主要的目的是敲響警鐘，協助了解未來將面對的危機，並啟發我們立刻採取行動來防制或減緩危機，羅賓遜表示他的著作是「描寫當代的寫實主義小說[4]」。

如果要舉例說明科幻小說的「預警」力量，莫過於史塔普雷頓在一九三七年的預言式傑作《造星者》（*Star Maker*）。小說裡有一顆酷似地球的遙遠星球，名叫Other Earth，上面居住著人類。有一天，星球上的地質學家發現一塊一千萬年前的石板，上面的刻圖類似人類社會的無線電收音機。

居民不敢相信星球上曾出現和他們一樣先進的人類文明，但後來崩潰並消失，於是自我安慰地認為留下這些圖像的人必定很聰明卻不夠強壯，其文明只經歷短暫的輝煌。史塔普雷頓寫道：「大家都認為人類一旦達到文化頂峰，就絕不可能衰落。」

該星球上的人類最終命運為何？他們的社會非常奇特，無線電科技發達到每位居民都隨身攜帶無線電接收器，他們把接收器放在口袋中，只要觸碰接收器就能刺激大腦。人們可以透過「無線電—大腦—刺激」體驗虛擬大餐帶來的感官愉悅，在零風險狀態下參加刺激的機車競速、隨心所欲地旅行，甚至還能享受無線電傳輸的虛擬性愛。史塔普雷頓寫道：「這種娛樂太厲害了，無論男女，大家都隨時隨地一手放在口袋裡。」最後，「有人發明一套系統，讓人可以一輩子躺在床上，永久接受無線電節目」。

Other Earth 政府馬上就發現，可以利用「無線電天堂」（Radio Bliss）這個虛擬世界，透過接收器播送民族主義政治宣傳，將敵人妖魔化。結果，星球爆發毀滅性戰爭，不久後科學家更發現星球的重力場疲弱，導致大氣逐漸流失珍貴的氧氣。沒有氧氣，生命就無法生存。星球居民向來自信滿滿，認為自己的文明能以「獨特的科學知識」克服任何困難，但無線電引發的戰爭卻讓科學發展倒退至少一百年，導致星球上的居民沒有時間解決大氣流失的問題，他們的命運就是走向滅絕[5]。

這本小說成書於八十多年前，卻是最適用於本世代的寓言故事，心不在焉地用手指滑著數位版無線電天堂的我們，是否會成為另一個失落文明，堆疊於岩層之中，讓未來地質學家探索？

用藝術、音樂及設計想像未來

走過羅浮宮（Louvre）、烏菲茲（Uffizi）等文藝復興美術館，會發現鮮少有作品想像未來世界的樣貌，但是走進當代概念藝術館，就會看見許多未來類型的作品在探索人類和未來的各種關係，讓我們的時間視野遠遠超出此時此地。有一支時間反抗軍正在動搖藝術世界的根基，發揚時間表現主義，若干案例如下：

- 亞瑟．甘森（Arthur Ganson）的裝置作品《水泥和機器》（*Machine with Concrete*），以十二個相連的齒輪組成，第一個齒輪的轉速為每分鐘兩百轉，下一個齒輪的轉速為前一個的五十分之一，最後一個齒輪嵌入一塊水泥，每兩兆年才會轉一圈。
- 凱西．海恩斯（Cathy Haynes）在倫敦一處公園內成立堅時之島（*Stereochron Island*），一個沒有時鐘的國家，讓國民重新建立太陽日之間的循環關係。
- 約翰．凱吉（John Cage）的跨代音樂作品《愈慢愈好》（*As Slow as Possible*）現在正於德國哈爾貝爾斯塔特（Halberstadt）以管風琴演奏，預計於六百三十九年後結束。一聲和弦於二〇〇六年一月響起，持續兩年半後才起奏下一個音符，最後一個音符將於二六四〇年彈奏。

三神良之與世界自然基金會（World Wildlife Fund）合作，設計瀕危動物的照片。照片的像素量取決於該物種在野外僅存的個體數量，貓熊的照片只有一千六百個像素。

二〇一九年四月，冰島科學家首開先河，為消失的OK冰河（OK Glacier）設置紀念牌，警告冰島所有的冰河將於兩百年內消失殆盡。

蘇格蘭科學家凱蒂·帕特森（Katie Paterson）是極為傑出的時間表現主義藝術家，她以時間本身做為材料，創作一系列的驚世之作[6]。《瓦特納冰原（的聲音）》（*Vatnajökull (the sound of)*）以水底麥克風讓民眾撥打電話，收聽冰島一條冰河融化的聲音；《化石項鍊》（*Fossil Necklace*）的珠子是由來自深度時間的化石組成，包括撒哈拉沙漠的海星、阿特拉斯山脈的巨型蜥蜴牙齒、早已滅絕的英格蘭披毛犀趾骨。帕特森的作品裡，最吸引大眾目光的是《未來圖書館》（*Future Library*）。這是一項長達百年的藝術計畫，從二〇一四年起持續一百年，每年都會有一位知名作家捐獻一部新的原創作品給圖書館，作品將以信託形式持有並封存，做為給後代的贈禮。二一一四年，這一百本書將會付印，印製用的紙張則是來自奧斯陸近郊一千棵專門為此種植的樹木。愛特伍是其中一位捐獻作品的作家，她說：「這有一種神奇的感覺，有點像是《睡美人》（*Sleeping Beauty*），這些作品將會沉睡一百年，然後醒來，獲得新生[7]。」

《未來圖書館》是超我傳承的精髓，把文學作品留給二十二世紀的讀者欣賞，屆時多數參與計畫的作者早已逝世。這令我們不禁思考一個能建立跨代連結的問題：這些讀者會是誰？他們身處的世界長什麼樣子？紙本書籍是否還存在？他們會如何評價我們和我們傳承的東西？如同坐落在德州沙漠的萬年鐘，《未來圖書館》的樹林註定會成為朝聖之地。我告訴帕特森，她是領導全球跨世代正義運動的時間反抗軍，企圖解除當代對未來的殖民。她當下聽了有點錯愕，但是馬上就侃侃而談，和我聊起全球氣候抗議活動，討論凝視深度時間如何促使我們體認到自身摧毀生態行為造成的危害。帕特森的藝術充滿時空奧妙又別出心裁，帶有深遠的政治含意[8]。

伊諾的作品採取截然不同的長期思維策略，他的作品《七千七百萬幅畫作》（*77 Million Paintings*）投影在雪梨歌劇院等建築上，將兩百九十六幅原創藝術作品隨機組合，以四幅為一組投射在螢幕上，並搭配隨機生成的音樂，藉此產生幾近無限種變化，該作品反映他長期以來對於「生成式音樂」（Generative Music）的興趣。生成式音樂是伊諾的自創詞彙，是指以一套基本規則為基礎，將隨機元素加以組合，藉此創造永無止盡、永久變化又永不重複的音樂，例如他在一九七〇年代發表的專輯《謹慎的音樂》（*Discreet Music*）和《機場音樂》（*Music for Airports*）。伊諾認為，這種生成式作品就像再生經濟學一樣能擴大我們的想像，讓我們感受到更為長遠的當下，因為再生經濟的目標就是建設自我維持的「精密適應系統」，以若干基礎規範為原則，透過隨時間調整和改變，保持系統長久運作。他深受泰瑞・萊利（Terry Riley）在一九六四年的作品《C調》（*In C*）所啟發。《C調》並沒有固定的演奏時間，也沒有固定的演奏人數，演奏者依序演奏五十三段短樂句，但每位演奏者可以隨心所欲地重複演奏。上一位演奏者演奏完畢後，才會進入下一段樂句。伊諾告訴我：「我認為萊利作品《C調》的動態複雜性，有別於約翰・塞巴斯蒂安・巴哈（Johann Sebastian Bach）極為機械性的賦格[9]。」

藝術和音樂可以帶領我們踏上穿越時間的想像之旅，但是除了藝術和音樂外，有一批新興設計師已開始創造沉浸式的「未來體驗」，讓我們看到、感受到、聽到，甚至聞到未來。英國─印度設計工作室Superflux共同創辦人阿娜布・珍恩（Anab Jain）為阿拉伯聯合大公國政府設計未來能源實驗室（Future Energy Lab）。實驗室內有各項展覽，其中一項是「汙染機器」（pollution machine），讓政府部會首長親自嗅聞由一氧化碳、二氧化硫及二氧化氮組成的有害空氣。根據預測，如果現在的汙染率持續不變，這就是阿拉伯聯合大公國在二〇三四年的空氣品質。珍恩表示，親身聞到有害煙霧的體驗，促使政府官員重視再生能源投資[10]。

希望大家都能親身嗅聞子孫後代將在未來呼吸的有害空氣，也希望大家都能親身感受他們可能面臨的熱浪、饑餓及不安全感。

虛擬實境和擴增實境或許可以辦到，這些科技能讓大眾體驗珍恩的汙染機器和其他創新設

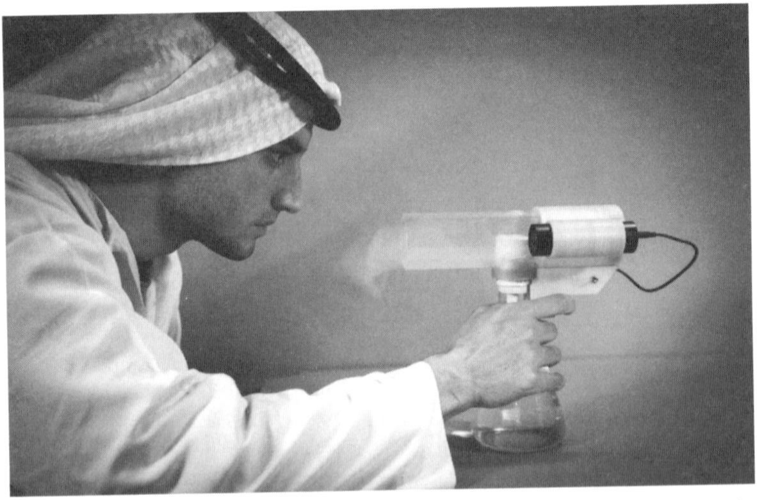

▲阿拉伯聯合大公國政府官員透過 Superflux 設計工作室的作品，嗅聞二〇三四年的有害空氣。（Superflux）

計。大家可以戴上Oculus的頭戴式裝置（目前仍然很昂貴，但售價正在急劇下滑），將全身感官沉浸於均溫高於現在二度、四度或六度的世界。史丹佛大學虛擬人類互動實驗室（Virtual Human Interaction Lab）讓體驗者潛水欣賞生機盎然的珊瑚礁，接著觀看珊瑚礁由於海洋酸化在二一〇〇年前變成沒有生命的死亡海域。體驗製作人傑瑞米．拜倫森（Jeremy Bailenson）表示：「我們無法叫大家閱讀氣候變遷的科學論文，所以這就是捷徑。我們希望能啟發大家的同理心，鼓勵大家採取行動。」訪客還可以握著一個機械裝置，模擬用電鋸砍下一棵虛擬樹木。研究顯示，經歷此虛擬體驗的人在下一週的紙張使用量會比只觀看介紹砍樹節紙影片的人少二〇%[11]。

但可惜的是，這種虛擬科技大部分仍在開

發初期階段，還無法離開實驗室。我們是否真有時間等待虛擬技術的品質達到《駭客任務》（*Matrix*）等級？此外，這種技術是否真是啟發長期思維的靈丹？與其砍伐虛擬樹木，史丹佛學生不如散步二十分鐘，造訪校園邊緣的帕羅奧圖樹（El Palo Alto），觀賞這棵千年紅杉，或攀登加州的白山山脈，尋找更古老的刺果松。他們可以圍坐在營火前，玩一套名叫 The Thing From the Future 的卡牌遊戲。這個卡牌遊戲非常有遠見，發明者是史都華．坎地（Stuart Candy）和傑夫．華生（Jeff Watson），遊戲中有三種牌：第一種指定可能的未來情境；第二種指定一個來自該世界的文化元素；第三種指定文化元素的主題，所以玩家的牌組可能會顯示：「在女性主義的未來─有一個法律─關於金錢」，或「在反動的未來─有一台機器─關於愛」。遊戲目標是利用想像力和對話來發明並描述這個文化元素，卡牌能組合出數萬種不同的題目。坎地表示，這個遊戲是「預測式人類學[12]」。

我們在追求虛擬未來的同時，不應忘記這些類比體驗的力量，也不該忘記藝術、音樂及設計啟發深遠文化變革的力量。一七八七年，英國廢奴人士繪製標題為「布魯克斯奴隸船」（The Brookes Slave Ship）的海報，描繪四百八十二名奴隸被泯滅人性地囚禁在不人道的環境裡。該海報紅極一時，引發軒然大波，數萬張複本張貼在全國各地的酒吧、教堂、咖啡廳及住家中。這是歷史上最具影響力的平面設計作品，大力宣傳反奴隸制和反奴隸貿易運動，促成運動獲得最終勝利。今日，我們亟需創作者創造能激發跨世代正義和長遠當下的作品。

透過教育和宗教培養想像的共同體

十九世紀的法國政治領導人推動歐洲史上最宏偉的文化計畫：創造法國人的身分認同。法國大革命爆發時，法國名義上是一個統一的國家，但事實上卻在宗教、風俗、距離及最關鍵的語言上四分五裂：五〇%的人民不說法文，而且不到一〇%的人法文流利[13]。人民忠於地方和區域而非國家。然而，法國的政治領袖推動一系列改革，逐漸改變這種情況，像是建立教授共同語言與歷史的新型教育體制，並慶祝國定紀念日、傳唱國歌，這就是塑造班納迪克・安德森（Benedict Anderson）所謂「想像的共同體」（Imagined Community）之經典範例。「想像的共同體」是一種集體認同感，維繫著一群永遠無法完全互相認識的人民，這就是歐洲民族主義的起源，時至二十世紀，數百萬人願意為同胞上戰場，犧牲生命[14]。

今日的我們面臨類似，甚至更艱鉅的挑戰，要如何與明日世界尚未出生的後代建立共同的身分認同？我們有生之年不可能認識他們，但仍須把他們當作血親看待。藝術、電影及文學可以在這方面發揮關鍵作用，但這些媒介本身不足以創造並維持以跨代團結為基礎的想像共同體，我們必須善用兩股力量，以提升並推廣長期思維的價值，就是教育和宗教。

教育似乎面臨本質上的時間衝突，一方面，它是長期思維的體現，我們為培養年輕人所做的投資，必須等到他們十多年後出社會才能充分發揮效果；但另一方面，學生必須學習的內容卻在不斷改變，尤其是今日自動化技術等各項科技日新月異的時代。哈拉瑞曾說：「我們不知道二〇三〇年或二〇四〇年的就業市場是什麼樣子，所以也完全不知道現在要教導孩子什麼東西。學生如今在學校學習的東西，到了四十歲前可能就沒有用處[15]。」

學生至少應該學習兩項禁得起時間考驗的核心技能：第一項是同理心等人際技能，人類在這方面遠遠勝過威脅我們就業機會的人工智慧；第二項則是長期思維的技能。在瞬息萬變又面臨長期憂患的世界，我們永遠需要長期思維。我們的教育體制必須建立和後代的連結，因為後代將繼承我們行為的後果，如同十九世紀的教育體制建立跨空間的民族共同體，我們的教育體制也必須從幼教層級到進修層級，通盤培養橫跨時間的想像共同體。

這種教育體制會是什麼樣子？先看教育時間反抗軍的訴求。世界各地有些國家已開始推動教育改革，以既有的環境教育為基礎，為年輕人和成年人培養更長遠的觀點，參見以下案例：

從哥斯大黎加到南韓，同理之根（Roots of Empathy）教育計畫已接觸近一百萬名孩童，在教室裡用真的嬰兒來培養跨代同理的概念。中年級課程（Junior Curriculum）則請九歲至十一歲的學生想像這個嬰兒未來長大的模樣，並思考自己對他們有何連結與責任[16]。

未來實驗室（FutureLab）是蘇格蘭學校設計「未來思維教材組」（Futures Thinking Teachers Pack），內含探索未來三十年可能會發生、應該會發生、希望能發生情境的活動和遊戲，以及可用於地理、英文及公民教育課程的情境規劃教案[17]。

加拿大的大衛鈴木基金會（David Suzuki Foundation）以原住民的第七代思維為基礎，設計高中生跨世代正義教材，其中有一項活動是為聯合國《世界人權宣言》草擬關於後代權利的新條文[18]。

夏威夷大學（University of Hawaii）教授暨未來主義大師吉姆・達托（Jim Dator），請學生為二十一世紀中居住在火星上的五萬居民設計理想的治理制度。學生必須透過影片、圖片與文字，描述社會的基礎價值、憲法、資源分配，以及對後代的義務[19]。

加州大學柏克萊分校（University of California at Berkeley）開設「好祖先應有的思維：找尋科技的意義」（Thinking Like a Good Ancestor: Finding Meaning in the Technology We Build）設計課程。課程設計者阿蘭・庫珀（Alan Cooper）培養學生從思考「我要如何立即最大化自己的利益？」，轉變成思考「我要如何永遠最大化大家的利益？」[20]

由唐內拉・梅多斯等學者以長期思維為基礎開創的系統思維學門，現在已成為世界各大學的課程，各位可以透過免費的大型線上課程探索系統思維的研究成果，如斯德哥爾摩應變研究中心（Stockholm Resilience Centre）開設的地球極限（Planetary Boundaries）和人類機會課程[21]。

教師可以從各類深具創意的線上資源庫，學習培養長期思維的教學法，Dear Tomorrow 網站讓使用者寫信給二〇五〇年的某人（如自己認識的孩童或未來的自己），承諾要採取氣候行動。

教育改革才剛起步，這些零碎的計畫難以促成全面的教育革命（而且目前多集中於高所得國家），但是若能加以整合，它們便能成為長期思維教育的基礎，為全球各文化、各年齡層的人培養相關的概念。國際文憑大學預科課程（International Baccalaureate）目前每天有全球一百五十七個國家，超過一百萬名學生參與，這類學程或許可考慮將長期思維納入課程的核心素養。有些家長擔心和年紀小的孩童討論生態崩潰可能會造成他們心理創傷。這是合理的擔憂，我們必須認真看待，不過從聲勢不斷壯大的全球氣候罷課運動可見，學童遠比成年人更願意承認威脅近在咫尺，他們想了解這些威脅，並利用所學因應。

如果要將未來世代納入我們的想像共同體，就不能忽略人類歷史上最強大的集體認同培養機制：宗教。穆斯林、猶太人或基督徒只要走進世界上任何一間清真寺、會堂或教堂，就會被當作信徒接納。不過，世界主要宗教的教義是否具有長期思維？情況喜憂參半，佛教相信眾生聯繫、普世慈悲、因果報應、輪迴轉世，這些信仰元素能培養保育生態的價值觀，並建立當代與後代之間的連結，而這種連結在基督教、伊斯蘭教或猶太教的教義中卻較為缺乏。

基督徒相信天國永生的長期獎賞，但有人批評基督教在生態方面非常短視近利，自中世紀以降，基督徒思想家便在宣揚「人類主宰自然」的觀念，不顧人類行為對環境造成的後果（亞西西的方濟各（St. Francis of Assisi）是少數例外）。一九六〇年代，環境史學家琳恩・懷特（Lynn White）曾提出著名的主張：透過異教泛靈信仰（相信每一樹木、河流及動物都有守護靈存在），「基督教使人類得以漠視自然物體的感受，進而剝削大自然」，因此基督教是「全世界最人類中心的宗教」，也是工業革命的幫凶[22]。

關心生態的基督徒也不斷反駁這樣的指控，強調人類有責任尊重並守護上帝的神聖造物。這樣的觀念出現在教宗方濟各於二〇一五年發布的通諭「願祢受讚頌」（Laudato si），強調「跨世代正義」和「跨代團結」的重要，詢問信眾：「我們要留下什麼世界給後代？」批判「消費主義文化講求短期利益與私人獲利至上的觀念」，並呼籲世人推動「有遠見的政治[23]」。教宗似乎加入時間反抗軍的行列，我曾在羅馬和梵蒂岡的代表會面，他不僅強調「願祢受讚頌」的跨代觀點，更指出天主教組織其實很重視長期思維。例如，瑞士有一間名為艾因西德倫自治會院區（Einsiedeln Abbey）的本篤會修待院，已細心維護森林長達一千多年[24]。然而，這不代表教宗方濟各真的會採取時間反抗行動，梵蒂岡銀行（Vatican Bank）依然不理睬公眾壓力，拒絕從化石燃料部門撤資[25]。

天主教會顯然在二十一世紀重新定義身為基督徒的意義，同時新教福音派也在逐漸提高生態意識（但仍有許多信徒拒絕相信氣候變遷）[26]。天主教與新教的教會和信徒組織遍布世界各地，全球二十億基督徒比任何社會運動都更有潛力，將長期思維的價值觀嵌入族群文化圈。

至於全球一六%不屬於任何宗教的人怎麼辦（包括我在內[27]）？我以前認為勢必得有人為他們創立新宗教，才能灌輸長期思維的價值，但保羅・霍肯（Paul Hawken）的著作《看不見的力量：世界最大的運動正在發生，為什麼沒人看見？》（*Blessed Unrest*），卻讓我明白全世界數以萬計的環境組織其實就是大型的去中心化宗教，所有組織都像原住民，長久以來一樣崇拜同一個神祇：大地，雖然它們的使命聲明並未明確闡述，但這些組織全都受到「眾生皆神聖」的類宗教信仰驅使。我們無須為此創立新宗教，因為這樣的宗教已經存在了，源頭就是過去半世紀以來蓬勃發展的生態倡議運動[28]，這是一個去中心化的宗教，所以或許甚至還能免於傳統宗教常見的權力鬥爭。

我向演化生物學家理查・道金斯（Richard Dawkins）提出這個想法。道金斯或許是全世界最知名的無神論者，我問他：大地崇拜是不是我們應該尊重的宗教？我深切地以為他會強烈反駁，但他的回答卻令我訝異：

如果大地被當作一種宗教，我會覺得很遺憾——我喜歡運用科學的論點說服大家採取氣候行動，但我明白把地球當作蓋亞這樣的神祇有著政治意義，能啟發大家保護它[29]。

就連最講求科學理性的人都認同，我們或許可以和地球培養精神上的連結，並制定一套信仰和儀式，藉此灌輸世人保育與再生的長期價值，即便背後的理由不是為了宗教信仰本身，而是利用宗教信仰達成其他目的。無論是在巨石陣（Stonehenge）敬拜夏至日出、努力保護瀕臨絕種的物種、提倡野化遭到破壞的土地，還是建設離岸風場，這些作為都讓我們和長期思維的理想產生聯繫，提醒我們採取深度時間的觀點，鼓勵我們傳承給後代的遺產，指引我們實現繁榮地生活在地球承載範圍內的超我目標。

延續一千年的長期儀式

去年夏天，我在牛津住家以南二十英里處的偏僻山丘上，用槌子將白堊岩敲到地上，不只

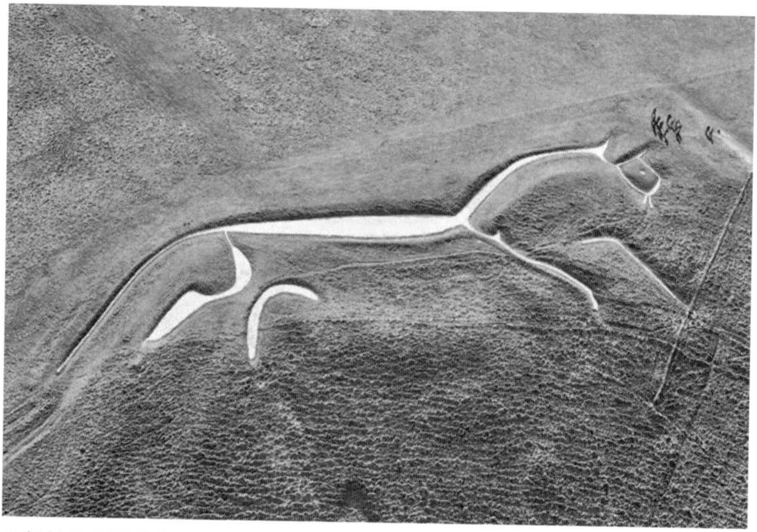

▲刻於伯克夏當斯（Berkshire Downs）白堊丘陵上的優芬頓白馬。（Alamy / Iconpix）

我在做這件事，有十幾個人一起把軟質的白堊岩敲成粉狀。我們在參與名為「堊繕白馬」（Chalking the Horse）的古老儀式，這個儀式已經延續一千多年了。

這匹馬叫做優芬頓白馬（Uffington White Horse），是一幅刻於白堊岩丘陵上的青銅器時代極簡主義畫作，長一百多公尺，數英里外便可看見其騰躍的身影。沒有人知道是誰畫的，也沒有人知道為什麼要畫。自中世紀至十九世紀，當地村民每七年就會爬上丘陵，為白馬圖騰清除雜草，並補鋪白堊粉，為後代保存白馬。大功告成後，村民會回到村子裡為白馬舉行慶典。

白馬現在由英國國民信託（National Trust）管理與維護，雖然現在不再舉行慶典，但每年仍會有熱心人士前往丘陵朝聖，並用白堊粉修繕白馬，這就是我和長遠基金會倫敦分部同事也參與其中的原因。我們來自不同背景，有一位軟體工程師、一位平面設計師、一位行銷專家、一位生態藝術家，以及數名向學校請假、跟著父親一起參與的孩子，在此感受和深度時間的連結。我們的手機關機，只能靠槌子的敲打韻律和太陽的緩慢移動來判斷時間。

堊繕白馬的儀式凸顯維護的價值，提醒我們必須奉獻、投入、週期性維護，才能保存珍視的人、事、物，無論是文化遺產、家庭關係或地球，否則一切就會分崩離析，系統就會破敗，裂痕就會產生。

我們把石頭的碎塊愈敲愈小，為這永恆的共同藝術盡一份微小的貢獻。我心裡想著過去數世紀以來同樣做過這件事的人，以及未來數世紀將會做這件事的人，我們連成一條長鏈，守護著白馬的生命。

第十二章 邁向長期思維之路

二〇一九年十一月，在撰寫本書時，我的故鄉澳洲東岸發生大火，八十六歲的父親在雪梨家中遭受大火吞噬的威脅，因此必須撤離，現在大火造成的灰燼瀰漫於空氣之中，形成蔽日的霧霾，讓父親咳嗽連連。同時，數以萬計的民眾聚集在市中心，強烈要求固執又昏睡的政府採取氣候行動。

華勒斯—威爾斯在著作《氣候緊急時代來了：從經濟海嘯到瘟疫爆發，認清十二大氣候風險與新生存模式》（*The Uninhabitable Earth*）中，預測二十二世紀將成為「地獄世紀[1]」（Century of Hell），這樣的趨勢現在可能已經開始了。

這個世界註定會讓目前的不平等加劇。現在已有十億人過著饔飧不繼、朝不保夕的生活，但同時又要面對生態惡化帶來的更多乾旱、洪患、颶風及衝突。氣候階級隔離的時代正快速來臨，富裕階級可以築起高牆保護自己，而貧窮階級則在高牆外辛苦求生。

五十年、一百年、五百年後，地球應該仍會有人類存在，在各大洲上生活、工作、關愛、做夢，他們的生活將深受我們今日行動和受到繼承的歷史後果影響。我們是他們的祖先，在政治、環境、文化及科技上的抉擇，必然會決定他們的未來。

我們明白茲事體大，但是為什麼依然無法脫離對當下的執著，轉而採取更長遠觀點來看待人類的未來？答案在於人類的天性，就是棉花糖腦與生俱來的短視近利。不過這不能完全定義人類，儘管人類有許多缺陷，卻一再展現橡實腦的認知能力，發揮為後代著想與規劃的天賦。本書不斷提及的四大障礙如下：

落後的制度設計

我們的政治體制難以採取長期觀點，代議民主制和民族國家的本質就是著重短期時間視野，追求近期利益，忽略長期奉獻；我們的制度缺乏代表後代利益的機制，進而剝奪後代的選舉權，政治造成未來遭到殖民。

既得利益的勢力

未來遭到整體經濟生態系統的挾持，從化石燃料企業、投機的金融公司，到大型線上商場，這些生態系統執著於短期利益和即時滿足，是成長型全球經濟的血脈，也是讓我們陷入短視近利泥淖的元凶。這些既得利益勢力透過社群媒體發揮力量，利用演算法和其他科技工具散播假資訊，並影響政治，藉此促進自身利益[2]。

當下的不安全

對於苦苦無法滿足當下生活所需，面對工作不穩定、饑餓及暴力的人，長期思維注定是一項艱鉅挑戰。全世界現在有兩億三千萬名移民和難民，到了二〇五〇年很可能會增加到四億。他們執著於當下的溫飽，而非為遙遠的未來做規劃，這當然無可厚非[3]。

危機感不足

儘管我們面對諸多生態災難和科技威脅，多數人，尤其是上位者，並未產生真正的危機感、迫切感或恐懼感，因此沒有採取徹底的行動。我們就是溫水裡的青蛙，必須經歷劇烈的痛楚才會跳出鍋釜。新自由主義之父傅利曼曾說：「唯有危機，無論是實際危機或危機感，才能促成真正的改變[4]。」

面對如此巨大的障礙，長期思維是否還有希望？答案在於思想的力量。思想是人類行動的心理練兵場，是形塑生活典範的祕密成分。傅利曼確實明白思想具有推動轉變的強大力量，他和志同道合的學者花費近五十年在大學、智庫、媒體及政黨中，不遺餘力地散播自由市場思維，最終讓新自由主義得以在一九八〇年代擊敗勁敵凱因斯主義，成為最主流的世界觀，直到數十年後的今日。我們必須以同等的抱負推動長期思維，只不過沒有時間慢慢來，必須盡快贏得與短期思維的拔河。這是人類的艱鉅挑戰，只要解殖自己的大腦，就能進而解殖未來，讓未來不再受今日的統治。本書提出六個培養長期思維的方法，就是需要的工具。

我們需要花時間反思、探索、對話，才能把這些工具轉換成思考習慣和世界觀，所以我針對每個長期思維的方法提出發人深省的問題，這些問題可以在親朋好友、同事或陌生人之間，激發不同以往的對話和討論。史學家西奧多・澤爾丁（Theodore Zeldin）曾說：「一段對話如果能讓人說出以前不曾說過的話，就是令人滿足的對話[5]。」

這套問題的背後有一個更基礎的問題，我們現在面臨的生存抉擇，也是沙克心中最重要的問題：我們要維持這個注重短期思維和個人價值的社會，還是要轉型成注重長期思維和公共利益的社會？

即使我們決定要成為好祖先，還是得面臨一項看似難以克服的挑戰：打破阻礙長期思維的障礙。現代短期思維利用棉花糖腦，將我們團團圍困，讓我們窒息。股市每日在峰谷之間循環、旅客週末在機場排隊登機、消費者在清倉大拍賣瘋狂搶購、政客在選前大開支票，還有人們不斷滑手機，檢視通知。

但現實中仍有希望，請看看二十一世紀初在各個文化、經濟、政治領域中興起的時間反抗軍，這些了不起的信念和行動正在族群文化圈散播長期價值觀。綜觀而論，它們是全球性運動，致力擴展我們的時間視野，並塑造我們和未來世代之間的想像共同體。我們或許已觸及長遠當下文明的邊緣，要如何推動這項理念，並為抗爭盡一份心力？

好祖先必須思考的關鍵問題，不是「我要如何促成改變？」而是「**我們**要如何促成改變？」一個小小的代名詞轉換，具有改變世界的潛力。當代的危機極為迫切，我們必須採取集體行動對統治者施壓，而非像散兵游勇般各自為政。華勒斯—威爾斯曾說：「氣候的數學是這樣的，個人的生活習慣改變加起來沒什麼效果，除非透過政治將規模擴大[6]。」

如果要將長期思維轉換成長期行為，我們就必須優先考慮要如何採取集體行動。各位可以加入現有的時間反抗軍：支援爭取跨代權利的法律訴訟、參與公民議會、遊說政治人物終結化石燃料補貼，並帶領國家進入甜甜圈中。各位可以檢視自己的學校、教堂、公司等組織，並思考要如何推廣長期觀點，可能是設定組織營運淨零碳計畫、為二一〇〇年制定策略，也有可能是

長期思維的自我對話

深時謙遜

分享你最深刻的深度時間體驗，這個體驗對你有什麼影響？

跨世代正義

對你而言，為何要關懷未來世代？其中最強大的理由為何？

傳承思維

你想要傳承什麼東西給家人、社會和世界？

超我目標

你認為人類的終極目標為何？

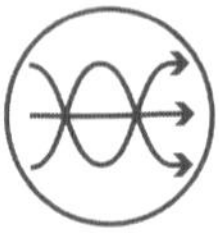

周全預測

你認為人類文明在未來會崩潰、徹底轉型，還是踏上其他道路？

教堂思維

你是否參與任何超越自身壽命的計畫？

圖：作者與霍廷。

推動公司轉型為B型企業。各位也可以參與示威遊行，用森巴樂隊阻擋新的機場跑道、發起靜坐抗議要求政府投資公共醫療體系，或參加子女的氣候罷課行動。請銘記人類學家詹姆士·史考特（James Scott）說過的話：「人類自由的偉大解放，從來不是井然有序地遵循體制程序爭取的結果，而是透過混亂、無常、自發的行動，由下至上打破社會秩序得到的[7]。」

時間緊迫，我們身陷自己無法耐心能帶長期思維逐漸興起，並影響世界的矛盾悖論，此時此刻迫切需要長期思維因應快速襲來的各種危機。金恩博士曾寫道：「我們面臨當下的迫切危機[8]。」明日已成為今日。

綜觀歷史，集體行動的成效斐然，但清楚區分個人行動和集體行動是一種假二分法。個人行動雖然是滄海一粟，但這一粟或許可以產生漣漪效應，最終激起巨浪。社會傳染（Social Contagion）是一股強大的力量，研究顯示，人們如果認識為了減緩氣候變遷而拒搭飛機者，有一半的機率會仿效他們的榜樣，減少搭機次數；還有研究顯示，在屋頂裝設太陽能電板不僅能促進再生能源的費用下降，更能鼓勵朋友和鄰居一同跟進。我們應該採取聰明的策略，思考哪些行為具有擴大的潛力[9]。

然而，我們仍須追求深刻的個人體悟。

愛上一個地方，無論是一座山、一片森林，還是一條河流，可以讓我們變成未來的守護者，啟發自己為後代守護這些賦予生命的美妙生態。在流離失所、社會破裂的年代中，這些地景讓我們的時間渴望有所依靠，使得自己和單一星球繁榮的超我目標重新建立連結，藉此鼓勵我們照顧好環境，讓環境得以照顧後代。

想像身邊的孩子在我們有生之年以後的生活，也能讓我們邁向更長遠的當下。他們年老後會是什麼樣的人？他們會居住在什麼樣的世界？他們會如何看待我們？會如何評價我們在還有機會時採取的作為或不作為？我們可以利用**華卡帕帕**的力量，思考連結在世之人、已故之人和尚未出世之人的偉大生命鏈，想像其穿越時間的綿延景觀。

把自己視為生命鏈的一部分，能帶來一項意料之外的贈禮：生命的意義。我們可以透過跨時空建立和未來世代的同理連結，滿足自己對關係與聯繫的需求，可以從守護生命代代繁榮的奮鬥中得知生命的目的。意識到自己屬於一個更偉大的群體，可以讓我們從對死亡的恐懼中解放出來，培養長期思維的過程中充滿存在意義的泉源。

當我們反思自己和時間的關係、思考自己傳承給後代的事物，當我們明白自己的人生在宇宙一百三十八億年的歷史中，不過是轉瞬間的存在，並思考其意義時，就已經踏上脫離當下的旅程。我們開始為人類文化的演化注入新生命，踏上成為好祖先的道路。

附錄

跨代團結指數

跨代團結指數是由跨領域科學家是麥奎肯設計，最初發表於《世代正義評論》期刊上，原論文鉅細靡遺地探討指數的基礎概念和計算方法[1]。本書的分析則是新版指數為基礎。新版指數涵蓋一百二十二個國家，從二〇一五年至二〇一九年的時間序列資料（或更近期有資料的年份），其中的成分指標經過調整，並以五年平均為基礎進行計算。如欲取得完整資料和指數結構資訊，可參見 www.goodancestorproject.org。

如下頁表格所示，指數涵蓋的十項指標，可分為環境、社會、經濟三大分項。

	指標	衡量方法	來源
環境	森林濫伐率	每年林地面積變化百分比	聯合國糧食及農業組織（FAO）
	碳足跡	碳足跡強度〔國內生產毛額（購買力平價）／地球資源公頃（GHa）〕	生態足跡網絡（Ecological Footprint Network）
	再生能源	再生能源與核能（占能源消耗比）	美國能源資訊管理局（US EIA）
社會	小學教育	小學教育機構的師生比	聯合國教科文組織（UNESCO）、各國統計局
	兒童死亡率	以人均國內生產毛額迴歸為基礎，衡量預期兒童死亡率和實際兒童死亡率的差距	聯合國兒童基金會（UNICEF）、世界衛生組織、世界銀行、聯合國經濟和社會事務部（UN DESA）
	人口成長率	平均婦女生育率（依兒童死亡率調整）	聯合國兒童基金會、世界衛生組織、世界銀行、聯合國經濟和社會事務部
經濟	貧富不均	基尼財富分配係數（Gini Coefficient）	瑞士信貸集團（Crédit Suisse）
	經常帳	經常帳餘額（占國內生產毛額比）	國際貨幣基金
	淨儲蓄	調整後的淨儲蓄〔占國民所得毛額（GNI）比〕	世界銀行
扣分	化石燃料生產	化石燃料煙產量（十億焦耳／人口）	美國能源資訊管理局

綜合指數最低為一分（低度跨代團結），最高為一百分（高度跨代團結）。環境、社會、經濟三個類別內各項指標的權重都相等，並採取算術加總，而三個類別之間則採取幾何加總，計算方法參考聯合國開發計畫署（Development Programme）的人類發展指數（Human Development Index）。由於化石燃料生產不利跨世代福祉，最後一項指標「化石燃料生產」是扣分項目，直接針對總分扣分。

下頁的地圖顯示世界各國在二〇一九年的跨代團結指數。

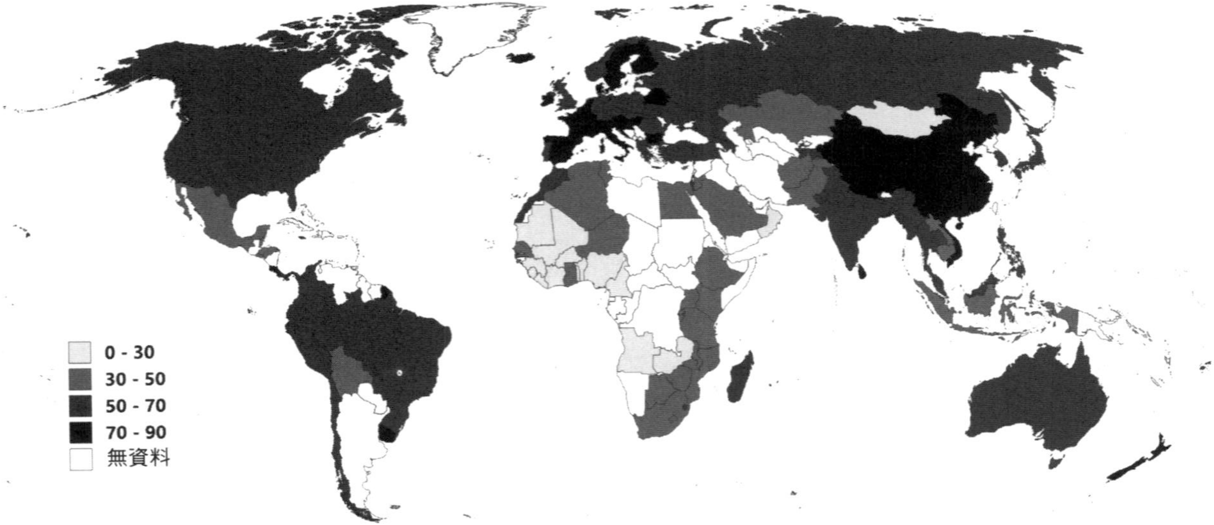

一百二十二國的跨代團結指數（2019 年）
顏色愈深分數愈高

圖：麥奎肯

注釋

第一章

1 沙克於一九七七年首次提出「好祖先」的概念（Jonas Salk, 'Are We Being Good Ancestors?', Acceptance Speech for the Jawaharlal Nehru Award for International Understanding, New Delhi, 10 January 1977. Reprinted in *World Affairs: The Journal of International Issues*, Vol. 1, No. 2 (December 1992)），這個概念可能源於原住民文化。生態倡議人士大衛・鈴木（David Suzuki）、文化批評家路易斯・海德（Lewis Hyde）、達科他族社運人士威諾娜・拉杜克（Winona LaDuke）、未來學家比娜・文卡塔拉曼（Bina Venkataraman）和阿里・瓦拉赫（Ari Wallach）、種族正義提倡人士蕾拉・薩德（Layla Saad）、設計思想家阿蘭・庫珀（Alan Cooper）、領導思想家克爾、自然作家羅伯特・麥克法蘭（Robert Macfarlane）、科技策略家泰勒・愛默生（Tyler Emerson）等人深受「好祖先」概念的啟發。如欲深入了解沙克的長期思維哲學，參見 Jonas

Salk, *Anatomy of Reality: Merging of Intuition and Reason* (Columbia University Press, 1983), p. 8, p. 12, p. 105, p. 109, pp. 114–18, pp. 122–3)、Jonathan Salk, 'Planetary Health: A New Perspective', *Challenges*, Vol. 10, No. 7 (2019): p. 5，以及 *A New Reality: Human Evolution for a Sustainable Future* by Jonas Salk and Jonathan Salk (City Point Press, 2018)。

2 Mary Catherine Bateson, *Composing a Further Life: The Age of Active Wisdom* (Vintage, 2011), p. 22.

3 詳見 Simon Caney, 'Democratic Reform, Intergenerational Justice and the Challenges of the Long-Term', Centre for the Understanding of Sustainability Prosperity, University of Surrey (2019), p. 4, 關於短期思維的負面影響。針對政治界短期思維的分析：Jonathan Boston, *Governing for the Future: Designing Democratic Institutions for a Better Tomorrow* (Emerald, 2017)。

4 根據牛津大學生存風險專家暨哲學家托比・奧德（Toby Ord）的計算，機率是六分之一（最大的威脅來自人工智慧）；牛津大學「人類未來研究所」（Future of Humanity Institute）的調查結果則高達一九％（Toby Ord, *The Precipice* (Bloomsbury, 2020), p. 167）；https://thebulletin.org/2016/09/how-likely-is-an-existential-catastrophe/。我詢問風險研究員安德斯・桑德伯格（Anders Sandberg）的相關估計，他表示：「我們完蛋的機率只有一二％。」（talk at The Hub, Oxford, 21 May 2018）。衡量生存風險的組成，無疑是一門不準確又充滿猜測的科學。如欲了解博斯特倫對奈米科技的恐懼，參見 https://www.nickbostrom.com/existential/risks.html。

5 https://www.theguardian.com/society/2005/jan/13/environment.science：戴蒙著，廖月娟譯，《大崩壞：人類社會的明天？》（*Collapse: How Societies Choose to Fail or Survive*），時報，二〇一九年十月。亦可參見 Will Steffen and Johan Rockström et al., 'Trajectories of the Earth System in the Anthropocene', PNAS, Vol. 115. No. 33 (2019)。

6 引述自艾登堡於二〇一九年十二月三日在波蘭的聯合國氣候變化綱要公約第二十四次締約方大會（UN COP 24）上的演講，以及他在英國國家廣播公司（BBC）開設的節目：*Climate Change: The Facts*，二〇一九年五月十八日播出。

7 本書使用「**無主地**」一詞的基礎，來自澳洲原住民土地權利史學家亨利．雷諾茲（Henry Reynolds）的著作：https://www.themonthly.com.au/books-henry-reynolds-new-historical-landscape-responce-michaelconnor039s-039the-invention-terra-nul；至於把未來比擬為被殖民土地的想法，則是來自前衛的奧地利未來學家羅伯特．容克（Robert Jungk）的著作：*Tomorrow is Already Here: Scenes from a Man-Made World* (Rupert Hart-Davis, 1954), pp. 16–19。預測學者吉姆．達托（Jim Dator）的著作（'Decolonizing the Future', in Andrew Spekke (ed.), *The Next 25 Years: Challenges and Opportunities* (World Future Society, 1975)），以及社會學家芭芭拉．亞當（Barbara Adam）的著作（*Time* (Polity Press, 2004), pp. 136–43）更是明白描述這則比喻。

8 Martin Rees, *On the Future: Prospects for Humanity* (Princeton University Press, 2018), pp. 226–7. 他對中國的評論則出自他的新書 *On the Future* 座談會，二〇一八年十一月五日於牛津布萊克威爾書店（Blackwell's

Bookshop）舉辦。

9 'The Short Long', speech by Andy Haldane, Brussels, May 2011. https://www.bankofengland.co.uk/-/media/boe/files/speech/2011/the-short-long-speech-byandrew-haldane.

10 'Global Guardians: A Voice for the Future', Mary Robinson Foundation – Climate Justice Position Paper (April, 2017, p. 6); Pope Francis,'Laudato Si ', Encyclical Letter of the Holy Father Francis, Vatican City, Rome (2015). p. 118, p. 178.

11 瓦拉赫提出的「長途」(Longpath）概念是少數不空洞的例外：https://www.longpath.org/。「概念緊急危機」一詞則要感謝葛拉漢．萊斯特（Graham Leicester）：http://www.internationalfuturesforum.com/s/223。

12 如欲概覽這些社會變遷理論，請見我的樂施會（Oxfam）報告：'How Change Happens: Interdisciplinary Perspectives for Human Development', an Oxfam Research Report (Oxfam, 2007)。

13 Brian Eno, 'The Big Here and Long Now', Long Now Foundation, San Francisco (2000).

14 Charles D. Ellis, *The Partnership: The Making of Goldman Sachs* (Penguin, 2009), pp. 177–80.

15 John Dryzek, 'Institutions for the Anthropocene: Governance in a Changing Earth System', *British Journal of Political Studies*, Vol. 46, No. 4 (2014): pp. 937–41.

16 如欲概覽不同的未來想像時間框架，參見 Richard Slaughter, 'Long-Term Thinking and the Politics of Reconceptualization', *Futures*, Vol. 28, No. 1 (1996): pp. 75–86。

17 Stewart Brand, *The Clock of the Long Now: Time and Responsibility* (Phoenix, 1999), pp. 4–5.

18 Terry Eagleton, *Hope Without Optimism* (Yale University Press, 2015), pp. 1–38.

第二章

1 https://www.nytimes.com/interactive/2018/08/01/magazine/climate-change-losing-earth.html?hp&action=click&pgtype=Homepage&clickSource=story-heading&module=photo-spot-region&region=top-news&WT.nav=top-news. 娜歐蜜・克萊恩（Naomi Klein）曾強烈反駁瑞奇的觀點，參見 https://theintercept.com/2018/08/03/climate-change-new-york-times-magazine/。

2 Morten Kringelbach, *The Pleasure Centre: Trust Your Animal Instincts* (Oxford University Press, 2009), pp. 55–6; Kent Berridge and Morten Kringelbach, 'Affective Neuroscience of Pleasure: Reward in Humans and Animals', *Psychopharmacology*, Vol. 199, No. 3 (2008); Morten Kringelbach and Helen Phillips, *Emotion: Pleasure and Pain in the Brain* (Oxford University Press, 2014), pp. 124–31.

3 Maureen O'Leary et al., 'The Placental Mammal Ancestor and the Post-K-Pg Radiation of Placentals', *Science*, Vol. 339 No. 6,120 (2013); https://www.nytimes.com/2013/02/08/science/common-ancestor-of-mammals-plucked-from-obscurity.html?r=1&.

4 John Ratey, *A User's Guide to the Brain* (Abacus, 2013), p. 115.

5 Peter Whybrow, *The Well-Tuned Brain: A Remedy for a Manic Society* (Norton, 2016), p. 6; http://www.zocalopublicsquare.org/2015/09/18/low-interest-rates-are-bad-for-your-brain/ideas/nexus/.

6 Whybrow, pp. 112–13.

7 Walter Mischel, Yuichi Shoda and Monica Rodriguez, 'Delay of Gratification in Children', *Science*, Vol. 244, No. 4,907 (1989): pp. 933–98; http://behavioralscientist.org/try-to-resist-misinterpreting-the-marshmallow-test/; Kringelbach and Phillips, pp. 164–5; http://theconversation.com/its-not-a-lack-of-self-control-that-keeps-people-poor-47734.

8 Martin Seligman, Peter Railton, Roy Baumeister and Chandra Sripada, *Homo Prospectus* (Oxford University Press, 2016), p. ix.

9 吉伯特著，戴至中譯，《快樂為什麼不幸福？》（*Stumbling on Happiness*），時報，二〇〇六年十二月；Seligman et al., p. xi。

10 W. A. Roberts, 'Are Animals Stuck in Time?', *Psychological Bulletin*, Vol. 128, No. 3 (2002): pp. 481–6; Roland Ennos, 'Aping Our Ancestor', *Physics World* (May 2014).

11 https://www.nytimes.com/2017/05/19/opinion/sunday/why-the-future-is-always-on-your-mind.html.

12 Thomas Princen, 'Long-Term Decision-Making: Biological and Psychological Evidence', *Global Environmental Politics*, Vol. 9, No. 3 (2009): p. 12; David Passig, 'Future Time-Span as a Cognitive Skill in Future Studies', *Futures*

Research Quarterly (Winter 2004): pp. 31–2; Jane Busby Grant and Thomas Suddendort, 'Recalling Yesterday and Predicting Tomorrow', *Cognitive Development*, Vol. 20 (2005).

13 Roy Baumeister et al, 'Everyday Thoughts in Time: Experience Sampling Studies of Mental Time Travel', *PsyArXiv* (2018), p. 22, p. 45.

14 吉伯特著，戴至中譯，《快樂為什麼不幸福？》，時報，二〇〇六年十二月；Ricarda Schubotz, 'Long-Term Planning and Prediction: Visiting a Construction Site in the Human Brain', in W. Welsch et al. (eds), *Interdisciplinary Anthropology* (Springer-Verlag, 2011), p. 79。

15 Baumeister et al., p. 20.

16 http://www.randomhouse.com/kvpa/gilbert/blog/200607.html.

17 https://www.npr.org/templates/story/story.php?storyId=5530483.

18 Peter Railton, 'Introduction', in Martin Seligman, Peter Railton, Roy Baumeister and Chandra Sripada, *Homo Prospectus* (Oxford University Press, 2016), p. 4.

19 Princen, 'Long-Term Decision-Making', p. 13.

20 https://www.nytimes.com/2016/03/20/magazine/the-secrets-of-the-wave-pilots.html; Sander van der Leeuw, David Lane and Dwight Read, 'The Long-Term Evolution of Social Organization', in David Lane et al. (eds), *Complexity Perspectives in Innovation and Social Change* (Springer, 2009), p. 96; Jerome Barkow, Leda Cosmides and John

Tooby, *The Adapted Mind: Evolutionary Psychology and the Generation of Culture* (Oxford University Press, 1996), pp. 584–5.

21 Princen, 'Long-Term Decision-Making', pp. 14–15；Kristen Hawkes, 'The Grandmother Effect', *Nature*, Vol. 428, No. 128 (2004): pp. 128–9.

22 http://longnow.org/seminars/02011/feb/09/live-longer-think-longer/; Bateson, pp. 14–15.

23 Roman Krznaric, *Empathy: Why It Matters, and How to Get It* (Rider Books, 2015), pp. 4–5.

24 Charles Darwin, *The Descent of Man* (Appleton and Company, 1889), p. 132.

25 https://www.romankrznaric.com/outrospection/2009/11/14/152；亦可參見我在二〇一五年的著作 *Empathy*，該著作探討演化生物學、腦神經科學及發展心理學針對人類同理心的研究。

26 Seligman et al., p. 5. 亦可參見 Railton, pp. 25–6 與 Roy Baumeister, 'Collective Prospection: The Social Construction of the Future', in Selegman et al., p. 143。

27 Van der Leeuw, Lane and Read, pp. 88–92; Sander van der Leeuw, 'The Archaeology of Innovation: Lessons for Our Times', in Carlson Curtis and Frank Moss (eds), *Innovation: Perspectives for the 21st Century* (BBVA, 2010), p. 38；大衛．克里斯欽（David Christian）著，拾已安，王若馨譯，《Big History 大歷史：跨越一百三十億年時空，打破知識藩籬的時間旅圖》（*Maps of Time: An Introduction to Big Histor*），聯經，二〇一八年九月。

28 Van der Leeuw, Lane and Read, p. 91.

29 Van der Leeuw, Lane and Read, p. 96.

30 Bruce E. Tonn, Angela Hemrick and Fred Conrad, 'Cognitive Representations of the Future: Survey Results', *Futures*, Vol. 38 (2006): p. 818.

第三章

1 約翰・內哈特（John G. Neihardt）著，賓靜蓀譯，《黑麋鹿如是說》（*Black Elk Speaks*），立緒，二〇〇三年一月。

2 Jacques Le Goff, *Time, Work, and Culture in the Middle Ages* (Chicago University Press, 1980), pp. 29–42; Jacques Le Goff, *Medieval Civilization 400–1500* (Folio Society, 2011), p. 171, p. 175, pp. 180–1, pp. 181–2; Jeremy Rifkin, *Time Wars: The Primary Conflict in Human History* (Touchstone, 1987), pp. 158–9; Barbara Adam and Chris Groves, *Future Matters: Marking, Making and Minding Futures for the 21st Century* (Brill, 2007), p. 7.

3 E. P. Thompson, 'Time, Work Discipline and Industrial Capitalism', *Past & Present*, Vol. 38, No. 1 (1967): pp. 64–5.

4 Lewis Mumford, *The Human Prospect* (Beacon Press, 1955), p. 4.

5 https://www.theguardian.com/commentisfree/2018/may/27/world-distraction-demands-new-focus.

6 https://www.theguardian.com/technology/2018/mar/04/has-dopamine-got-us-%20hooked-on-tech-facebook-apps-

addiction.

7 Rifkin, *Time Wars*, pp. 12–13, p. 226.

8 John McPhee, *Basin and Range* (Farrar, Straus and Giroux, 1980), pp. 91–108; Stephen Jay Gould, *Time's Arrow, Time's Cycle: Myth and Metaphor in the Discovery of Geological Time* (Harvard University Press, 1987), pp. 61–5; Bill Bryson, *A Short History of Nearly Everything* (Black Swan, 2004), pp. 90–108.

9 Gould, p. 62.

10 Bryson, pp. 104–5.

11 H. G. Wells, *The Discovery of the Future* (B. W. Huebsch, 1913), p. 18, p. 29, p. 32.

12 H. G. Wells, *The Conquest of Time* (Watts, 1942), p. 12.

13 詹姆斯・葛雷易克（James Gleick）著，林琳譯，《我們都是時間旅人：時間機器如何推動科學進展，影響二十一世紀的人類生活》（*Time Travel: A History*），時報，二〇一八年九月。

14 Brand, *The Clock of the Long Now*, p. 2.

15 http://longnow.org/clock/.

16 若干學者曾經提出類似的批評，包括哲學家史蒂凡・史克瑞姆夏爾（Stefan Skrimshire），'Deep Time and Secular Time: A Critique of the Environmental "Long View" ', *Theory, Culture and Society*, Vol. 36, No. 1 (2018), pp. 6–8，和經濟學家瑪莉安娜・馬祖卡托（Mariana Mazzucato）（在 'Planning for a Longer Now' seminar,

British Library, London, 24 September 2018 的評論）。

17 引用於 Gould, p. 3；亦可參見 McPhee, p. 126。

18 https://www.theguardian.com/science/2005/apr/07/science.highereducation.

19 http://www.rachelsussman.com/portfolio/#/oltw/; https://www.mnn.com/earth-matters/wilderness-resources/photos/the-worlds-10-oldest-living-trees/olive-tree-of-vouves#top-desktop.

20 V. Bellassen and S. Luyssaert, 'Carbon Sequestration: Managing Forests in Uncertain Times', *Nature*, Vol. 13, No. 506 (2014).

21 https://www.theguardian.com/books/2019/may/11/richard-powers-interview-the-overstory-radicalised.

22 Thich Nhat Hanh, *Being Peace* (London, 1989), p. 109.

第四章

1 這兩段話分別出自 Jonas Salk's 1977 speech, 'Are We Being Good Ancestors?', p. 3, p. 4。

2 留下傳承以滋養並影響後代的渴望稱為「代際關懷」（Generativity），可追溯至心理學家艾瑞克．艾瑞克森（Erik Erikson）在一九五〇年代的著作（John Kotre, *Make It Count: How to Generate a Legacy That Gives Meaning to Your Life* (The Free Press, 1995): p. 5, p. 11, p. 15; John Kotre, 'Generative Outcome', *Journal of Aging Studies*, Vol. 9, No. 1 (1995) p. 36; http://www.johnkotre.com/generativity.htm）。

3 Michael Sanders, Sarah Smith, Bibi Groot and David Nolan, 'Legacy Giving and Behavioural Insights', Behavioural Insights Team, University of Bristol (2016), p. 2, p. 6; https://www.philanthropy.com/article/Donations-Grow-4-to-373/236790; https://givingusa.org/giving-usa-2019-americans-gave-427-71-billion-to-charity-in-2018-amid-complex-year-for-charitable-giving/.

4 Kimberley Wade-Benzoni et al., 'It's Only a Matter of Time: Death, Legacies, and Intergenerational Decisions', *Psychological Science*, Vol. 23, No. 7 (2012), pp. 705–6; Kimberley Wade-Benzoni, 'Legacy Motivations and the Psychology of Intergenerational Decisions', *Current Opinion in Psychology*, Vol. 26 (April 2019): p. 21.

5 Lisa Zaval, Ezra M. Markowitz and Elke U. Weber, 'How Will I Be Remembered? Conserving the Environment for the Sake of One's Legacy', *Psychological Science*, Vol. 26, No. 2 (2015): p. 235.

6 Michael Sanders and Sarah Smith, 'Can Simple Prompts Increase Bequest Giving? Field Evidence from a Legal Call Centre', *Journal of Economic Behaviour and Organization*, Vol. 125(C) (2016): p. 184.

7 參見我的著作 *Carpe Diem Regained*（Unbound, 2017）第11章。

8 Hal Hershfield et al., 'Increasing Saving Behavior Through Age-Progressed Renders of the Future Self', *Journal of Marketing Research*, Vol. 48 (2011); Hal Hershfield, 'The Self Over Time', *Current Opinion in Psychology*, Vol. 26 (2019): p. 73; Bina Venkataraman, *The Optimist's Telescope: Thinking Ahead in a Reckless Age* (Riverhead, 2019), pp. 20–1.

9 https://twitter.com/stewartbrand/status/1106102872372985856.

10 Lewis Hyde, *The Gift: How the Creative Spirit Transforms the World* (Canongate, 2006), pp. 11–16.

11 https://theanarchistlibrary.org/library/petr-kropotkin-the-conquest-of-bread.

12 Hunger Lovins, Stewart Wallis, Anders Wijkman, John Fullerton, *A Finer Future: Creating an Economy in Service to Life* (New Society Publishers, 2018), p. xiv.

13 Kris Jeter, 'Ancestor Worship as an Intergenerational Linkage in Perpetuity', *Marriage & Family Review*, Vol. 16, Nos 1–2 (1991), p. 196, p. 199.

14 出自牛津大學萬靈學院（All Souls College）於二〇一八年十二月十五日舉辦的 Politics of Love Conference 演講，以及此訪談：https://learnlawlife.co.nz/2017/10/30/2654/。

15 Lesley Kay Rameka , 'Kia whakatōmuri te haere whakamua: I walk backwards into the future with my eyes fixed on my past', *Contemporary Issues in Early Childhood*, Vol. 17, No. 4 (2017): pp. 387–9; Margaret Nicholls, 'What Motivates Intergenerational Practices in Aotearoa/New Zealand', *Journal of Intergenerational Relationships*, Vol. 1, No. 1 (2003), p. 180; https://teara.govt.nz/en/whakapapa-genealogy/print.

16 https://www.vice.com/en_us/article/9k95ey/its-transformative-maori-women-talk-about-their-sacred-chin-tattoos.

17 https://enablingcatalysts.com/legacy-our-first-responsibility-is-to-be-a-good-ancestor/.

18 Jeter, pp. 215–16.

第五章

1 https://quoteinvestigator.com/2018/05/09/posterity-ever/.

2 https://www.lifegate.com/people/news/greta-thunberg-speech-cop24.

3 有些官方折現率會隨時間遞減，或隨預期的計畫風險而調整（Mark Freeman, Ben Groom and Michael Spackman, 'Social Discount Rates for Cost-Benefit Analysis: A Report for HM Treasury', HM Treasury, UK Government (2018), p. 5, p. 12, p. 15）。

4 英國財政部的綠皮書（Green Book）是成本效益分析和折現的參考基礎，分成兩個部分：一．五%的「時間偏好」和「財富效應」。前者反映當下的價值比未來的價值受青睞，後者則假定每年的經濟成長率為二%。計畫評估一般不會計入六十年後的效益，所以六十年後的折現率其實是一〇〇%（HM Treasury, *The Green Book: Central Government Guidance on Appraisal and Evaluation* (HM Treasury, UK Government, 2018), pp. 101–3）。關於史旺西海灣潮間潟湖發電案的裁定細節，可參見 http://www.tidallagoonpower.com/wp-content/uploads/2018/07/BEIS-statement-on-Swansea-Bay-Tidal-Lagoon.pdf；https://blackfishengineering.com/2018/07/27/analysis-swansea-bay-tidal-lagoon/；https://researchbriefings.parliament.uk/ResearchBriefing/Summary/CBP-7940。

5 私人對話，二〇一九年五月二十六日。

6 史特恩將折現率的時間偏好部分設為〇．一％（遠低於英國財政部的一．五％），成長部分則設為一．三％。Nicholas Stern, *The Economics of Climate Change: The Stern Review* (Cambridge University Press, 2014), p. i, p. ix, p. xii, p. 304, p. 629; Frank Ackerman, 'Debating Climate Economics: The Stern Review vs Its Critics', Report to Friends of the Earth UK (July 2007), p. 5.

7 United Nations Development Programme, Human Development Report 2007/8: Fighting Climate Change – Human Solidarity in a Divided World (UNDP, 2007), p. 29.

8 United Nations Development Programme, p. 63.

9《世界人權宣言》的起草人的確想防止未來世界再次發生二戰的暴行，宣示「絕對不讓歷史重演」，卻並未明白表達自己擔憂當代人可能會危害後代的權利。

10 Gro Harlen Brundtland, *Report of the World Commission on Environment and Development: Our Common Future*, United Nations General Assembly document A/42/427 (1987). 一九七二年的《人類環境宣言》（Declaration of the United Nations Conference on the Human Environment）曾提及「後代」一詞，但該詞彙直到《布倫特蘭報告》發表後才普及。

11 'A Case for Guardians of the Future', Mary Robinson Foundation – Climate Justice Position Paper (February 2017), p. 1, p. 6; Joerg Chet Tremmel (ed.), *Handbook of Intergenerational Justice* (Edward Elgar, 2006), pp. 192–6; Jamie McQuilkin, 'Doing Justice to the Future: A Global Index of Intergenerational Solidarity Derived from

National Statistics', *Intergenerational Justice Review*, Vol. 4, No. 1 (2018): p. 5.

12 http://www.italiaclima.org/wp-content/uploads/2015/01/ITA_SFPM_Italian-Youth-Declaration-on-Intergenerational-Equity_Eng_Definitive.pdf.

13 https://www.medact.org/2019/blogs/fighting-for-intergenerational-justice-midwives-can-be-climate-champions/.

14 Mark O'Brien and Thomas Ryan, 'Rights and Representation of Future Generations in United Kingdom Policy', Centre for the Study of Existential Risk, University of Cambridge (2017), pp. 13–18.

15 方濟各教宗。

16 https://globalnutritionreport.org/reports/global-nutrition-report-2018/burden-malnutrition/.

17 例如，劍橋大學生存風險研究中心（Centre for the Study of Existential Risk）曾發表報告，呼籲英國國會成立跨黨派子孫後代小組（O'Brien and Ryan, p. 13）。

18 Derek Parfit, *Reasons and Persons* (Clarendon Press, 1987), p. 357.

19 Nicholas Vroussalis, 'Intergenerational Justice: A Primer', in Iñigo González-Ricoy and Axel Grosseries (eds), *Institutions for Future Generations* (Oxford University Press, 2016), p. 59.

20 Barry S. Gower, 'What Do We Owe Future Generations?', in David E. Cooper and Joy A. Palmer (eds), *Environment in Question: Ethics and Global Issues* (Routledge, 1992), p. 1.

21 本圖改編自 BBC Future，原創者為理查．費雪（Richard Fisher），設計者為霍廷：http://www.bbc.com/

future/story/20190109-the-perils-of-short-termism-civilisations-greatest-threat。未來數據預測則取自聯合國，根據聯合國推估，二十一世紀全球每年平均出生人數將會穩定在一億三千五百萬上下，參見 https://ourworldindata.org/future-population-growth。

22 其中最著名的是「差異原則」（Difference Principle），根據差異原則，用來規範所得與財富分配的制度必須對最弱勢的族群最有利（John Rawls, *Political Liberalism* (Columbia University Press, 1993), p. 83）。

23 羅爾斯因此提出「公義儲蓄原則」（Just Savings Principal）（Rawls, *Political Liberalism*, pp. 284–93; Bruce E. Tonn, 'Philosophical, Institutional, and Decision Making Frameworks for Meeting Obligations to Future Generations', *Futures*, Vol. 95 (2017): p. 46; O'Brien and Ryan, p. 14）。

24 羅爾斯完全沒有考量到健康的生態系對未來社會公義的重要性，他是全新世的哲學家，不是人類世的哲學家。如欲深入了解這個議題，可參見 O'Brien and Ryan, p. 14、Tonn, 'Philosophical, Institutional, and Decision Making Frameworks', p. 44，以及 Mary Robinson Foundation, 'A Case for Guardians of the Future', p. 2。

25 Tonn, 'Philosophical, Institutional, and Decision Making Frameworks', p. 47; Rawls, *Political Liberalism*, p. 274.

26 https://www.sefaria.org/Taanit.23a?lang=bi.

27 引用自 Princen, 'Long-Term Decision-Making', p. 11。

28 John Borrows, 'Earth-Bound: Indigenous Resurgence and Environmental Reconciliation', in Michael Asch,

John Borrows and James Tully (eds), *Resurgence and Reconciliation: Indigenous–Settler Relations and Earth Teachings* (University of Toronto Press, 2018), p. 62.

29 和作者私下對話，二〇一七年十一月十四日於牛津。

30 Pope Francis, p. 118; Roman Krznaric, 'For God's Sake, Do Something! How Religions Can Find Unexpected Unity Around Climate Change', Human Development Occasional Papers, Human Development Report Office, United Nations Development Programme (2007).

31 https://therealnews.com/stories/dlascaris0504susuki.

32 David Suzuki, *The Legacy: An Elder's Vision for Our Sustainable Future* (Greystone Books, 2010), p. 55, pp. 71–5.

33 https://www.nas.org/articles/Seventh_Generation_Sustainability_-_A_ New_Myth.

34 https://www.bbc.co.uk/ideas/videos/how-can-we-be-better-ancestors-to-future-generatio/p0818lnv?playlist=sustainable-thinking.

35 http://ecoactive.com/care-for-earth/earth-guardians; https://www.earthguardians.org/engage/2017/5/17.

36 http://www.souken.kochi-tech.ac.jp/seido/wp/SDES-2015-14.pdf; http://www.ceids.osaka-u.ac.jp/img/CEIDS_NL_NO.3(English).pdf.

37 https://workthatreconnects.org/the-seventh-generation/.

38 Plantagon International 控股公司於二〇一九年破產，該公司曾於瑞典國王島區（Kungsholmen）開發都市農場（CityFarm），並持有多項垂直農業專利。本書撰寫期間，上述資產的命運不明。

39 https://www.aapss.org/news/crafting-rules-to-sustain-resources/.

第六章

1 http://www.gutenberg.org/files/35898/35898-h/35898-h.htm.

2 私人通信，二〇一八年五月十四日；亦可參見 Jennifer Thorp, 'New College's Hall and Chapel Roofs', manuscript, New College, Oxford (2009)。

3 Diamond, *Collapse*, p. 523.

4 Gijs Van Hensbergen, *The Sagrada Família: Gaudí's Heaven on Earth* (Bloomsbury, 2017), p. 4, p. 16, p. 28, p. 72.

5 二〇一九年四月，巴黎聖母院（Notre Dame）大火後數日，我和童貝里在羅馬見面。她很憤怒，因為聖母院失火後，已有多方承諾捐款數億歐元做為教堂重建費用，但政府卻籌措不出經費對抗氣候緊急危機。https://cathedralthinking.com/thinkers-cathedral-thinking/; https://www.theguardian.com/environment/2019/apr/16/greta-thunberg-urges-eu-leaders-wake-up-climate-change-school-strike-movement.

6 https://www.theguardian.com/science/2011/apr/06/templeton-prize-2011-martin-rees-speech.

7 斯瓦爾巴全球種子庫等計畫被稱為「深度時間組織」（Frederic Hanusch and Frank Biermann, 'Deep-Time Organizations: Learning Institutional Longevity from History', *The Anthropocene Review* (2019): pp. 1–3）。

8 Robert Macfarlane, *Underland: A Deep Time Journey* (Hamish Hamilton, 2019), pp. 398–410.

9 久而久之，婦女參政運動人士由於不滿改革速度過慢，進而採取更激進的戰術。https://www.bl.uk/votes-for-women/articles/suffragettes-violence-and-militancy.

10 https://www.nytimes.com/1982/01/15/world/soviet-food-shortages-grumbling-and-excuses.html.

11 https://theconversation.com/introducing-the-terrifying-mathematics-of-the-anthropocene-70749; https://web.archive.org/web/20070714085318/http://www.wbcsd.org/DocRoot/1IBetslPgkEie83rTa0J/cement-action-plan.pdf.

12 James Scott, *Seeing Like a State: How Certain Schemes to Improve the Human Condition Have Failed* (Yale University Press, 1998), p. 111.

13 Conrad Totman, *The Green Archipelago: Forestry in Pre-Industrial Japan* (Ohio University Press, 1989), p. 171.

14 Totman, *The Green Archipelago*, p. 79; Conrad Totman, *A History of Japan* (Blackwell, 2005), p. 255; Diamond, *Collapse*, p. 299.

15 Totman, *The Green Archipelago*, pp. 166–7.

16 Diamond, *Collapse*, pp. 304–5. 如欲深入了解江戶幕府的森林復育計畫，可參見我為聯合國開發計畫署撰寫的分析報告（Roman Krznaric, 'Food Coupons and Bald Mountains: What the History of Resource Scarcity Can Teach Us About Tackling Climate Change', Human Development Occasional Papers, Human Development Report Office, United Nations Development Programme (2007)）。除了由上至下的規劃外，也有一定程度的

草根社群參與行動，例如村莊在公有土地上造林，為後代留下遺產。

17 https://www.prospectmagazine.co.uk/magazine/if-i-ruled-the-world-martin-rees; https://www.theguardian.com/science/2010/mar/29/james-lovelock-climate-change.

18 芮斯的新書 *On the Future* 座談會，二〇一八年十一月五日於牛津布萊克威爾舉辦。

19 https://yearbook.enerdata.net/renewables/renewable-in-electricity-production-share.html; https://www.tandfonline.com/doi/abs/10.1080/13569775.2013.773204.

20 Stephen Halliday, *The Great Stink of London: Sir Joseph Bazalgette and the Cleansing of the Victorian Metropolis* (Sutton Publishing, 2001), pp. 42–61, p. 124.

21 引用自 Halliday, p. 74。

22 引用自 Halliday, p. 3。

23 Natasha McCarthy, *Engineering: A Beginner's Guide* (Oneworld, 2009), p. 115.

24 Stewart Brand, *How Buildings Learn: What Happens After They're Built* (Phoenix, 1997), p. 181.

25 參見唐內拉．梅多斯著，邱昭良譯，《系統思考：克服盲點、面對複雜性、見樹又見林的整體思考》（*Thinking in Systems: A Primer*），經濟新潮社，二〇一六年一月，探討韌性和自組織（Self-Organization）對系統有效運作的重要性。

26 我曾撰文分析英、美兩國於二戰期間實施的配給制度，參見 'Food Coupons and Bald Mountains'。

27 https://www.weforum.org/agenda/2019/01/our-house-is-on-fire-16-year-old-greta-thunberg-speaks-truth-to-power/.

28 傅利曼著，謝宗林譯，《資本主義與自由》（*Capitalism and Freedom*），五南，二〇一八年五月。

29 Diamond, *Collapse*, p. 519; Frank van Schoubroeck and Harm Kool, 'The Remarkable History of Polder Systems in the Netherlands', FAO, Rome (2010). 有一份精彩研究探討峇里島的公共水利管理系統，參見 Stephen Lansing, *Perfect Order: Recognizing Complexity in Bali* (Princeton University Press, 2006)。

第七章

1 情境規劃的其中一位鼻祖華克經常講述尼羅河祭司的故事，古埃及人也用「尼羅河水位計」（Nilometer）丈量水位，並根據丈量結果設定稅率。Peter Schwartz, *The Art of the Long View: Planning for the Future in an Uncertain World* (Currency, 1991), pp. 100–1, p. 109; Thomas Chermack, *The Foundations of Scenario Planning: The Story of Pierre Wack* (Routledge, 2017); https://news.nationalgeographic.com/2016/05/160517-nilometer-discovered-ancient-egypt-nile-river-archaeology/.

2 Jennifer M. Gidley, *The Future: A Very Short Introduction* (Oxford University Press, 2017), p. 2; Adam and Groves, pp. 2–3, p. 13; Bertrand de Jouvenel, *The Art of Conjecture* (Weidenfeld & Nicolson, 1967), p. 89. 如欲了解預測的科學，參見艾文・托佛勒（Alvin Toffler）在一九七一年的經典著作《未來的衝擊》（*Future Shock*），他

提倡「科學未來主義」(Scientific Futurism)。

3 又稱為「可能性錐體」(Cone of Possibility)(Paul Saffo, 'Six Rules for Effective Forecasting', *Harvard Business Review* (July–August 2007))。

4 納西姆・尼可拉斯・塔雷伯(Nassim Nicholas Taleb)著,林茂昌譯,《黑天鵝效應》(*The Black Swan: The Impact of the Highly Improbable*),大塊文化,二〇一一年六月。

5 哈拉瑞原著以二〇一六年為例,但我擅自更新他的說法,用二〇二〇年做為預測基線。〔哈拉瑞著,林俊宏譯,《人類大命運:從智人到神人》(*Homo Deus: A Brief History of Tomorrow*),天下文化,二〇一七年一月。

6 Steven Johnson, *Farsighted: How We Make the Decisions That Matter Most* (Riverhead, 2018), pp. 82–3.

7 Charles Handy, *The Second Curve: Thoughts on Reinventing Society* (Random House Books, 2015), pp. 22–5.

8 參見 Saffo。根據摩爾定律(Moore's Law),矽晶圓上的電晶體數量大約每兩年就會增加一倍。科技預測家經常引用摩爾定律,並使用永無止盡的J曲線呈現。然而,就連奇點大師雷・庫茲維爾(Ray Kurzweil)都承認該曲線最終會變成S曲線。(Theodore Modis, 'Why the Singularity Cannot Happen', in A. H. Eden et al. (eds), *The Singularity Hypotheses, The Frontiers Collection* (Springer Verlag, 2012), pp. 314–17)。

9 Fritjof Capra, *The Turning Point: Science, Society and the Rising Culture* (Flamingo, 1983), p. 8, p. 12.

10《成長的極限》(Donella Meadows, Dennis Meadows, Jorgen Randers and William Behrens, *The Limits to Growth* (Universe Books, 1972), pp. 91–2, pp. 124–6),以及《成長的極限:三十週年最新增訂版》〔唐內拉・梅多

斯、斯喬詹・蘭德斯（Jorgen Randers）、丹尼斯・梅多斯著，高一中譯，臉譜，二〇〇七年一月），皆採用西格摩曲線做為主要分析概念。

11 拉沃斯著，范堯寬、溫春玉譯，《甜甜圈經濟學：破除成長迷思的七個經濟新思考》（*Doughnut Economics: Seven Ways to Think Like a 21st-Century Economist*），今周刊，二〇二〇年六月。

12 Ugo Bardi, *The Seneca Effect: Why Growth is Slow but Collapse is Rapid* (Springer, 2017).

13 Salk and Salk, p. 31.

14 沙克。

15 Jonas Salk, *Anatomy of Reality*, pp. 24–5；Salk and Salk, pp. 68–73, 90；沙克。

16 平克著，陳岳辰譯，《再啟蒙的年代：為理性、科學、人文主義和進步辯護》，商周，二〇二〇年一月。許多人強力批判他的論點，尤其是關於環境保護進步的論點，如朗特在 Open Democracy 上發表的文章（https://www.opendemocracy.net/en/transformation/steven-pinker-s-ideas-are-fatally-flawed-these-eight-graphs-show-why/）、人類學家傑森・希克爾（Jason Hickell）（https://www.jasonhickel.org/blog/2019/2/3/pinker-and-global-poverty），以及蒙比爾特（https://www.theguardian.com/commentisfree/2018/mar/07/environmental-calamity-facts-steven-pinker）。蒙比爾特完全推翻平克的論點。

17 平克著，陳岳辰譯，《再啟蒙的年代：為理性、科學、人文主義和進步辯護》，商周，二〇二〇年一月。

18 https://quoteinvestigator.com/2013/10/20/no-predict/.

19 Gidley, pp. 42–5; Hyeonju Son, 'The History of Western Futures Studies: An Exploration of the Intellectual Traditions and Three-Phase Periodization', *Futures,* Vol. 66 (February 2015): pp. 123–4; Jenny Andersson, 'The Great Future Debate and the Struggle for the World', *The American Historical Review*, Vol. 117, No. 5 (2012), pp. 1413–15.

20 Herman Kahn, *On Thermonuclear War* (Princeton University Press, 1960), pp. 20–1, p. 98. 康恩為了解釋他的理性務實主義，甚至還建議將遭核汙染的食物分配給老人吃，因為老人剩餘的預期壽命短於核汙染食物致死的所需時間。

21 https://www.newyorker.com/magazine/2005/06/27/fat-man; https://www.nytimes.com/2004/10/10/movies/truth-stranger-than-strangelove.html.

22 Pierre Wack, 'Scenarios: Unchartered Waters Ahead', *Harvard Business Review* (September 1985), p. 73.

23 Wack, 'Scenarios: Unchartered Waters Ahead', p. 76; Pierre Wack, 'Scenarios: Shooting the Rapids', *Harvard Business Review* (November 1985), p. 146; Schwartz, pp. 7–9; https://www.strategy-business.com/article/8220?gko=4447f.

24 Son, p. 127.

25 Son, p. 128; Gidley, pp. 56–7; Wack, 'Scenarios: Shooting the Rapids', p. 15.

26 Steffen and Rockström et al., p. 4; Intergovernmental Panel on Climate Change, *Climate Change 2014: Synthesis*

Report (IPCC, 2014), p. 70, p. 74.

27 本圖改編自 BBC Future，設計者為霍廷，分析基礎則是肯普的資料：https://www.bbc.com/future/article/20190218-are-we-on-the-road-to-civilisation-collapse。

28 隆納．萊特（Ronald Wright）著，達娃譯，《失控的進步：復活節島的最後一棵樹是怎樣倒下的》（*A Short History of Progress*），野人，二〇〇七年一月；Joseph Tainter, 'Problem Solving: Complexity, History, Sustainability', *Population and Environment: A Journal of Interdisciplinary Studies*, Vol. 22, No. 1 (2000), p. 12 ；Jeremy Lent, *The Patterning Instinct: A Cultural History of Humanity's Search for Meaning* (Prometheus, 2017), p. 411；戴蒙著，廖月娟譯，《大崩壞：人類社會的明天？》，時報，二〇一九年十月。

29 戴蒙著，廖月娟譯，《大崩壞：人類社會的明天？》，時報，二〇一九年十月；Jared Diamond, 'Easter Island Revisited', *Science*, Vol. 317, No. 5,845 (2007): pp. 1692–4; Tainter, pp. 6–9, pp. 20–3；Graeme Cumming and Garry Peterson, 'Unifying Research on Social-Ecological Resilience and Collapse', *Trends in Ecology and Evolution*, Vol. 32, No. 9 (2017): pp. 699–706; http://www.marklynas.org/2011/09/the-myths-of-easter-island-jared-diamond-responds/.

30 哈拉瑞等學者主張全球社會已變得高度依賴，因此「全世界都屬於單一文明」〔哈拉瑞著，林俊宏譯，《二十一世紀的二十一堂課》（*21 Lessons for the 21st Century*），天下文化，二〇一八年八月〕。

31 Steffen and Rockström et al.

32 https://thebulletin.org/2016/09/how-likely-is-an-existential-catastrophe/.

33 本圖以未來思想家比爾・夏普（Bill Sharpe）的「三條地平線」（Three Horizons）框架為基礎（切勿和麥肯錫同名的成長模型混淆），夏普把該框架當作培養「未來意識」的工具（Graham Leicester, *Transformative Innovation: A Guide to Practice and Policy* (Triarchy Press, 2016), pp. 44–52），本書圖中各條軌跡的主要依據是拉斯金的研究（'Journey to Earthland: The Great Transition to Planetary Civilization', Tellus Institute, Boston (2016), p. 26）、康明與彼得森（Cumming and Peterson）、瑞德與撒母耳・亞歷山大（Samuel Alexander）的研究（*This Civilization Is Finished: Conversations on the End of Empire – and What Lies Beyond* (Simplicity Institute, 2019), p. 7），以及塞斯・包姆（Seth Baum）等人的研究（'Long-Term Trajectories of Human Civilization', *Foresight*, Vol. 21, No. 1 (2019): pp. 53–83）。如欲概覽目前對於崩潰路線的辯論，則可參見系統理論家納菲茲・阿米德（Nafeez Ahmed）的精湛分析。

34 華勒斯—威爾斯著，張靖之譯，《氣候緊急時代來了：從經濟海嘯到瘟疫爆發，認清十二大氣候風險與新生存模式》（*The Uninhabitable Earth*），天下雜誌，二〇二〇年四月。

35 Raskin, pp. 71–91.

第八章

1 Princen, 'Long-Term Decision-Making, p. vii；維克多・弗蘭克（Viktor Frankl）著，趙可式、沈錦惠譯，《活

出意義來》（*Man's Search for Meaning: An Introduction to Logotherapy*），光啟文化，二〇〇八年三月。

2 薩根著，丘宏義譯，《淡藍色的小圓點：尋找人類未來新願景》（*Pale Blue Dot: A Vision of the Human Future in Space*），足智文化，二〇一九年五月。瓦拉赫等思想家曾探討特洛斯的重要性。我提出的超我目標或特洛斯，尤其受到開創性系統思想家梅多斯所影響，梅多斯主張改變任何複雜系統的最有效方式，就是改變其終極目標（唐內拉．梅多斯著，邱昭良譯，《系統思考：克服盲點、面對複雜性、見樹又見林的整體思考》，經濟新潮社，二〇一六年一月）。

3 保守主義特別具有這種長期維護特權的思想，尤其是哲學家艾德蒙．伯克（Edmund Burke）的著作。伯克於一七九〇年寫道，社會「不只是在世的眾人之間的關係，而是在世的、已死去的、尚未出世的眾人間之關係」，他認為我們應尊重從「歷代先人」繼承而來的「偉大智慧」。乍聽之下，像是值得敬佩的長期思維典範，以跨代連結為基礎，維繫各個世代，然而伯克其實是在批評想要推翻君主和貴族統治的激進法國革命分子。伯克深深推崇君主和貴族制，將其譽為防範暴民的堡壘，堅信面對變局時必須保存君主與貴族的力量及權力，他尊崇傳統，認為傳統能完好保存舊有的體制（Burke, *Reflections on the Revolution in France* (J. Dodsley, 1790), paragraphs 55, 56, 165）。

4 平克著，陳岳辰譯，《再啟蒙的年代：為理性、科學、人文主義和進步辯護》，商周，二〇二〇年一月。

5 Wright, pp. 37–9; Lawrence Guy Straus, 'Upper Paleolithic Hunting Tactics and Weapons in Western Europe', *Archeological Papers of the American Anthropological Association*, Vol. 4, No. 1 (1993): pp. 89–93; George Frison,

'Paleoindian large mammal hunters on the plains of North America', *PNAS*, Vol. 95, No. 24 (1998): pp. 14,576–83.

6 Diamond, *Collapse*, pp. 427–9; George Monbiot, *Feral: Searching for Enchantment on the Frontiers of Rewilding* (Allen Lane, 2013), pp. 90–1, pp. 137–8; Wright, p. 37; Tim Flannery, *The Future Eaters: An Ecological History of the Australian Lands and People* (Secker & Warburg, 1996), p. 143, p. 155, pp. 180–6, pp. 307–8.

7 這裡的「資本主義」是指追求私人利潤、尊崇市場至上、實施私有財產制，甚至把人力當作交易商品的經濟體制（Ellen Meiksins Wood, *The Origin of Capitalism: A Longer View* (Verso, 2017), p. 2）。

8 E. A. Wrigley, *Energy and the English Industrial Revolution* (Cambridge University Press, 2010), p. 2, pp. 242–9.

9 http://worldif.economist.com/article/12121/debate; Tim Jackson, *Prosperity Without Growth: Foundations for the Economy of Tomorrow* (Routledge, 2016), pp. 1–23; 拉沃斯著，范堯寬、溫春玉譯，《甜甜圈經濟學：破除成長迷思的七個經濟新思考》，今周刊，二〇二〇年六月。

10 本圖的參考資料出自 Will Steffen et al., 'The Trajectory of the Anthropocene: The Great Acceleration', *The Anthropocene Review*, Vol. 2, No. 1 (2015)。

11 https://www.marxists.org/reference/archive/wilde-oscar/soul-man/.

12 Rifkin, *Time Wars*, p. 154.

13 Krznaric, 'For God's Sake, Do Something!', pp. 5–11.

14 Jonathan Porrit, *The World We Made* (Phaidon, 2013), p. 1.

15 引用自 Maria Alex Lopez, *Invisible Women* (Palibrio, 2013), p. 36。

16 Sagan, pp. 309–12.

17 https://www.vox.com/the-goods/2018/11/2/18053824/elon-musk-death-mars-spacex-kara-swisher-interview; https://www.theguardian.com/technology/2018/mar/11/elon-musk-colonise-mars-third-world-war.

18 https://www.newscientist.com/article/2175414-terraforming-mars-might-be-impossible-due-to-a-lack-of-carbon-dioxide/.

19 Rees, p. 150. 地質學家瑪西婭・布約內魯（Marcia Bjornerud）也曾提出類似的觀點：http://longnow.org/seminars/02019/jul/22/timefulness/。

20 本書「科技切割」的概念取自文化史學家朗特。Lent, p. 432.

21 Mark O'Connell, *To Be a Machine: Adventures Among Cyborgs, Utopians, Hackers, and the Futurists Solving the Modest Problem of Death* (Granta, 2017), p. 6, p. 29, p. 51.

22 O'Connell, pp. 54–5.

23 https://aeon.co/essays/we-are-more-than-our-brains-on-neuroscience-and-being- human.

24 哈拉瑞著，林俊宏譯，《人類大命運：從智人到神人》，天下文化，二〇一七年一月。

25 Rees, p. 58; Lent, p. 418.

26 https://www.ncbi.nlm.nih.gov/pubmed/15968832.

27 Read and Alexander, p. 20.

28 Jem Bendell, 'Deep Adaptation: A Map for Navigating Climate Tragedy', IFLAS Occasional Paper 2, University of Cumbria (2018), p. 2, p. 6, p. 12; Roy Scranton, *Learning to Die in the Anthropocene* (City Light Books, 2015), p. 16.

29 Bendell, p. 13, p. 23. 班德爾主張，我們必須採取三方策略達成深度適應：「韌性、棄守、恢復」。

30 就連班德爾都承認到有這種可能，他有時會說崩潰「有機會」或「有可能」發生，而非「必然」發生（Bendell, p. 13, p. 19）。

31 Rebecca Solnit, *A Paradise Built in Hell: The Extraordinary Communities that Arise in Disasters* (Penguin, 2010), p. 2, p. 8.

32 https://www.opendemocracy.net/en/transformation/what-will-you-say-your-grandchildren/.

33 Read and Alexander, p. 12.

34 https://www.overshootday.org/newsroom/press-release-july-2019-english/.

35 https://www.youtube.com/watch?v=sf4oW8OtaPY&t=778s.

36 這種思維呼應自然學家奧爾多・利奧波德（Aldo Leopold）所謂的「土地倫理」（Land Ethic），也就是「有助於保存生態完整、穩定、美麗的事情就是對的事情」（Aldo Leopold, *A Sand County Almanac* (Oxford

University Press, 1968), pp. 224–5）。

37 引用自電影《行星》（*Planetary*，http://weareplanetary.com/）。

38 Eno, 'The Big Here and Long Now'.

39 Janine Benyus, *Biomimcry: Innovation Inspired by Nature* (Perennial, 2002), p. 297; Rifkin, *Time Wars*, pp. 277–81.

第九章

1 David Hume, *A Treatise of Human Nature* (John Noon, 1739), Book 3, Section 7.

2 Dennis Thompson, 'Representing Future Generations: Political Presentism and Democratic Trusteeship', *Critical Review of International Social and Political Philosophy*, Vol. 13, No. 1 (2010): p. 17; Boston, p. xxvii.

3 https://www.independent.co.uk/news/world/europe/climate-change-2050-eu-eastern-europe-carbon-neutral-summit-countries-a8968141.html.

4 Michael K. MacKenzie, 'Institutional Design and Sources of Short-Termism', in Iñigo González-Ricoy and Axel Grosseries (eds), *Institutions for Future Generations* (Oxford University Press, 2016), p. 27.

5 William Nordhaus, 'The Political Business Cycle', *Review of Economic Studies*, Vol. 42, No. 2 (1975): p. 177, p. 179, p. 184.

6 MacKenzie, pp. 28–9.

7 引用自 Mark Green (ed.), *The Big Business Reader on Corporate America* (Pilgrim Press, 1983), p. 179。

8 https://www.oxfordmartin.ox.ac.uk/videos/view/317.

9 戴蒙著，廖月娟譯，《大崩壞：人類社會的明天？》，時報，二〇一九年十月。

10 MacKenzie, pp. 29–30; Barbara Adam, *Time* (Polity Press, 2004), pp. 136–43; Sabine Pahl, Stephen Sheppard, Christine Boomsma and Christopher Groves, 'Perceptions of Time in Relation to Climate Change', *WIREs Climate Change*, Vol. 5 (May/June 2014): p. 378; Ivor Crewe and Anthony King, *The Blunders of our Government* (Oneworld, 2014), p. 356; Simon Caney, 'Political Institutions and the Future', in Iñigo González-Ricoy and Axel Grosseries (eds), *Institutions for Future Generations* (Oxford University Press, 2016), pp. 137–8.

11 https://yougov.co.uk/topics/politics/articles-reports/2016/06/27/how-britain-voted.

12 Oxford Martin Commission, 'Now for the Long-Term: The Report of the Oxford Martin Commission for Future Generations', Oxford Martin School, Oxford University (2013), pp. 45–6.

13 https://www.who.int/antimicrobial-resistance/interagency-coordination-group/IACG_final_report_EN.pdf?ua=1&utm_source=newsletter&utm_medium=email&utm_campaign=newsletter_axiosscience&stream=science.

14 Eric Hobsbawm, *The Age of Capital, 1848–1875* (Weidenfeld & Nicolson, 1995), pp. 82–97.

15 https://www.theguardian.com/world/commentisfree/2019/mar/20/eco-fascism-is-undergoing-a-revival-in-the-fetid-culture-of-the-extreme-right. 這種反對民主的情緒更是體現在各種現象上：西方世界傳統政黨的正當

性衰退、人民對於政府的信任降低，以及極右派民粹主義興起，甚至有數據顯示，年輕世代特別有這樣的傾向：有一項研究發現，一九五〇年代出生的歐洲人和美國人中，有六〇%的人認同民主是必要的，但一九八〇年代出生的歐洲人卻只有四五%認同，美國人則僅剩三〇%認同（Robert Stefan Foa and Yascha Mounk, 'The Signs of Deconsolidaiton', *Journal of Democracy*, Vol. 28, No. 1 (2017)）。

16 實際案例：跨代基金會的「歐洲跨代公平指數」（European Intergenerational Fairness Index）、世界經濟論壇在包容性成長指數（Inclusive Development Index）中衡量「跨代公正」（Intergenerational Equity）、彼得・凡惠斯（Pieter Vanhuysse）的「跨代正義指數」（Intergenerational Justice Index）、霍夫斯泰德長期領導向模型（Hofstede Model of Long-Term Orientation），以及史戴凡・福斯特（Stefan Wurster）的生態永續性指標（'Comparing Ecological Sustainability in Autocracies and Democracies', *Contemporary Politics*, Vol. 19, No. 1 (2013)）。

17 McQuilkin, 'Doing Justice to the Future'.

18 麥奎肯為了本書製作新版跨代團結指數，新版指數以最新的資料為基礎，並對若干部分進行微調。

19 可參見Joe Foweraker and Roman Krznaric, 'Measuring Liberal Democratic Performance: An Empirical and Conceptual Critique', *Political Studies*, Vol. 48, No. 4 (2000)。

20 資料參差不齊的後果：古巴的跨代團結指數可能名列前茅，但由於在十項指標中有四項缺乏資料，所以必須剔除在外。古巴的永續發展指數（Sustainable Development Index）名列全球第一（Jason Hickel,

'The Sustainable Development Index: Measuring the Ecological Efficiency of Human Development in the Anthropocene', *Ecological Economics*, Vol. 167 (2020)）。https://www.sustainabledevelopmentindex.org/.

21 V-Dem Institute, 'Democracy Facing Global Challenges: V-Dem Annual Democracy Report 2019', V-Dem Institute, University of Gothenburg (2019), p. 53. 本書也曾考量 Polity IV、自由之家（Freedom House）、經濟學人資訊社的民主指數（EIU Democracy Index），但最後並未採用，也曾考慮使用 V-Dem 的「多元政體」（Polyarchy）等其他指標。

22「專制」類別囊括若干政體，包含軍事獨裁、一黨專政、世襲君主制，以及具有威權傾向的民選政權。V-Dem 自由民主指標分數低於〇．四五的國家屬於「專制」，，有些學者認為應該設為〇．四二，有些則主張〇．五〇（Yuko Kasuya and Kota Mori, 'Better Regime Cutoffs for Continuous Democracy Measures', *Users Working Paper Series 2019:25*, The Varieties of Democracy Institute, University of Gothenburg (2019)）。本分析採用中庸的〇．四五為標準。根據此標準，汶萊屬於專制，貝里斯屬於民主，但這兩個國家由於缺乏資料而沒有列入 V-Dem 自由民主指標，因此也不會出現在本書的點狀圖上（不過後續分析仍會涵蓋這兩個國家）。全體國家的跨代團結指數總平均為五十分，低於五十分者，屬於「短視」政權。

23 Boston, p. 170.

24 O'Brien and Ryan, p. 27; Schlomo Shoham and Nira Lamay, 'Commission for Future Generations in the Knesset: Lessons Learnt', in Joerg Chet Tremmel (ed.), *Handbook of Intergenerational Justice* (Edward Elgar, 2006), p. 254;

Graham Smith, 'Enhancing the Legitimacy of Offices for Future Generations', *Political Studies* (2019), p. 5.

25 二〇一一年修憲後，匈牙利未來世代保護官的權利遭到限縮 (Graham Smith, p. 4)。

26 https://www.bbc.co.uk/iplayer/episode/m0006bjz/longtermism-how-to-think-in-deep-time-bbc-future-at-hay-festival; https://futuregenerations.wales/wp-content/uploads/2017/02/150623-guide-to-the-fg-act-en.pdf; http://www.if.org.uk/2019/07/11/ how-can-wales-invest-in-climate-action-today-for-future-generations/.

27 https://futuregenerations.wales/news/future-generations-commissioner-for-wales-welcomes-brave-decision-by-first-minister-on-the-m4-relief-road/; https://www.ft.com/content/86d32314-86ca-11e9-a028-86cea8523dc2; http://www.assembly.wales/laid%20documents/gen-ld11694/gen-ld11694-e.pdf.

28 https://hansard.parliament.uk/lords/2019-06-20/debates/E11B7D05-3E68-4D7F-BF09-81E9312918C0/Policy-MakingFutureGenerations%E2%80%99Interests.

29 https://www.theguardian.com/commentisfree/2019/mar/15/capitalism-destroying-earth-human-right-climate-strike-children; https://www.worldfuturecouncil.org/need-un-high-commissioner-future-generations/; https://www.mrfcj.org/wp-content/uploads/2018/02/Global-Guardians-A-Voice-for-Future-Generations-Position-Paper-2018.pdf.

30 Graham Smith, pp. 4–9.

31 https://www.nationalobserver.com/2018/03/05/news/david-suzuki-fires-death-zone-trudeau-weaver-and-broken-

system.

32 https://www.thersa.org/discover/publications-and-articles/matthew-taylor-blog/2019/03/deliberation.

33 David Owen and Graham Smith, 'Sortition, Rotation and Mandate: Conditions for Political Equality and Deliberative Reasoning', *Politics and Society*, Vol. 46, No. 3 (2018).

34 Graham Smith, p. 13. 亦可參見 Rupert Read, 'The Philosophical and Democratic Case for a Citizens' Super-Jury to Represent and Defend Future People', *Journal of International Relations Research*, No. 3 (December 2013): pp. 15–19; Simon Caney, 'Democratic Reform, Intergenerational Justice and the Challenges of the Long-Term', Centre for the Understanding of Sustainability Prosperity, University of Surrey (2019), p. 12; Marit Hammond and Graham Smith, 'Sustainable Prosperity and Democracy – A Research Agenda', Centre for the Understanding of Sustainability Prosperity, Working Paper No. 8, University of Surrey (2017), p. 15; Stuart White, 'Parliaments, Constitutional Conventions, and Popular Sovereignty', *British Journal of Politics and International Relations*, Vol. 19, No. 2 (2017).

35 https://www.japanpolicyforum.jp/backnumber/no51/pt20190109210522.html.

36 劍橋大學政治理論家大衛・朗西曼（David Runciman）曾（半開玩笑地）主張參與公民議會的年齡限制應為六歲，我的建議則是十二歲，因為諸多文化把十二歲視為「開始成熟」的年齡，標誌著成長的轉折點，這也能確保公民議會的年輕參與者接受過數年的學校公民教育。https://www.talkingpoliticspodcast.com/

blog/2018/129-democracy-for-young-people?rq=age%206.

37 哲學家暨反抗滅絕行動人士魯瑞德曾提出設置「三院制國會」，第三院負責守護未來世代。提案中所建議的權力和本節類似（Rupert Read, *Guardians of the Future: A Constitutional Case for Representing and Protecting Future People* (Green House, 2011), pp. 9–14）。

38 https://phys.org/news/2019-12-climate-activists-victory-dutch-court.html.

39 http://ecoactive.com/care-for-earth/earth-guardians; https://www.earthguardians.org/engage/2017/5/17.

40 https://www.teenvogue.com/story/xiuhtezcatl-martinez-explains-why-hes-fighting-climate-change.

41 https://www.ourchildrenstrust.org/juliana-v-us.

42 喬爾・巴肯（Joel Bakan）著，李明譯，《企業的性格與命運》（*The Corporation: The Pathological Pursuit of Profit and Power*），大塊文化，二〇〇四年十一月。

43 O'Brien and Ryan, p. 36; Read, 'Guardians of the Future', p. 11; https://www.parliament.nz/en/get-involved/features/innovative-bill-protects-whanganui-river-with-legal-personhood/.

44 https://www.youtube.com/watch?v=8EuxYzQ65H4; https://eradicatingecocide.com/; https://www.stopecocide.earth/; http://www.earthisland.org/journal/index.php/magazine/entry/ecocide_the_fifth_war_crime/.

45 去中心化和跨代團結似乎有高度關聯：跨代團結指數有四二%的變異和世界銀行的政治、財政及行政去中心化指標相同（Maksym Ivanya and Anwar Shah, 'How Close Is Your Government to its People? Worldwide

Indicators on Localization and Decentralization', World Bank Policy Research Working Paper 6138, East Asia and Pacific Region (2012)）。

46 Elinor Ostrom, *A Polycentric Approach for Coping with Climate Change*, World Bank Policy Research Working Paper 5095 (2009); Keith Carlisle and Rebecca L. Gruby, 'Polycentric Systems of Governance: A Theoretical Model for the Commons', *Policy Studies Journal*, Vol. 47, No. 4 (2017): pp. 927–52. 歐斯壯主張，多中心的治理尤其能有效管理稀少的環境資源，她提出八個共同資源管理系統基礎設計原則，其中一項就是去中心化的治理：「以巢狀層次建立治理共同資源的責任，從最低階開始，向上延伸至整個互相連結的系統。」http://www.onthecommons.org/8-keys-successful-commons#sthash.rzGC85Nc.dpbs.

47 Parag Khanna, *Connectography: Mapping the Future of Global Civilization* (Random House, 2016), p. 49; https://www.un.org/development/desa/publications/2018-revision-of-world-urbanization-prospects.html.

48 Khanna, p. 6, pp. 58–60.

49 此歐洲城邦想像圖的靈感來源是約翰・唐納（John Donald）所繪之圖。

50 https://www.nytimes.com/2015/07/17/opinion/the-art-of-changing-a-city.html; https://www.power-technology.com/features/100-club-cities-going-renewables/; http://www.cycling-embassy.dk/2017/07/04/copenhagen-city-cyclists-facts-figures-2017/.

51 https://www.scientificamerican.com/article/building-more-sustainable-cities/.

52 https://media.nesta.org.uk/documents/digital_democracy.pdf; https://www.thersa.org/discover/publications-and-articles/rsa-blogs/2017/09/the-digital-city-the-next-wave-of-open-democracy; https://datasmart.ash.harvard.edu/news/article/how-smart-city-barcelona-brought-the-internet-of-things-to-life-789.

53 Jana Belschner, 'The Adoption of Youth Quotas after the Arab Uprisings', *Politics, Groups, and Identities* (2018); https://budget.fin.gc.ca/2019/docs/plan/chap-05-en.html?wbdisable=true; https://www.gensqueeze.ca/win_intergenerational_analysis_in_public_finance; https://www.intergenerationaljustice.org/wp-content/uploads/2019/02/PP_Newcomer-Quota_2019.pdf.

54 我對歷史變遷和權力理論的看法，深受茨維坦・托多洛夫（Tzvetan Todorov）的著作《善的脆弱性》（*The Fragility of Goodness*）（Weidenfeld & Nicolson, 2001）；亦可參見我對於變遷發生過程的分析：'How Change Happens: Interdisciplinary Perspectives for Human Development'。

第十章

1 https://slate.com/business/2014/10/worlds-oldest-companies-why-are-so-many-of-them-in-japan.html; https://en.wikipedia.org/wiki/List_of_oldest_companies.

2 https://journal.accj.or.jp/masayoshi-sons-300-year-plan/.

3 Dominic Barton et al., 'Measuring the Economic Impact of Short-Termism', McKinsey Global Institute

Discussion Paper (2017), pp. 1–2.

4 雖然之前已有人提出「生態文明」的概念，但科爾頓是推動這個概念在西方社會普及的功臣。科爾頓的出生地是華盛頓州長景市（Longview），果然名下無虛。https://davidkorten.org/living-earth-econ-for-eco-civ/.

5 https://www.politifact.com/virginia/statements/2016/jul/06/mark-warner/mark-warner-says-average-holding-time-stocks-has-f/.

6 IPPR, 'Prosperity and Justice: A Plan for the New Economic – The Report of the IPPR Commission on Economic Justice', Institute for Public Policy Research, London (2018), p. 37; https://www.ft.com/content/d81f96ea-d43c-11e7-a303-9060cb1e5f44; Oxford Martin Commission, p. 46.

7 Ernst Ulrich von Weizsäcker and Anders Wijkman, *Come On! Capitalism, Short-termism, Population and the Destruction of the Planet – A Report to the Club of Rome* (Springer, 2018), p. 71.

8 http://worldif.economist.com/article/12121/debate.

9 https://science.sciencemag.org/content/366/6468/950.full.

10 https://www.nature.com/articles/476148a.

11 唐內拉・梅多斯、蘭德斯、丹尼斯・梅多斯著，高一中譯，《成長的極限：三十週年最新增訂版》，臉譜，二〇〇七年一月。

12 Herman Daly, *Ecological Economics and Sustainable Development: Selected Essays of Herman Daly* (Edward Elgar, 2007),

p. 12.

13 拉沃斯著，范堯寬、溫春玉譯，《甜甜圈經濟學：破除成長迷思的七個經濟新思考》，今周刊，二〇二〇年六月。

14 Herman Daly, *Beyond Growth: The Economics of Sustainable Development* (Beacon Press, 1996), p. 6.

15 阿姆斯特丹等堅決採取氣候行動的 C40 城市氣候領導聯盟，已採用甜甜圈理論做為都市計畫的框架。https://medium.com/circleeconomy/the-amsterdam-city-doughnut-how-to-create-a-thriving-city-for-a-thriving-planet-423afd6b2892.

16 如欲了解最新版的甜甜圈理論和各層面完整的細節，參見 Kate Raworth, 'A Doughnut for the Anthropocene: Humanity's Compass in the 21st Century', *The Lancet Planetary Health*, Vol. 1, No. 2 (2017). 亦可參見拉沃斯著，范堯寬、溫春玉譯，《甜甜圈經濟學：破除成長迷思的七個經濟新思考》，今周刊，二〇二〇年六月；Will Steffen et al., 'The Anthropocene: From Global Change to Planetary Stewardship', *Ambio*, Vol. 40, No. 7 (2011): pp. 753–4。

17 https://hbr.org/2012/06/captain-planet; https://www.unilever.co.uk/sustainable-living/; https://www-nytimes-com.cdn.ampproject.org/c/s/www.nytimes.com/2019/08/29/business/paul-polman-unilever-corner-office.amp.html.

18 https://newint.org/features/web-exclusive/2017/04/13/inside-unilever-sustainability-myth.

19 https://www.opendemocracy.net/en/transformation/five-ways-to-curb-power-of-corporations/. 此提案屬於美國參議員伯尼・桑德斯（Bernie Sanders）等人提倡之金融交易稅的一種。

20 然而，不同學者對於法國政府此舉的成效有不同看法。https://www.epi.org/blog/lessons-french-time-tax-high-frequency-trading/; https://www.theguardian.com/business/economics-blog/2014/apr/04/high-frequency-trading-markets-tobin-tax-financial-transactions-algorithms.

21 https://bcorporation.net/; https://www.forbes.com/sites/billeehoward/2017/10/01/joey-bergstein-cause-brand-purpose/#81aa5d345939.

22 John Kay, 'The Kay Review of UK Equity Markets and Long-Term Decision Making', Department for Innovation, Business and Skills, UK Government (2012), p. 13.

23 https://www.overshootday.org/newsroom/press-release-july-2019-english/.

24 https://www.opendemocracy.net/en/transformation/five-ways-to-curb-power-of-corporations/.

25 Daniel Christian Wahl, *Designing Regenerative Cultures* (Triarchy Press, 2016); Von Weizsäcker and Wijkman, pp. 101–44.

26 拉沃斯著，范堯寬、溫春玉譯，《甜甜圈經濟學：破除成長迷思的七個經濟新思考》，今周刊，二〇二〇年六月。

27 https://www.weforum.org/agenda/2019/02/companies-leading-way-to-circular-economy/.

28 https://fab.city; Michael Blowfield and Leo Johnson, *The Turnaround Challenge: Business and the City of the Future* (Oxford University Press, 2013), pp. 193–5.

29 https://www.ted.com/talks/marcin_jakubowski?language=en.

30 https://theconversation.com/how-fab-labs-help-meet-digital-challenges-in-africa-99202.

31 Michel Bauwens and Vasilis Niaros, 'Changing Society Through Urban Commons Transitions', P2P Foundation, Amsterdam (2017): pp. 21–2; http://commonsfilm.com/2019/09/18/futures-of-production-through-cosmo-local-and-commons-based-design/; http://wiki.commonstransition.org/wiki/Cosmo-localism_and_the_futures_of_material_production; https://environmentjournal.online/articles/plymouth-pledge-to-produce-everything-they-consume-by-2054/.

32 https://www.cdp.net/en/cities/world-renewable-energy-cities.

33 瑞夫金著，張體偉、孫豫寧譯，《第三次工業革命：世界經濟即將被顛覆，新能源與商務、政治、教育的全面革命》（*The Third Industrial Revolution: How Lateral Power is Transforming Energy, the Economy and the World*），經濟新潮社，二〇一三年五月。

34 http://microgridmedia.com/bangladesh-emerges-hotbed-solar-microgrids-p2p-energy-trading/; https://unfccc.int/climate-action/momentum-for-change/ict-solutions/solshare; https://www.worldbank.org/en/results/2013/04/15/bangladesh-lighting-up-rural-communities.

35 拉沃斯著，范堯寬、溫春玉譯，《甜甜圈經濟學：破除成長迷思的七個經濟新思考》，今周刊，二〇二〇年六月。

36 Timothy Mitchell, *Carbon Democracy: Political Power in the Age of Oil* (Verso, 2011), pp. 19–21.

37 Monbiot, p. 8, pp. 69–70, pp. 84–5. 亦可參見戴蒙著，廖月娟譯，《大崩壞：人類社會的明天？》，時報，二〇一九年十月。

38 Rewilding Britain, 'Rewilding and Climate Breakdown: How Restoring Nature Can Help Decarbonise the UK', Rewilding Britain, Steyning, UK, 2019, p. 4, p. 6; Bronson W. Griscom et al., 'Natural Climate Solutions', *PNAS*, Vol. 114, No. 44 (2017).

39 Wrigley, p. 3.

40 https://www.government.nl/topics/circular-economy.

41 Ryu Jaeyun, *5 Keys to Understanding China: A Samsung Veteran Shares How to Succeed in China* (Seoul Selection, 2016), p. x.

42 SebastianHeilmann(ed.), *China's Political System* (Rowman & Littlefield, 2016), p. 302.

43 http://www.cwzg.cn/politics/201605/28471.html; http://www.cqhri.com/lddy_mobile/jdzs/20170911/12505426402.html.

44 https://thediplomat.com/2018/02/chinas-ai-agenda-advances/; Fei Xu, *The Belt and Road: The Global Strategy of*

China High-Speed Railway (Truth and Wisdom Press/Springer, 2018), p. 189.

45 參見習近平於中國共產黨第十九次全國代表大會上的演講：http://www.chinadaily.com.cn/china/19thcpcnationalcongress/2017-11/04/content_34115212.htm；https://www.ecowatch.com/china-ecological-civilization-2532760301.html。

46 https://www.ecowatch.com/china-floating-solar-farm-2516880461.html.

47 https://www.nytimes.com/2017/01/05/world/asia/china-renewable-energy-investment.html.

48 Barbara Finamore, *Will China Save the Planet?* (Polity Press, 2018), p. 1.

49 Heilmann, p. 361.

50 Lu Ding, 'China's "Two Century Goals": Progress and Challenges', *EAI Background Brief No. 1072,* National University of Singapore (2015); https://www.ecowatch.com/china-ecological-civilization-2532760301.html.

51 https://patternsofmeaning.com/2018/02/08/what-does-chinas-ecological-civilization-mean-for-humanitys-future/; https://www.independent.co.uk/news/world/asia/how-did-china-use-more-cement-between-2011-and-2013-than-the-us-used-in-the-entire-20th-century-10134079.html.

52 https://www.eia.gov/todayinenergy/detail.php?id=33092.

53 https://www.iea.org/weo/china/; Global Environmental Institute, 'China's Involvement in Coal-Fired Projects Along the Belt and Road', Global Environmental Institute, Beijing (2017), p. 1；戴蒙著，廖月娟譯，《大崩壞：

人類社會的明天？》，時報，二〇一九年十月。

54 Richard Smith, 'China's Drivers and Planetary Ecological Collapse', *Real World Economics Review*, No. 82 (2017): p. 27; Björn Conrad, 'Environmental Policy: Curtailing Urban Pollution', in Sebastian Heilmann (ed.), *China's Political System* (Rowman & Littlefield, 2016), pp. 356–7; https://cleantechnica.com/2014/10/06/chinas-21st-century-dilemma-development-carbon-emissions/.

55 這就是拉沃斯（范堯寬、溫春玉譯，《甜甜圈經濟學：破除成長迷思的七個經濟新思考》，今周刊，二〇二〇年六月）所謂的「充分絕對脫鉤」。亦可參見Tim Jackson and Peter Victor, 'Unraveling the Claims for (and Against) Green Growth', *Science*, Vol. 366, No. 6468 (2019)。

56 https://www.theguardian.com/books/2019/sep/21/vaclav-smil-interview-growth-must-end-economists.

57 Philip Alston, 'Climate Change and Poverty: Report of the Special Rapporteur on Extreme Poverty and Human Rights', A/HRC/41/39, UN Human Rights Council, Geneva (2018).

58 https://www.theguardian.com/inequality/2017/nov/14/worlds-richest-wealth-credit-suisse.

第十一章

1 戴維斯將族群文化圈描述為「文化的生命網」，並定義為「人類自發展出意識以來，所產生的思想、夢想、傳說、觀念、靈感、直覺的總和」。https://www.ted.com/talks/wade_davis_on_endangered_cultures/

transcript?language=en. 族群文化圈的概念類似於德日進（Pierre Teilhard de Chardin）提出的「心智圈」（Noosphere）（Teilhard de Chardin, *The Phenomenon of Man* (Collins, 1970), pp. 200–4），以及艾彌爾·涂爾幹（Émile Durkheim）的「集體意識」（Collective Consciousness），但本書所謂的「族群文化圈」指的並不是任何獨立存在的物化（reified）實體，而是一個很簡單的概念，是指影響一大群人的**世界觀**（Weltanschauung）的共同思想。

2 David Sloan Wilson, *This View of Life: Completing the Darwinian Revolution* (Pantheon, 2019), p. xiv. 亦可參見沙克（Salk, *Anatomy of Reality*, p. 32, p. 114）的見解。沙克將文化演化描述為「後設生物演化」（Metabiological Evolution），他認為演化本身也在演化，且已成為人類選擇的結果。

3 Olivia Bina, Sandra Mateus, Lavinia Pereira and Annalisa Caffa, 'The Future Imagined: Exploring Fiction as a Means of Reflecting on Today's Grand Societal Challenges and Tomorrow's Options', *Futures* (June 2016): p. 170, p. 178, p. 180.

4 http://www.bbc.com/culture/story/20190110-how-science-fiction-helps-readers-understand-climate-change; https://www.theguardian.com/books/2015/aug/07/science-fiction-realism-kim-stanley-robinson-alistair-reynolds-ann-leckie-interview.

5 Olaf Stapledon, *Star Maker* (Methuen, 1937).

6 James Attlee, 'A Place That Exists Only in Moonlight: Katie Paterson & JMW Turner', Turner Contemporary,

Margate, UK (2019).

7 *Guardian* (27 May 2015).

8 作者與帕特森和艾莉芙・夏法克（Elif Shafak）在大英圖書館（British Library）的公開談話，二〇一九年十月八日。

9 私人通信，二〇一八年九月六日；https://www.wired.com/2007/07/interview-brian-eno-on-full-transcript/。

10 私人通信，二〇一九年一月十五日；http://superflux.in/index.php/work/futureenergylab/#；https://www.thenational.ae/arts-culture/uturis-symposium-weimar-2019-international-cultural-event-opens-with-praise-for-the-uae-1.877009。

11 https://www.popsci.com/virtual-reality-coral-reef-environment/; http://vhil.stanford.edu/pubs/2014/short-and-long-term-effects-of-embodied-experiences-in-immersive-virtual-environments/.

12 https://www.popsci.com/virtual-reality-coral-reef-environment/; http://vhil.stanford.edu/pubs/2014/short-and-long-term-effects-of-embodied-experiences-in-immersive-virtual-environments/.

13 艾瑞克・霍布斯邦（Eric Hobsbawm）著，李金梅譯，《民族與民族主義》（*Nations and Nationalism Since 1780: Programme, Myth, Reality*），麥田，一九九七年六月。

14 班納迪克・安德森（Benedict Anderson）著，吳叡人譯，《想像的共同體：民族主義的起源與散布》（*Imagined Communities: Reflections on the Origin and Spread of Nationalism*），時報，二〇一〇年五月。

15 哈拉瑞著，林俊宏譯，《人類大命運：從智人到神人》，天下文化，二〇一七年一月。

16 作者與同理之根創辦人瑪莉・戈登（Mary Gordon）的私人通信，二〇一九年十月十一日；www.rootsofempathy.org。

17 https://www.nfer.ac.uk/publications/FUTL21/FUTL21.pdf.

18 http://www.bullfrogfilms.com/guides/foninternhiroshhrnextgenguide.pdf.

19 http://www.politicalscience.hawaii.edu/courses/syllabi/dator/pols342_dator_S13.pdf; Jake Dunagan et al., 'Strategic Foresight Studio: A First-Hand Account of an Experiential Futures Course', *Journal of Futures Studies*, Vol. 23, No. 3 (2019), p. 62.

20 https://medium.com/@MrAlanCooper/ancestry-thinking-52fd3ff8da17.

21 https://sdgacademy.org/course/planetary-boundaries-human-opportunities/.

22 Lynn White, 'The Historical Roots of Our Ecologic Crisis', *Science*, Vol. 155, No. 3,767 (1967): p. 1205; Krznaric, 'How Change Happens: Interdisciplinary Perspectives for Human Development'.

23 教宗方濟各。

24 作者與德博多・文西貴拉（Tebaldo Vinciguerra）博士於二〇一八年四月二十日，在羅馬宗座正義與和平委員會（Pontifical Commission for Justice and Peace）的訪談。

25 https://www.theguardian.com/commentisfree/2018/dec/16/divestment-fossil-fuel-industry-trillions-dollars-

investments-carbon.

26 https://thehumanist.com/magazine/may-june-2019/features/whats-really-behind-evangelicals-climate-denial.

27 https://www.pewforum.org/2012/12/18/global-religious-landscape-exec/.

28 霍肯並沒有把自己的環境運動看成去中心化的宗教，而是視為生物對威脅地球健康事物的免疫反應（Paul Hawken, *Blessed Unrest: How the Largest Social Movement in History is Restoring Grace, Justice and Beauty to the World* (Penguin, 2008), Chapter 1）。

29 在二〇一九年十月二日牛津謝爾登劇院（Sheldonian Theatre）的一場公開活動上，我向他提出這個問題。

第十二章

1 華勒斯─威爾斯著，張靖之譯，《氣候緊急時代來了：從經濟海嘯到瘟疫爆發，認清十二大氣候風險與新生存模式》，天下雜誌，二〇二〇年四月。

2 https://www.ted.com/talks/carole_cadwalladr_facebook_s_role_in_brexit_and_the_threat_to_democracy?language=en.

3 https://publications.iom.int/system/files/pdf/wmr_2018_en.pdf.

4 傅利曼著，謝宗林譯，《資本主義與自由》，五南，二〇一八年五月。

5 Theodore Zeldin, *Conversation* (Harvill Press, 1998), p. 14.

6 華勒斯─威爾斯著，張靖之譯，《氣候緊急時代來了：從經濟海嘯到瘟疫爆發，認清十二大氣候風險與新生存模式》，天下雜誌，二〇二〇年四月。

7 James Scott, *Two Cheers for Anarchism: Six Easy Pieces on Autonomy, Dignity, and Meaningful Work and Play* (Princeton University Press, 2012), p. 141.

8 http://inside.sfuhs.org/dept/history/US_History_reader/Chapter14/MLKriverside.htm.

9 https://theconversation.com/climate-change-yes-your-individual-action-does-make-a-difference-115169; https://www.vox.com/2016/5/4/11590396/solar-power-contagious-maps.

附錄

1 McQuilkin, 'Doing Justice to the Future'；亦可參見 Jamie McQuilkin, 'Intergenerational Solidarity, Human Values and Consideration of the Future', thesis submitted for degree of Magister Scientiarum, *Faculty of Psychology*, University of Iceland (2015)。

國家圖書館出版品預行編目資料

長思短想：當短視與速成正在摧毀社會，如何用長期思考締造更好的未來?/ 羅曼．柯茲納里奇 (Roman Krznaric) 著；孔令新譯．-- 初版．-- 臺北市：商周出版：英屬蓋曼群島商家庭傳媒股份有限公司城邦分公司發行，民 110.03

面； 公分．--（新商業周刊叢書；BW0768）

譯自：The Good Ancestor: How to Think Long Term in a Short-Term World

ISBN 978-986-477-998-7（平裝）

1. 永續展 2. 社會發展

541.43 110001709

新商業周刊叢書BW0768

長思短想

當短視與速成正在摧毀社會，如何用長期思考締造更好的未來？

原 文 書 名／The Good Ancestor: How to Think Long Term in a Short-Term World
作　　　者／羅曼．柯茲納里奇（Roman Krznaric）
譯　　　者／孔令新
企 劃 選 書／黃鈺雯
責 任 編 輯／黃鈺雯
編 輯 協 力／蘇淑君
版　　　權／吳亭儀、顏慧儀、江欣瑜、林易萱
行 銷 業 務／周佑潔、林秀津、黃崇華、郭盈均、賴正祐

總　編　輯／陳美靜
總　經　理／彭之琬
事業群總經理／黃淑貞
發　行　人／何飛鵬
法 律 顧 問／台英國際商務法律事務所　羅明通律師
出　　　版／商周出版
台北市中山區民生東路二段141號4樓
電話：(02) 2500-7008 傳真：(02) 2500-7759
E-mail：bwp.service@cite.com.tw
Blog：http://bwp25007008.pixnet.net/blog
發　　　行／英屬蓋曼群島商家庭傳媒股份有限公司城邦分公司
台北市中山區民生東路二段141號2樓
書虫客服服務專線：(02)2500-7718・(02)2500-7719
24小時傳真服務：(02)2500-1990・(02)2500-1991
服務時間：週一至週五09:30-12:00・13:30-17:00
郵撥帳號：19863813　戶名：書虫股份有限公司
讀者服務信箱E-mail：service@readingclub.com.tw
歡迎光臨城邦讀書花園　網址：www.cite.com.tw
香港發行所／城邦（香港）出版集團有限公司
香港灣仔駱克道193號東超商業中心1樓
Email：hkcite@biznetvigator.com
電話：(852)2508-6231　傳真：(852)2578-9337
馬新發行所／城邦(馬新)出版集團【Cite (M) Sdn. Bhd.】
41, Jalan Radin Anum, Bandar Baru Sri Petaling,
57000 Kuala Lumpur, Malaysia
電話：(603)90578822　傳真：(603)90576622
Email：cite@cite.com.my

封 面 設 計／兒日設計　內文設計排版／唯翔工作室
印　　　刷／鴻霖印刷傳媒股份有限公司
總　經　銷／聯合發行股份有限公司　電話：(02) 2917-8022　傳真：(02) 2911-0053
地址：新北市新店區寶橋路235巷6弄6號2樓

■ 2021年（民110年）3月初版
■ 2023年（民112年）3月31日初版2.1刷

Printed in Taiwan
城邦讀書花園
www.cite.com.tw

定價／400元

ISBN：978-986-477-998-7